KB244346

판데노믹스

판데노믹스

톰 헤이스 **지음** | 이진원 **옮김**

KI신서 1615

판데노믹스

1판 1쇄 인쇄 2009년 1월 12일
1판 1쇄 발행 2009년 1월 23일

지은이 톰 헤이스 **옮긴이** 이진원 **펴낸이** 김영곤 **펴낸곳** (주)북이십일 21세기북스
기획 이승희 **편집** 윤영림 **디자인** 네오북 **마케팅** 주명석 **영업** 최창규 이종률 서재필
출판등록 2000년 5월 6일 제10-1965호
주소 (413-756) 경기도 파주시 교하읍 문발리 파주출판단지 518-3
대표전화 031-955-2100 **팩스** 031-955-2151 **이메일** book21@book21.co.kr
홈페이지 www.book21.com **커뮤니티** cafe.naver.com/21cbook

값 13,800원
ISBN 978-89-509-1674-9 13320

판데노믹스, 세계 경제의 새로운 질서

수학자들은 이것을 '불연속적인 도약'이라고 부른다. 공학도들은 이것을 '단계별 변화'라고 부른다. 기후학자들은 이것을 '뜻밖의 변수'라고 부른다. 그렇지만 나는 이것을 '점프 포인트'라고 부르겠다. 점프 포인트는 비즈니스 환경의 갑작스러운 변화로 인해서 우리가 미래를 다시 정리하고 다시 생각해볼 수밖에 없게 되는 상황을 말한다.

세계 경제 역사는 수많은 점프 포인트들로 단절되어 왔다. 그렇지만 인류가 점프 포인트들을 적절한 시기에 인식하고 구분하는 건 쉽지 않다. 때로는 놀랄만한 새로운 발명품의 탄생이 점프 포인트로 오인되기도 한다. 새로운 발견에 현혹된 나머지 실험실을 벗어난 기술이 사람들에게 소개되는 순간 세상이 바뀌었다고 생각하는 것이다. 그러나 그런 식의 기술적인 변화만을 점프 포인트라고 단정하기는 어렵다.

기술 혁신은 인류 역사 속에서 변덕스럽게 일어나는 과정이지만 실제로 사람들이 새로운 기술을 받아들이고 전파시키는 데까지는 오랜 시간이 걸린다. 따라서 대부분의 점프 포인트들은 사람들의 열정이 식고 퍼레이드가 끝난 한참 뒤에서야 일어난다.

진정한 점프 포인트는 우리가 발명품에 대해서 아주 익숙해졌을 때, 다시 말해 새로운 기술이 갖는 신선함과 독특함이 사라지고, 기술이 우리 생활의 일부가 되어 더 이상 놀라움을 선사하지 못할 때 발생한다. 그때 비로소 인류의 현재와 미래를 움직이는 빠른 변화가 일어나는 것이다.

나는 인터넷의 등장과 함께 일어난 변화에 주목했다. 인터넷은 처음 대중에 소개 되자마자 마니아층을 탄생시켰다. 1992년 무렵 처음으로 인터넷이 등장했을 때 이 기술은 마치 반중력 장치이자 타임머신이자 우리 시대의 '젊음의 샘'으로 간주되었다. 이 가상의 공간에서 사람들은 수많은 무모한 약속들과 사업 계획들을 쏟아냈다.

그로부터 10년 후 거품이 터지면서 흥분이 가라앉게 되자 사람들의 관심은 인터넷에서 점차 멀어져갔다. 그러자 그 때 비로소 진정한 변화가 일어나기 시작했다.

역사적으로 점프 포인트는 기술·경제·문화가 한데 모여 '혁신적인 변화'를 생산해냈을 때 일어났다. 인터넷 역사에 있어 점프 포인트는 인터넷이 30억 명의 사용자들을 끌어 모을 때 일어날 것이다. 30억 명이라는 숫자는 전 세계 모든 생산자와 소비자들이 하나의 통합된 시스템 속에 단합하는 인류 역사상 최초의 시기를 의미한다.

머지않아 이 30억 명의 사람들은 중개인이나 대행인이 없이도 사고, 팔고, 빌리고, 투자하기 위해서 커뮤니케이션하고 협력하고 커뮤니티를 생성할 것이다. 이러한 새로운 네트워크 경제는 전염병처럼 순식간에 번져 새로운 세계 질서를 만들어낼 것이다. 나는 인터넷 네트워크가 창조할 새로운 경제 패러다임을 '판데노믹스'로 정의했다. 이 시기는 경제역사상 가장 폭발적인 시기 중 하나로 기록될 것이며 경제규모는 우리의 상상을 뛰어넘는 수준으로 확대될 것이다. 판데노믹스 세계에서 사람들은 새로운 방식으로 인류 공동의 부를 창출할 것이다.

하지만 앞으로 다가올 이 세상이 조화로운 최상의 상태를 유지할 하나의 거대한 '열반'의 경지에 이르지는 못할 것이다. 수많은 집단들이 오직 단 하나의 공간에 모이면서, 극복해야 할 수많은 도전들에 직면하게 될 것이기 때문이다. 이제 우리는 새롭게 등장한 부족과 범죄자, 예상치 못한 새로운 문제들을 해결해야 한다. 그리고 더 이상 예전처럼 이 문제들로부터 도망칠 수도 회피할 수도 없으며 다시 과거로 되돌아갈 수도 없다.

이처럼 촘촘하게 연결된 거대한 경제가 창조할 네트워크는 과거 그 어느 때보다 우리가 사는 세계를 더 작게 만들어줄 것이다. 이제 우리는 여섯 명만 거치면 모두 서로 연결된다거나, 인터넷에서 무작위로 선택한 어떤 두 개의 문서도 평균 19번 클릭하면 서로 연결된다는 낭설 따위는 잊어야 한다. 우리 모두 서로가 상상을 초월할 정도로 훨씬 더 가까워질 것이기 때문이다. 사람들은 지금까지 알지 못했던 권력의 맛을 보게 될 것이고 세상을 지배해온 기존 질서도 바꾸기를 원할 것이다. 그리고 그 동안 만날 수 없었던 다른 세상에서 나타난 새로운 소비자들을 만나게 될 것이다.

이제 당신은 빠르게 변하는 사람들의 욕구와 변덕에 맞춘 낯설고 새로운 '초대형 커뮤니티시장'들이 대량으로 출현하게 될 때를 준비해야 한다.

앞으로는 점점 더 이처럼 새로 생긴 커뮤니티들과 자신만의 기호를 가진 소비자들에게로 힘의 균형이 옮겨갈 것이다. 우리는 사라질 시간과 붕괴될 공간과 과거의 질서들이 더 이상 쓸모없게 될 때를 준비해야 한다.

■□

과거로부터 벗어나지 못한 사회 관습, 제도, 기업들은 판데노믹스 세계에서 대부분 사라질 것이다. 역사를 돌이켜보면, 미래로 향하는 고속도로 갓길에는 늘 무너진 기업들로 가득 차 있었다. 심지어 미래에 대한 철저한 대비를 마쳤다고 생각했던 기업들조차 변화에 따른 적응에 실패하는 모습을 보여주고 있다. 결국 변화의 물결은 우리가 알고 있는 대다수의 기업과 브랜드들을 계속해서 쓸어버릴 것이다.

이 책은 당신과 당신의 기업이 새로운 경제 질서를 주도하고, 그곳에서 살아남을 수 있도록 도와주기 위한 목적으로 쓰여졌으며, 다음과 같은 중요한 질문들을 묻고 있다.

■ 지구상의 모든 사람들이 중개자·규제자·조정자도 없이 서로 연결된다면 세상은 과연 얼마나 큰 혼돈에 빠질 것인가?
■ 그런 세상은 혼돈이 지배할 것인가? 아니면 생산자와 소비자들이 나서서 서로 안전하게 교류할 수 있는 새롭고 체계적인 방법들을 찾아낼 것인가?
■ 결핍, 완전하지 못한 정보, 거리 등과 같은 고전적인 성장의 방해물들이 줄어들거나 제거될 때 어떤 일이 일어날 것인가?

- 바이러스가 퍼지는 것처럼 아이디어와 제품들이 엄청난 속도와 전파력으로 무장하고 네트워크 전반으로 확산될 때 어떤 혜택이 있을 것인가? 아니면 이와 반대로 너무나 많은 선택 요소들 때문에 소비자를 정보 과부하, 백지상태, 분석 마비 상태로 빠뜨릴 때는 언제인가?
- 구속받지 않는 극단주의자들과 무분별한 싸움꾼들에 의해 오늘날의 법규들이 무너지는 것은 아닐까?
- 질서 정연했던 과거의 비즈니스 규칙들이 새로운 형태의 치명적인 '전염성 강한 경제논리' 즉, 판데노믹스에 밀려서 휩쓸려 나갈 때 승자는 누구이고 패자는 누가 될 것인가?
- 당신은 앞으로 다가올 이 혼돈 속에서 경쟁할 준비가 되어 있는가?
- 당신은 판데노믹스의 새로운 경제 질서에 대한 준비가 되어 있는가?

이 책은 미래 세계 경제를 주도하게 될 새롭지만 때로는 낯설게 느껴질 힘을 보다 잘 이해하고 예상하고 싶은 사람들을 위한 것이다.

앞으로 다가올 경제는 역사상 그 어느 때보다 많은 사람들이 적극적으로 참여할 것이다. 예전보다 더 많은 사람들이 더 많은 아이디어와 기회와 부를 생산할 것이다. 그리고 더 많은 경쟁이 일어날 것이다. 이러한 새로운 환경에서 승리한다는 건 결코 쉬운 일이 아니다. 이러한 세상은 조직과 개인 모두에게 심오한 의미를 부여할 것이며 앞으로 우리가 과거에 가졌던 전제와 사업 모델, 심지어 법규마저도 모두 새로운 도전에 직면할 것이다.

점프 포인트 이후 판데노믹스 세계에서 생겨나게 되는 과거와의 단절은 이전의 익숙했던 상태를 완전히 뒤집어 놓을 것이다. 이로 인해 기업들은 어쩔 수 없이 미래를 다시 생각하고 정리해야 할 것이다. 이제 우리는 판데노믹스에 대해 광적인 관심을 기울여야 한다. 이 책에서 핵심적으로 다루고 있는 내용을 정리해보면 다음과 같다.

- 엄청난 규모와 유동성을 특징으로 하는 신규 시장 창출에 네트워크 효과, 집적 경제, 유기적 연대가 공동의 역할을 하는 방법.
- 유튜브나 마이스페이스 같은 소셜미디어 커뮤니티들과 대규모 멀티미디어 온라인 게임들 및 크라우드소싱 사이트들이 새로운 생활과 교류 방식을 유도하는 방법. 또한 이러한 사이트들이 급성장하게 된 배경과 '집단 결속' 충동을 일으키는 원인, 그로 인해서 생겨나는 협력적 행동이 전 세계 차원에서 어떤 의미를 갖는지를 조사한다.
- 세상이 '평평하다'고 규정짓는 것은 매우 위험한 일이다. 점프 포인트 이후 판데노믹스 세계는 평평함과는 거리가 멀다. 이제 사람들은 팽창과 수축을 반복하면서 회전하는 롤러코스터를 탄 것 같은 기분을 느끼게 될 것이다. 이 세상에서는 변신에 능하고 하룻밤 만에 새로 생겨났다가 반나절 만에 사라지는 사용자 위주의 대규모 시장들이 탄생할 것이다. 자본 규모가 작은 업체일지라도 하룻밤 만에 전 세계 시장을 장악할 정도로 폭발적인 성장을 할 수 있고, 그와 반대로 시장의 일류 업체조차 그만큼 빠른 시간 안에 사라져버릴 수도 있다.
- 네트워크로 연결된 젊은 소비자들인 거품 세대. 이들은 얼리어답터로서 클릭과 문자 메시지, 비디오 다운로드, 팟캐스트를 통해 비즈니스 환경에 극단적인 변화를 주도하고 있다. 이동성이 강하고 커뮤니티를 잘 형성하며 요구 조건이 까다롭고 자기 색깔이 분명한 새로운 물결의 알파 소비자들은 이미 전 세계 곳곳에서 모든 기업들에게 강력한 영향력을 행사하고 있다.

■ 판데노믹스에 의해 새로 생겨난 경영진의 도전과제들. 계속해서 실시간으로 발생하는 외부 사건에 대해 명확하고 단호한 행동과 조치가 어려워 '대응 무기력' 상태에 빠지는 등 심각한 문제에 처하게 될 것이다. 이 책에는 너무나 많은 정보가 너무나 적은 정보보다 기업들을 도태시킬 가능성이 큰 이유를 밝히고 있다.

■ 초대박 상품에 대한 해부. 어떤 상품들은 개인과 다수 사이의 전파력을 잘 이용해 마치 바이러스가 전염되듯이 시장에서 인기를 누리고 있다. 이 책에는 그 이유가 무엇인지를 알아본다. 또한 초대박 상품과 서비스들이 어떻게 빠르게 소비자들의 관심을 유도하면서 시장의 규칙을 바꿔놓고 동시에 경쟁 상품과 서비스들을 압도할 수 있었는지도 알아본다.

■ 미래 소비자 운동의 성격. 집단의 지혜와 횡포 사이에서의 미묘한 균형. 소위 '바보들의 독재'로 인한 문제점과 위험에 대해서도 살펴볼 것이다.

■ 미래 경제에 대한 어두운 면에 대한 고찰. 즉 지적재산권에 대한 기존의 인식이 위험한 이유와 '머드플레이션'의 파괴적 효과에 대해 알아본다. 머드플레이션이란 과도하게 빠르고 과도하게 뜨거워진 시장, 행동경제학과 불합리성으로 인해 자산이 급격하게 저평가되는 현상을 의미한다.

판데노믹스를 무시한다면 당신은 세계 경제의 새로운 질서를 따라가지 못할 것이다. 판데노믹스를 배척한다면 당신은 도약할 기회를 완전히 놓쳐버릴 것이다. 판데노믹스를 거부한다면 당신은 역사의 유물로 남겨질 것이다.

3부 판데노믹스의 세계

PART 01

점프 포인트

이것은 끝이 아니다.
끝의 시작도 아니다.
그러나 이것은 아마도 시작의 끝일지 모른다.

윈스턴 처칠

이것은 더 이상 '신생' 시장도 대안의 채널도 새로운 유통 방법도 아니다. 오늘날 네트워크는 바로 경제라고 말할 수 있다. 점프 포인트 이후에는 인터넷·웹·온라인과 같은 단어들이 사라질 것이다. 왜냐하면 이제 이 단어들은 무용지물이 될 것이기 때문이다.

1부에서는 30억 명에 달하는 전 세계 모든 근로자들이 하나의 경제 시스템에 통합될 네트워크화 된 세계가 갖는 의미에 대해서 알아본다.

이 책을 읽으면서 반드시 명심해야 할 점은 전 세계적으로 연결된 네트워크는 그것만이 가진 고유한 특성들이 있으며, 궁극적으로 예측 가능한 방식으로 움직인다는 사실이다. 이러한 사실을 우리가 알고 있으면 점프 포인트를 통해 바뀌는 세상 속에서도 놀라지 않을 수 있다.

이를테면 정보는 바이러스가 숙주 사이를 옮겨 다니는 것처럼 자유롭게 이동하려는 특징을 가지고 있다. 이 점은 부정할 수 없는 사실이다. 정보를 과도하게 통제하거나 숨기려는 시도는 소용이 없다. 또한 가장 빠르고 효과적인 바이러스조차 항상 숙주들의 도움을 받아야 한다는 사실도 인정해야 한다. 새로운 사회 주도적 경제 속에서 사용자가 만든 콘텐츠·뉴스·소문·참고자료들은 미래 성장의 연료가 되는 좋은 바이러스이다. 이러한 바이러스와 더불어 다른 중요한 재료들은 점프 포인트를 만드는 토대 역할을 한다.

1부에서 우리는 이 모든 힘들이 어떻게 우리 주위에 머물면서 점프 포인트를 창조하게 되는지를 살펴볼 것이다. 이 힘들 중 다수는 변장을 하고 있거나 자신의 정체를 제대로 노출시키지 않고 있다. 이제부터 우리가 할 일은 그 힘들이 정말로 어떤 힘들인지를 알아보고 앞으로 우리 생애에 닥쳐올 가장 극단적인 사회적·문화적·상업적 변화를 준비하는 것이다.

급격한 변화의 패러독스

기술 혁명은 항상 예상보다 많은 시간이 걸리지만
예상보다 더 빠르게 다가온다.

마이클 말론, 테크놀로지 전문 저널리스트

지난 10여 년 동안 우리는 정말 많은 것을 경험했다. 우리는 엉터리 과대광고, 닷컴 기업들의 급부상과 거품, 허울만 그럴듯한 사업 계획, 허풍으로 가득 찬 가치제안, 엉터리로 작성된 재무제표, 말하는 속퍼 핏, 온갖 형태의 열광과 환희를 경험했다. 그러다 마침내 이 모든 시작들이 끝나는 시점에 다다랐다.

시작이 끝나는 시점은 2011년 초 여름 전이 될 것이다. 마지막을 장식할 주인공은 몽골의 어느 접경 마을에 살고 있는 양치기 소년이 될 수도 있고 영국 첼시의 커피숍에서 휴식을 취하고 있는 은행원이 될 수도 있다. 아니면 아르헨티나 부에노스아이레스에 위치한 인터넷 카페에서 놀고 있는 소년이 이 시작을 끝낼지 모른다. 그는 가족 중에 서 처음으로 학교를 다니거나 임금을 받는 직업을 갖게 될 수도 있다. 부유한 가족의 자제일 수도 있고 트럭 운전사의 딸일 수도 있다. 아니면 텔레비전을 사기 위해서 몇 년 동안 돈을 모으거나 컴퓨터를 사용하기 위해서 몇 마일을 걸어야 할지 모른다. 그가 어떤 언어를 구사하는지는 그리 중요하지 않다. 종교적 배경이나 가치 시스템, 윤리적 신조 역시 눈곱만큼도 중요하지 않다.

하지만 그는 자신을 은폐시키는 데는 뛰어난 능력을 보여줄 것이다. 세상을 통제하는 감시자의 눈에는 그의 첫 번째 월드 와이드 웹 접속이 대수롭지 않게 여겨질 수도 있다. 하지만 그 접속은 인류 역사상 중요한 전환점이 될 것이다. 그가 여자건 남자건 소년이건 소녀건 상관없이 그는 네트워크로 연결된 세계 경제에 참여하게 되는 30억 번째 사람이 될 것이다.

휴대폰, 인터넷, 위성통신 중 그 무엇을 통해서건 몇 번만 버튼을 누르거나 몇 차례만 키보드를 두드리면 그는 역사상 가장 대규모로 연결되고 통합되어 있는 커뮤니케이션과 상거래 망에 자동적으로 접속하게 될 것이다. 그는 전 세계의 모든 노동력을 포괄하는 거대한 네트워크의 완성을 의미할 것이다. 이 마지막 '노드Node'가 도착하면서 분리되고 절연된 경제의 시대가 막을 내리고 더 크고 역동적인 새로운 시스템이 시작될 것이다.

2001년, 10억 명의 사람들로 이루어진 통합 시장이 탄생하기까지 10만 년, 300세대, 가축의 사육, 화폐의 발명, 기호체계의 정립, 대량 생산, 도시와 근대 국가의 탄생, 증기엔진을 시작으로 내연기관과 원자력과 전보와 전화와 활동사진과 텔레비전과 비행기와 컴퓨터와 인터넷과 무선 전화의 발명, 그리고 대의 민주주의와 관습법과 시장 자본주의의 탄생을 필요로 했다.

그로부터 불과 6년 뒤인 2007년에는 또 다른 10억 명이 이 통합된 시장에 합류했다. 매일 무려 약 7만 명이란 엄청난 수의 새로운 사람들이 이곳에 들어오고 있고 머지않아 수년 내에 30억 번째 사람이 이곳으로 들어올 것이다. 역사적으로 굉장히 큰 의미를 지닌 이 사건은 비즈니스, 시장, 노동, 그리고 우리가 알고 있는 삶의 종식을 예고할 것이다.

그때가 되면 세계 인구의 절반에 해당하는 전체 생산 인력들은 진정한 의미에서 세계화를 이루어낸 제품과 자본과 아이디어의 시장에서 함께 통합될 것이다. 이 시장은 인류가 펼쳐온 모험의 역사 속에서 가장 큰 경제 엔진이 될 것이다. 마침내 그러한 시대가 도래할 것이다.

■□

진정한 기술의 역사는 10퍼센트의 '발명'과 90퍼센트의 '수용'으로 이루어져 있다. 의심할 여지없이 우리는 역사상 전례가 없는 시대에 살고 있다.

지금 이 시대는 기술, 문화, 경제학이 존재했던 그 어떤 때보다 크고 역동적으로 부를 창조하는 네트워크를 만들기 위해서 적절히 통합되고 있다. 개인용 컴퓨터, 인터넷, 이동전화 기술은 쉽게 이용 가능한 음성, 데이터, 비디오, 이메일 등의 커뮤니케이션 수단과 결합하면서 강력하고도 새로운 글로벌 연합체를 형성하고 있다.

이처럼 기술이 '비선형적'으로 급속히 수용되는 현상이 점프 포인트의 위용이다. 점프 포인트는 기술의 급격한 변화 뿐 아니라 사회가 움직이는 방식에 있어서도 근본적인 변화를 가져온다. 그리고 인터넷은 지금 진정한 영향력을 발휘할 스스로의 임계점에 다다르고 있다.

베네수엘라 출신의 기술 경제학자 칼로타 페레즈는 다음과 같이 말했다.[1]

예전에도 생산성이 폭발적으로 증가하면서 사람들에게 물질적 풍요를 가져다준 시기가 분명 존재했다. 그러나 동시에 경제에 대한 신뢰감도 무너지는 현상들이 발생했다. 이 현상들은 서로 연관성을 가지고 있고 상호 의존적인 형태로 일어나는 것으로 근본 원인은 동일하며, 시스템의 운영 방식과 유사한 성격을 나타낸다. 즉 이 현상들은 기술 혁명의 진화과정과 동일하며 부를 창조하는 잠재력이 급증하면 이 잠재력은 경제사회적 시스템에 의해 흡수되는 특이한 방식으로 일어난다. 이와 동시에 금융 자본과 생산 자본이 기능적으로 분리된다.

논점의 핵심은, 약 50년마다 일어나는 기술 혁명이 낳은 풍성한 과일을 수확하려면 어느 정도 시간이 필요하다는 점이다. 다시 말해서 새로운 기술·제품·산업·인프라를 탄생의 바탕으로 한 '황금시대'나 '화합의 시대'의 탄생에 처음으로 영향을 주는 순간부터 20년 내지는 30년 동안 격렬한 수용과 동화의 시간이 일어난다.

물론 인류 역사상 또 다른 기술 혁명의 시기들도 있었다. 지금으로부터 약 9,000년 전 신석기 시대에는 기술의 전문화가 초기 사회 형성에 중요한 변화를 일으켰다. 평삭, 야금, 벽돌 제조와 같은 전문 기술은 뿔뿔이 흩어져 살던 사람들을 한 곳으로 모이게 만들었고 도시를 형성하는 계기를 마련해 주었다. 이 시대의 점프 포인트는 터키 중남부에 위치한 인류 최초의 도시 카탈후유크의 탄생이다.

카탈후유크의 시작은 초라하기 이를 데 없었다. 유목민들이 우연히 정착하면서 생성된 이곳은 처음에는 깨끗한 수원지 인근에 오두막이 몇 개 세워진 게 전부였다. 곧이어 더 많은 건물들이 들어섰고, 정착민의 수도 점차 늘어났다. 더 멀리 떨어진 사람들은 카탈후유크로 사람들이 모여들고 있다는 소문을 듣고 이곳을 찾아왔다. 그리하여 점차 새로운 형태의 공간이 조성되었는데 그것이 바로 오늘날 우리가 말하는 도시였다. 그 당시 일반적인 정착촌에는 10여 명 내외가 모여 살았지만 카탈후유크에는 1만 명의 사람들이 함께 모여 살면서 전례가 없던 큰 거주지를 형성했다. 사람들은 같은 공간에서 살게 되면서 서로 교류하는 방법을 새로 배워야 했다. 새로운 도시 국가의 패러다임은 중앙집권화된 행정이나 법 같은 새로운 사회정치적 형태의 조직들을 사람들에게 요구했다. 그래서 사람들은 사회 계급을 만들었고, 장거리 교역을 포함해 복잡하고 다양한 경제 시스템을 창조했다.

카탈후유크에서 시작된 '도시 혁명'은 전 세계로 확산되면서 인간의 생활양식을 모두 변화시켰다. 동시에 도시화에 따른 의도하지 않았던 결과들(지역주의, 갈등, 담합, 전쟁)도 함께 나타났다.

중세 후기 유럽을 살펴보자. 이때 시계 제조업에서 스프링으로 움직이는 제조 원리의 발명은 그 당시 유행했던 부피가 큰 분동 시계를 획기적으로 대체했다. 분동 시계와 도르래 시계는 당시보다 100년 정도 전에 최초로 발명되었으나 스프링 시계는 이 시계 역사를 바꾸어 놓았다. 이 기술은 소형 시계(나중에 손목시계가 되는)로 발전해 사람들이 개별적으로 시계를 소유할 수 있게 되는 시대를 탄생시켰다.

시계의 역사에서도 점프 포인트는 기술적인 변화가 아닌 사회적인 변화로부터 비롯되었다. 1,500년대 초까지만 해도 시계는 주로 교회 첨탑에 붙어있었다. 이 시계들은 가톨릭 미사나 그 밖에 여러 종교 행사에 사람들을 불러 모으기 위한 신호 역할을 했다. 그런데 설치가 쉬운 스프링 시계들이 보급되면서 더 많은 시계가 이탈리아 전역의 마을 광장으로 퍼져나갔다. 교회에 의해 시계가 관리되지 않아도 되자, 마을 사람들은 교회가 정한 시간이 아닌 '절대적' 또는 지속적인 시간에 따라 움직일 수 있게 되었다.

시계가 대중적으로 확산되기 전까지만 해도 사람들은 태양과 달의 움직임에 따라 일을 하고, 밥을 먹고, 잠을 자고, 예배를 보러 교회에 갔다. 그러나 시계의 확산과 더불어 오전 기상 시간부터 저녁 취침 시간까지 하루가 짜임새 있게 나뉘어졌다. 이렇게 시간을 나눌 수 있게 되자 공통적인 '기준 틀'이 생겨났고 효율적으로 일정을 관리할 수 있게 되었다. 시간에 대한 공통적인 인식이 생겨나면서 우연과 주관에 의해 지배되던 세계에 '질서'가 생겨났다. 이탈리아 사람들이 시계의 보급과 함께 전파된 절대적인 시간을 받아들이지 않았더라면 그 이후로 생긴 위대한 사회적·과학적·경제적인 혁신들은 상상조차 하기 어려웠을 것이다.

새로운 기술이 가지는 목적이 드러나기까지는 오랜 시간이 걸릴 수 있다. 1712년 스코틀랜드 출신 토머스 뉴코먼이 발명한 증기엔진의 원래 용도는 물을 끌어올리기 위한 펌프였다. 그것이 증기엔진으로 사용되는 데까지 수십 년이 걸렸다. 뉴코먼의 기술에 바탕을 둔 역직기와 같은 기계는 18세기 말이 되어서야 비로소 출시되었다. 이러한 발명품들은 18세기 말 영국 경제를 농업 경제에서 산업 경제로 탈바꿈시켰다.

증기엔진의 탄생으로 당시 패러다임을 바꿔놓은 점프 포인트는 뉴커먼이 증기엔진을 발명한 지 100년 뒤인 1814년에 미국인 프랜시스캐봇 로웰에 의해 이루어졌다. 로웰은 다양한 증기 동력 기술들을 새로운 방식으로 통합시켰다. 그는 매사추세츠 주 메리맥강 강둑에 세워져 있는 자신의 직물 공장에서 '한 쪽 끝에서 다른 쪽 끝까지 연결된' 생산 라인을 갖추기 위해 새로운 시도를 했다.

로웰의 이러한 행동은 미국에서 일어난 산업혁명의 단초가 되었을 뿐 아니라 산업화된 세계에 '선형성'이란 개념을 새롭게 등장시켰다. 로웰은 한 쪽 끝에서 목화솜을 넣으면 다른 쪽 끝에서 완성된 옷감이 나오도록 공장의 기계들을 순차적으로 배치했다. 그는 제조업계에 공장·조립 라인·프로세스 흐름 등과 같은 개념들을 최초로 선보였다. 하지만 이보다 중요한 것은 로웰이 선형성이라는 개념을 사회 전체로 퍼뜨렸다는 사실이다. 어떤 한 지점에서 출발해 라인을 따라서 진행한다는 이러한 생각은 근대의 관료 조직에서부터 오늘날 공립학교 시스템에 이르기까지 모든 것에 영향을 미쳤다.

역사적인 사례들을 통해 알 수 있듯이 점프 포인트는 단순히 기술의 발전이 아니라 기술의 확산과 새롭고 의미 있는 방식으로의 기술 적용이 만들어내는 것이다. 다시 말해 기술의 실제적인 영향력은 그것이 처음 소개되었을 때가 아니라 광범위하게 수용되고 활용되었을 때야 비로소 나타난다.

문명을 재편한 것은 벽돌 제조 기술의 발전이 아니라 도시와 벽을 만들기 위한 벽돌의 사용에서 비롯되었다. 사회를 변화시킨 것은 자동차의 발명이 아니라 자동차의 인기로 인해 포장도로와 교통법규, 신호등이 만들어지게 된 임계점이었다. 바로 그때 우리의 이동 문화가 본격적으로 시작됐다.

증기엔진의 사례에서 확인했듯이 어떤 하나의 발명품이 사람들의 주목을 받기까지는 오랜 시간이 걸릴 수도 있다. 우표는 원래 1840년 영국에서 처음으로 사용되었다.[2] 우표의 발명은 똑똑한 발상이었지만 우표가 유럽과 미국 전역으로 광범위하게 확산되어 사용되기까지는 그로부터 50년이나 지난 뒤에나 일어났다. 전화기가 처음 특허를 받았을 때 그것은 단순한 음성 녹음기에 불과했다. 전화기가 광범위하게 사용되면서 커뮤니케이션 분야에서 새로운 패러다임을 창조하는 데까지 수십 년이 걸렸다.

전문가들은 일반적으로 기술의 수용 과정을 'S 곡선'을 사용해 설명한다. 수용 곡선의 맨 앞에는 발명가들이 나오는데, 이들은 모험심이 강하고 위험을 감수하는 최초의 발견자들이다. 그 다음에는 다른 사람들보다 앞서가는 걸 좋아하는 조기수용자들과 사회적으로 영향력이 있는 사람들이 나온다. 그들 다음으로는 '조기다수수용자들'이 등장하는데, 이들은 오랫동안 고심하지만 결국은 이 기술을 받아들인다. 이어 '후기수용자들'과 '최후수용자들'이 뒤따른다. 일반적으로 최후수용자들은 새로운 걸 받아들이는 데 터무니없이 많은 시간이 걸리는 사람들이다.

인터넷의 경우, 최초 발명 이후 25년이 지난 지금의 전 세계적인 수용 속도는 과거 그 어느 때보다 빨라지고 있다. 인터넷 사용 인구가 처음 10억 명에서 20억 명으로 늘어나는 데까지 8년이 채 안 걸렸다. 20억 명에서 30억 명으로 늘어나는 데까지는 그 절반인 4년이 걸릴 것이다.

우리는 조만간 세상의 변화를 보여주는 신호들을 보게 될 것이다. 기존의 소비 시장에서 낯설고 새로운 수요층과 새로운 경쟁자와 새로운 취향을 가진 사람들이 등장할 것이다. 경제학자들은 앞으로 닥칠 변화가 불균형과 단절의 시기를 거쳐 균형과 새로운 성장의 시기로 이어질 것이라고 말한다. 이러한 단계들을 하나씩 경험할 때마다 우리는 지금까지 겪었던 그 무엇보다 위대한 사회적·경제적 도전에 직면할 것이다.

■□

몇몇 요인들이 한 점으로 모이면서 다음 점프 포인트가 등장하는 시점이 점점 더 빨라지고 있다. 첫 번째 요인은 조기다수수용자들이 새로운 정보 기술에 상당히 잘 정착했다는 사실이다. 그들은 이 기술에 편안함을 느끼고 있다. 휴대폰, 개인용 정보 기기, 인터넷은 산업화된 세계에서 생활의 일부로 자리 잡았다. 사실상 우리는 이 기기들이 없는 삶을 상상조차 할 수 없다. 그리고 닷컴 거품이 터지기 전에 비해 인터넷이 가진 힘과 한계를 잘 인식하고 있기 때문에 인터넷을 통해 할 수 있는 일과 없는 일도 잘 알고 있다.

또한 인터넷이 일정 부분 비효율적이고 비실용적인 면도 있지만 대부분은 우리가 지금껏 목격했듯이 실질적이고 매우 유용하며 혁신적이라는 사실도 알고 있다. 이러한 인터넷의 특성들은 관련 인프라에 대한 더 많은 투자, 애플리케이션과 콘텐츠에 대한 더 많은 혁신을 초래했다. 이것이 두 번째 요인이다. 특히 전화통신 분야에서는 지난 20년 동안 위성과 광섬유 인프라 구축에만 수조 달러가 투자됐다.

오늘날 전 세계의 80퍼센트는 모바일 네트워크로 연결된다. 2007년 5월 에베레스트 정상에서 걸려온 휴대폰은 우리가 얼마나 많은 발전을 이루었는지를 단적으로 보여준다. 세 번째 요인은 휴대 전화통신, 디지털 이미징, 인터넷 같은 기존의 기술들이 사용이 용이한 하나의 팩키징 방식으로 통합된다는 것이다.

단순한 통화기능만 갖추었던 휴대폰은 이제 개인용 컴퓨터나 노트북을 대체하는 손바닥 안의 '네트워크 기기'가 되었다. 구글의 모바일 지메일, 트위터나 자이쿠 같은 사교 사이트들의 모바일 버전, 윙크 사이트 같은 모바일 검색서비스를 추가한다면 이제 당신은 세계에서 가장 뛰어난 것들을 갖춘 셈이다. 이제 당신은 네트워크 경제로 들어가기 위해 무거운 장비를 쌓아놓은 책상에 묶여 있거나 강력한 전력 공급에 의존할 필요가 없다. 그냥 휴대폰 하나만 갖고 있으면 된다.

마지막 요인은 우리가 네트워크로 더 쉽게 접속해 들어갈 수 있게 해주는 바로 그 기술이 비용도 저렴하게 만들어준다는 사실이다. 새로운 세대의 휴대폰과 컴퓨터가 등장할 때마다 세계 경제로 편입되는 데 드는 비용은 급격하게 떨어지고 있다.

이 결과는 정보화 시대의 메트로놈이라 불리는 '무어의 법칙'과 일치한다. 인텔의 창립자인 고든 무어가 30년 전에 만들어낸 이 법칙에 따르면 마이크로칩의 성능은 18~24개월마다 두 배씩 증가했지만 비용은 절반으로 떨어졌다. 1964년에 무어가 이 법칙을 창안했을 때는 마이크로칩 하나를 생산하는 데 드는 비용이 100만 달러였지만 오늘날에는 1센트에 불과하다.[3]

무어의 이론은 마이크로칩 제작 기술을 전 세계로 보급시키는 데 결정적인 역할을 했다. 조립 라인에서 새로운 세대의 반도체칩이 생산될 때마다 이전 세대의 반도체칩 가격은 더욱 저렴해졌다. 물론 과거에 출시된 칩들 역시 전 세계 컴퓨터 사용과 커뮤니케이션 수요를 충족시키기에는 충분히 성능이 뛰어났다. 하지만 여기에 가격까지 떨어지니 노트북을 비롯해 인터넷, 휴대폰 기지국, 휴대폰에 이르는 정보화 시대에 등장한 모든 일련의 상품들의 가격도 동반 하락했다

한편 소프트웨어적 측면에서 리눅스와 같은 공개 플랫폼과 '소스 코드 공개 운동'은 코드개발 비용을 끌어내렸고, 이 운동에는 우리 세대에서 가장 뛰어난 머리를 가진 사람들 중 몇몇도 동참하기에 이르렀다.

휴대폰이 없던 시대에서 인터넷폰 시대로

기초 기술이 발전하고 있는 동안 시장도 잠만 자지는 않았다.

저소득층을 위한 200달러 미만의 저가 노트북 개발을 목표로 한 공공부문의 프로젝트들이 진행되고 있지만 시장에서는 이보다 더 빠르게 이 문제를 해결하기 위한 방법들이 출현하고 있다. 특히 인터넷을 기반으로 한 휴대폰 분야가 두드러진다. 포레스터리서치에 따르면 전 세계 PC 대수는 2015년이 되어도 20억대를 넘지 못하겠지만 휴대폰을 비롯한 PC 이외의 인터넷 기기들의 수는 현재의 1억 대에서 이르면 2010년 말까지 140억 대를 넘어설 것으로 전망된다.[4]

노키아, 모토로라, 에릭슨과 같은 대형 통신업체들은 이미 개발도상국에서만 판매될 초저가 휴대전화를 제작 중이다. 이와 더불어 휴대폰 산업을 대표하는 무역 단체인 GSM 어소시에이션의 주도로 더 저렴한 비용으로 누구나 인터넷 접속이 가능한 시대를 앞당기기 위한 노력이 펼쳐지고 있다.[5] 통신업계의 목표는 서비스 소외계층인 개발도상국에서 누구나 30달러만 지불하면 휴대폰을 살 수 있고, 한 달에 5달러 미만의 요금으로 마음껏 통화할 수 있게 만드는 것이다.

과거 리먼브라더스는 많은 빈곤 국가들에서 휴대폰 가격을 불과 20 달러만 낮춰도 보급률을 43퍼센트나 높일 수가 있다는 분석을 발표한 적이 있다.[6] GSM 어소시에이션은 이 같은 분석자료를 통해, 점프 포인트로 추정되는 2011년에는 인터넷이 가능한 휴대폰 사용자 수가 30억 명에 쉽게 도달할 것이고 2015년까지 전 세계 사용자 수가 무려 50억 명에 이를 것으로 전망하고 있다.[7]

이미 2007년 여름, 매일 1분마다 1,000명의 신규 휴대폰 가입자들이 생겨났고, 이 중 65퍼센트는 개발도상국에 살고 있다.

이처럼 급속한 인터넷 전화의 확산이 초래할 결과는 무엇일까? 런던 경영대학원 소속의 레오나드 웨이버맨이 2005년에 21개국 개발도상국가들을 대상으로 실시한 연구 결과에 따르면 일반적인 개발도상국 국민 100명당 10개의 휴대전화가 추가로 생길 경우 1인당 국내총생산이 0.59퍼센트 포인트씩 추가로 늘어났다.[8] 개발도상국에서 수입하는 매년 수백 만 개의 새로운 휴대폰은 그곳에서 과거에는 볼 수 없었던 새로운 변화를 일으키고 있다.

인터넷의 사용은 무역과 경제성장에도 결정적인 영향을 주는 것으로 나타났다. 미국 사회과학 연구소인 브루킹스 연구소가 2004년에 실시한 연구 결과, 1996년 이후 인터넷의 수용과 경제 및 무역의 성장 사이에 커다란 연관성이 있음이 드러났다.[9] 이 연구 결과는 인터넷 사용자 수가 1퍼센트 포인트 늘어날 경우 그 나라의 전체 수출은 4.3 퍼센트 포인트가 늘어나고, 저소득 국가에서 고소득 국가로의 수출은 3.8퍼센트 포인트 증가한다는 걸 보여주고 있다.

디지털 기기의 구입 비용이 하락하자 사람들은 이제 '디지털 격차'에 대해 걱정하기보다 '참여의 불평등'에 대해 걱정하기 시작했다.

'참여의 불평등'을 말하는 사람들은 오랫동안 온라인상에서 활동해왔던 사람들과 새롭게 온라인에 접속한 사람들 사이의 활동 무대가 동등하지 않을 수 있다는 점을 우려한다.

다시 말해 인터넷을 처음 사용하게 된 사람들 중에서 특히 읽지도 쓰지도 못하는 사람들이 인터넷 세계를 의미 있게 수용하는 데 언어, 관습, 지식, 검색과 같은 효율적 방법의 활용 능력 등이 모두 장애물 역할을 할 수 있다는 것이다.

이에 기업들은 이를 해결하기 위한 노력을 기울이고 있다. 2006년에 마이크로소프트가 인수한 텔미tell.com는 키패드가 아닌 사용자의 말에 의해 작동되는 음성인식 기반 플랫폼의 상용화를 위해 연구하고 있다. 그리고 인터넷의 접근성을 확대하기 위해 언어 이외에 그림과 상징을 이용할 수 있는 프로젝트들도 월드와이드웹 컨소시엄에 의해 추진되고 있다.[10]

마이크로소프트가 개발한 휴대용 스마트폰에 들어갈 소프트웨어 링컨 시스템도 언어의 구애 없이 소통되는 인터넷 시대가 가능하다는 것을 보여주고 있다. 이 시스템은 사용자가 스마트폰으로 사진을 찍은 다음 그 사진을 이용해 웹상에서 검색이 가능하게 한다. 사용자는 자신이 찍은 사진을 태그가 붙은 사진들을 모아둔 데이터베이스와 매치시키는 방식으로, 키보드나 심지어 언어를 사용하지 않고도 시스템을 이용할 수 있다. 앞으로 사용자들이 더 많은 사진에 조직적으로 태그를 단다면 언어 중립적인 시스템의 활용은 늘어날 수밖에 없을 것이다.

위니 맹갈리소는 남아프리카공화국에서 일어나고 있는 기술 변화를 상징적으로 보여준다.

케이프타운 인근 지역에서 일생을 가정부로 지냈던 그녀는 현재 기업가로 새로운 인생을 살고 있다. 소프트웨어 기업 '셰어드폰'의 회원인 위니는 비용 효율적이면서도 단순한 모바일 공중전화 사업을 운영 중이다. 이 사업을 위해 그녀가 지불한 돈은 1,500랜드(약 200달러)에 불과하다. 그렇지만 그녀는 현재 이웃들에게 값싸고 쉽게 쓸 수 있는 공중전화 서비스를 제공하면서 한 달에 1,700랜드를 벌고 있다.

전화기는 물론이거니와 심지어 은행 계좌조차 없는 사람들에게 셰어드폰과 같은 서비스는 편리한 보급로가 된다. 위니의 이웃들은 일반 공중전화를 사용하기 위해 먼 거리에 위치한 구멍가게까지 걸어 나가고 싶지 않을 때 위니에게로 간다. 위니에게 1분당 몇 센트만 내면 그들은 친구나 가족들과 전화로 수다를 떨거나 사업을 하거나 문자 메시지를 보낼 수가 있다.

셰어드폰은 음성이나 문자를 전달하기 위한 목적으로 만들었지만 인터넷도 가능하기 때문에, 위니의 고객들은 경매 사이트인 이베이나 인터넷 쇼핑몰인 오버스톡처럼 인터넷 사이트에도 자유롭게 접속할 수가 있다.

위니는 셰어드폰 블로그를 통해 "이 제품은 내 인생을 완전히 바꿔놓았다"라며 감탄했고 "태어나서 처음으로 나는 내 인생의 주인이 되었음을 느낀다"라고 말했다.[11]

셰어드폰 프로그램이 모잠비크, 짐바브웨, 레소토, 우간다 등 주변

국가로 보급이 확대되고 있지만 아프리카 전역을 기준으로 봤을 때 이것은 아프리카 대륙에서 일어나고 있는 통신혁명 가운데 극히 일부에 불과하다.

아프리카, 특히 사하라 사막 이남 지역의 휴대폰 판매와 인터넷 가입자 증가 속도는 상상을 초월하는 수준이다. 세계은행 집계에 따르면 나이지리아의 휴대폰 가입자 수는 불과 지난 4년 동안 37만 명에서 1,680만 명으로 늘어났다.[12] 그 동안 세계시장에서 소외되어 왔던 많은 아프리카 국가들의 자본, 시장, 아이디어, 소비자의 이 새로운 발견은 이들의 급속하고도 견고한 성장을 기대하게 한다.

노벨 평화상 수상자인 무하마드 유누스와 그가 설립한 그라민은행이 통신업체들과 이룬 획기적인 업적에 대해서 생각해보자. 이 통신업체들은 방글라데시나 필리핀의 일명 '폰 레이디'로 불리는 여성 고객들이 저금리로 소액 융자를 받아서 휴대폰 사업을 시작할 수 있도록 돕고 있다. 이 프로그램은 마을 여성들을 위한 전용 프로그램이다. 이처럼 혁신적인 노력을 통해 보급된 '그라민폰'은 수백 만 명의 사람들에게 독립심 이상을 선사하고 있다.

작가 니콜라스 설리번에 따르면, 방글라데시의 1인당 평균 개인소득은 415달러에 불과하지만 폰 레이디들은 매년 적게는 750달러에서 많게는 1,200달러까지 벌고 있다. 폰 레이디들이 방글라데시 국민의 평균 소득보다 추가로 벌고 있는 400달러를 이들의 숫자 25만 명과 곱해보면, 이들은 자신이 살고 있는 마을 경제에 1억 달러의 추가 소득을 창출하고 있다는 사실을 알 수 있다. 설리번은 휴대폰의 생산적인 활용이나 휴대폰을 통한 재화와 용역 판매로 인해 얻을 수 있는 소득을 제외하더라도 이 같은 결과를 얻을 수 있다고 강조했다.[13]

모든 것을 바꾼 규모의 경제

절대적으로나 상대적으로나 우리는 앞으로 다가올 점프 포인트 이후의 세상처럼 크고 다양한 경제를 경험해 본 적이 없다.

과거에 언급했던 세계 경제는 정확히 말하면 일부 산업화된 세계에서 발생하는 소수의 무역과 상거래에 대한 것으로 볼 수 있다. 그 외의 지역에 살고 있는 대다수의 사람들은 생존을 위한 착취적인 성격을 띤 일방적 교역에 치중해왔다.

C. K. 프라할라드는 자신의 저서 『저소득층 시장을 공략하라』에서 낡은 세계 경제의 계층구조를 잘 설명하고 있다. 피라미드의 맨 위쪽에는 세계에서 가장 부유한 사람들이 위치하는데, 이들은 전 세계 인구의 1.5퍼센트 미만이다. 그 아래 두 칸에는 약 20억 명의 사람들이 속해 있는데 중국과 인도처럼 급성장하고 있는 국가들을 포함해 전 세계 중산층이 여기에 해당된다. 피라미드의 맨 아래에는 40억 명의 가난하고 기본권을 박탈당한 채 하루에 5달러 미만으로 생계를 연명하고 있는 사람들이 속해 있다. 프라할라드는 경제 피라미드의 맨 하단에 속한 사람들의 가난의 이유를 '접근성의 결핍'에서 원인을 찾는다. 다시 말해 광대한 세계자본 흐름에 접근할 수 있는 준비가 부족하기 때문에 그들이 갖고 있는 엄청난 자원(노동력 · 생산물 · 천연자원)을 부로 전환시킬 수 없다는 것이다.[14]

하지만 이러한 사실은 변하고 있다. 이제 세계에서 가장 가난한 국가들조차 세계 경제로 들어갈 입장료를 구할 수 있게 될 것이다. 더 저렴한 태양열 패널은 시골의 어둠을 밝힐 것이고 쓰레기로 가동되는 발전소는 도시 빈민가에 전력을 공급할 것이다. 그 결과 노동시간이 늘어나고 범죄율은 낮아질 것이다. 그리고 인터넷과 휴대폰 사용이 증가할 것이다. 이러한 일이 실제 전 세계적으로 일어나기 시작할 때 기존의 피라미드의 모양은 거꾸로 뒤집힐 것이다.

우리가 사는 세상의 모든 생산자와 소비자들이 동일한 정보 기술로 함께 묶일 경우 피라미드의 초점은 '접근성' 문제로 바뀔 수 있다. 대다수의 사람들이 인터넷이나 휴대폰, 그 밖에 네트워크 장비들을 통해 세계 경제로의 접근이 자유로워진다면, 피라미드의 뚱뚱한 상단은 서로 연결된 다수를 반영할 것이며, 홀쭉해진 하단은 연결되지 못한 소수를 나타낼 것이다. 이처럼 접근성이 확대되면서 새로운 권한을 부여받게 된 사람들은 생활수준을 빠르게 개선시켜나갈 것이다. 1991년부터 2001년 사이에 100개국을 대상으로 실시된 조사 결과 인터넷의 접근성이 확대되면서 1인당 개인 소득과 학업 기간, 문맹률, 도시화율, 전화기 보급률, 전기 소비, 규제 및 제도가 크게 개선된 것으로 나타났다.[15]

그런데 이처럼 급속한 운명의 전환이 정말 가능하긴 한 걸까?

중국만 살펴봐도 그렇다는 걸 알 수 있다. 중국에서 최저 임금을 버는 극단적인 빈곤계층에 속한 사람들의 수는 지난 10년 동안에 2억 5,000만 명에서 2,600만 명으로 감소했다. 오늘날 중국은 향후 10년 내에 세계 최대 경제 대국으로 부상할 것으로 전망되고 있다.[16]

더욱 커진 네트워크가 주는 혜택은 일방적이지 않다. 현재 경제 피라미드의 하단에 속한 사람들은 더 많은 부를 생산할 수 있는 자산과 잠재력을 갖고 있다. 자본주의 국가에서 사는 사람들의 역사상 그 어느 때보다 숫자가 늘어나면서 오늘날에는 그 어느 때보다 많은 기업인들과 투자자들과 혁신가들이 존재하게 되었다. 많은 사람들을 네트워크화된 세계로 끌어들일 경우 세계는 더욱 풍요롭게 될 것이다.

10억 명이 활동하는 세계 경제를 이룩하기 위해 인간의 모든 경험이 총동원됐지만, 이는 전 세계 인구의 15퍼센트가 약간 넘는 사람들이 참가하는 수준에 불과했다. 이제 사람들을 연결시키는 새로운 물결은 모든 것을 바꿔놓을 것이다. 서로 연결된 사람들의 숫자가 많을수록 궁극적으로 모든 사람들을 위한 더 많은 선택사항들이 생겨날 것이다. 그리고 재화와 용역을 생산하고 소비하고 거래하는 사람들 사이에 더 많은 융합과 혼합과 성장이 일어날 것이다.

■□

2004년 쓰나미가 아시아를 휩쓸고 지나간 직후 인도 남부의 케랄라 해안 인근에서는 정어리 낚시가 갑작스럽게 중단됐다. 쓰나미로 큰 피해를 입은 마을들에서는 식량으로 쓸 정어리가 필요했지만, 높은 파도로 인해서 정어리들이 오염이 됐다는 소문이 나돌았다.

그로부터 며칠 뒤 이러한 소문은 가라앉았고, 쓰나미를 무사히 넘긴 배의 선주들은 어업을 재개했고, 임시로 시장도 개장됐다. 쓰나미가 일어나기 전과 후에 한 가지 커다란 변화가 생겼다면, 그것은 바로 이제는 어떤 배도 휴대폰을 장착하지 않은 상태로 조업에 나서지 않는다는 것이었다. 이처럼 큰 피해가 발생한 이후 어부들과 그들의 가족은 휴대폰을 통해 연락하면서 서로의 안부를 물었다. 그러나 휴대폰은 현지의 어업 산업에도 획기적인 변화를 일으켰다.

사실 쓰나미가 일어나기 전에도 케랄라에서 정어리 조업으로 생계를 꾸려가기란 쉽지 않았다. 정어리가 아주 잘 잡힐 때도 있었지만 반대로 전혀 잡히지 않을 때도 많았다. 어떤 날에는 정어리 떼를 전혀 발견하지 못해서 어부들이 정어리를 거의 공급하지 못할 때도 있었다. 그러나 반대로 정어리가 잘 잡히는 날에는 해안 어시장에는 정어리가 넘쳐났다. 이 때 더 좋은 가격을 받기 위해서(또는 혹시나 있을 구매자를 찾기 위해서) 소형 보트를 타고 이 시장 저 시장으로 돌아다니는 건 시간 낭비였다. 그러는 도중에 정어리가 배 위에서 썩어버리기라도 한다면 어부들은 썩은 정어리들을 바다에 내다 버릴 수밖에 없기 때문이다.

배에 휴대폰을 갖고 다니게 되자 흥미로운 일이 벌어졌다. 어부들은 바다에서 조업 중에도 어시장 사람들과 통화를 할 수 있다는 걸 깨닫게 되었다. 그래서 잡은 물고기들은 어시장에서 열리는 경매를 통해 팔지 않고도 어시장 사람들과 개별 접촉을 통해서 최고의 가격을 받고 팔 수 있었다. 이로 인해 어업 효율성이 높아졌고, 바다에 다시 내다 버리는 정어리 수도 줄어들었다. 정보 기술이 어부들과 상인들 사이의 접근성을 향상시킨 것이다.

새로운 수학: 1+1 = 3?

점프 포인트 이후 세계 경제의 규모는 과연 얼마나 더 커질까?

이것은 꽤 까다로운 질문이다. 또한 이 질문에 대해 어떤 대답을 내놓는다 하더라도 정확한 사실이 될 수는 없다. 몇 가지 조사도 필요하지만 현재의 평가 수단을 가지고 적절한 답을 찾을 수 있을지 예상할 수가 없기 때문이다. 하지만 다행히도 경제학자들 사이에서는 점프 포인트 이후 세계 경제의 잠재적 규모에 대해 일치된 의견을 갖고 있다.

첫째, 인구의 증가는 기술과 경제 발전으로 이어졌고, 그 결과 더 많은 사람과 아이디어, 자본이 출현했다. 이러한 관점에서 봤을 때 온라인 인구 증가 역시 미래의 경제성장을 위한 새로운 기술, 제품, 부를 촉진할 것이다.

둘째, 기술 자체는 항상 경제성장의 촉매 역할을 해왔다. 경제학자들은 바퀴에서부터 나노봇에 이르기까지 기술의 확산이 경제적 성과에 미치는 영향들을 오랫동안 연구해왔다. 그러나 정보 기술의 영향을 평가하기란 증기엔진이나 심지어 전기의 영향을 평가하는 것보다 훨씬 더 복잡하다. 정보 흐름이 개선된다는 건 그 자체로 유익한 일이지만, 더 나은 정보는 또한 납품망과 유통흐름과 인력수급을 비롯해 그것들과 관련된 모든 것을 개선시킨다. 정보가 풍부해진다는 건 다시 말해 좋은 아이디어와 관행과 정책들이 예전보다 더 빨리 공유되는 반면 나쁜 것들은 예전보다 더 빨리 추방된다는 걸 의미한다.

셋째, 네트워크 자체에 부가가치가 존재한다. 그러나 만일 정보 기술 하나하나가 주는 개별적 혜택을 공정하게 평가하는 것이 어렵다면, 크고 복잡한 인터넷과 같은 정보 네트워크의 실질적 가치와 잠재적 가치를 평가하는 건 더욱 어려울 것이다. 사실상 오늘날 복잡한 네트워크의 역할을 이해하려는 욕망은 네트워크 주변에 완전히 새로운 학문을 탄생시켰다. 수학, 물리학, 생물학, 사회학을 모두 합쳐놓은 복잡한 네트워크에 대한 새로운 과학은 미래 경제 행동을 보여주는 매우 좋은 렌즈 역할을 하고 있다.

미국의 산타페 연구소에서 복잡계 분야를 연구하고 있는 제프리 웨스트 교수 팀은 대형 사회 구조, 도시, 기업들의 행동을 생물학적 패턴에 비유했다. 그들은 경제성장의 매트릭스(특허 활동·인재 풀·임금·GDP)와 인구 규모 사이의 관계를 연구한 끝에 '거듭 제곱 표준화' 관계란 것을 찾아냈다.[17]

다시 말해서 인구가 '두 배'로 늘어날 때 창조적이고 경제적인 아웃풋은 두 배 이상이 늘어난다는 것이다. 우리는 이러한 현상을 일컬어서 '초선형 표준화'라고 부른다.

이렇듯 인구가 늘어날수록 좋다면 얼마나 더 늘어나면 좋을까?

이 문제에 대한 해결방법 중 하나는 무어의 법칙을 '메트컬프의 법칙'에 적용하는 것이다. 근거리 통신망인 이더넷을 처음으로 발명한 로버트 메트컬프는 1990년대에 "네트워크의 가치는 사용자 수의 제곱에 비례해서 늘어난다"고 주장했다. 이것이 바로 메트컬프의 법칙이다.

이는 다시 말해 세계 경제와 같은 네트워크의 가치는 새로운 사람이 합류할 때마다 기하급수적으로 늘어난다는 의미이다. 두 사람이 합쳐졌을 때의 가치가 4(2×2)라면, 네 사람이 합쳐졌을 때의 가치는 16(4×4)이 된다. 메트컬프의 이론에 따르면 오늘날 65조 달러에 이르는 전 세계 경제의 GDP는 2011년까지 지금보다 네 배로 더 커질 수 있다.

물론 메트컬프는 물리적인 연결이 가진 가치의 잠재력에 대해서 하드웨어 전문가의 입장에서 말하고 있다. 따라서 우리는 여기에 인간적인 요소들을 고려해야 한다.

데이비드 리드 매사추세츠 공대 교수가 만들어낸 '리드의 법칙'은 네트워크의 규모와 관련해 또 다른 시각을 제공한다. 리드는 사회적 네트워크와 같은 대형 네트워크의 효용성은 네트워크의 크기가 커질

수록 기하급수적으로 늘어난다고 주장했다.

리드는 이렇게 말했다. "많은 종류의 가치들이 네트워크 크기와 비례해서 커지고 일부는 네트워크 크기의 제곱근과 비례해서 커지지만, 일부 네트워크 구조들은 그보다 훨씬 더 빨리 커질 수 있는 총체적 가치를 창조한다는 걸 발견했다. 커뮤니케이션 집단을 형성하게 하는 네트워크들은 네트워크의 크기에 따라서 기하급수적으로 커지는 가치를 창조하는데, 이 가치는 메트컬프가 주장했던 제곱근 법칙을 적용했을 때보다 훨씬 더 빠르게 커진다"라고 말했다.[18]

리드의 주장은 일부 네트워크들은 다른 네트워크들에 비해서 특별한 이유 없이도 사용자들이 더 많은 가치를 부여하고 있음을 시사하고 있다. 이런 네트워크들은 더 큰 커뮤니티로 들어갈 수 있는 기회를 제공한다. 네트워크가 많아지면서 '스필오버 효과'와 의도하지 않았던 결과도 발생할 것이다. 이제 방글라데시의 15세 소년이 어느 날 갑자기 암 치료제를 개발해서 내놓거나, 레바논 기업가가 지구 온난화 속도를 늦추는 아이디어를 갖고 나올지 모른다.

네트워크 가치에 대한 또 다른 이론은 미네소타 대학의 앤드류 오드라이츠코 교수 팀으로부터 나왔다. 이 대학의 디지털 테크놀로지 센터 소장을 맡고 있는 수학자 오드라이츠코 교수는 네트워크가 커질수록 그것의 가치는 대수적으로 증가(양의 증가가 1배, 2배, 3배, 4배식으로 증가)하는 것이 아니라가 아니라 충분한 비율에 비례하여 늘어난다고 주장한다. 다만 그는 네트워크의 가치가 늘어나는 속도가 메트컬프나 리드가 주장하는 것만큼은 아니라고 믿고 있다.

오드라이츠코는 차세대 네트워크 경제에 대해 언급하는 자리에서 "실제로 기술이건 경영이건 어떤 유형의 혁신이건 상관없이 '1+1=3

이상'이 되는 상황을 초래할 수가 있다"라고 말했다.[19]

　네트워크의 가치를 둘러싼 이와 같은 '법칙들'을 다룸에 있어 중요한 문제는 이 법칙들이 관련성의 힘 자체를 경시하고 있다는 데 있다. 네트워크에 합류한다는 건 단순히 하나의 유틸리티를 구매하는 행동 이상의 의미를 갖는다. 이것은 당신이 기호가 같은 사람들끼리 모인 커뮤니티에서만 할 수 있는 일을 통해 가치를 창조하는 문제와 관련 있다. 당신은 그룹을 생성하고, 메시지를 교환하고, 좋아하는 아이디어를 추천하고 다른 이들의 제안을 검토할 수 있다. 네트워크는 집단적이면서 동시에 각 네트워크 참가자들에게 독특한 복합적 가치를 창조하는 활동들을 허용한다. 이러한 면에서 새로운 참가자는 각자 네트워크에 있는 다른 사람들에게 네트워크가 없다면 존재하지 않거나 존재할 수 없는 가치를 창조할 수 있는 기회를 선사한다.

　다시 말하자면, 네트워크에서 활동하는 사람의 수가 늘어난다는 건 선택과 조합과 가능성의 수가 그만큼 더 늘어난다는 것을 의미한다. 확실히 우리가 알고 있는 한 가지는, 앞으로 다가올 경제는 '부분을 모아놓은 합'보다 훨씬 더 규모가 클 것이라는 사실이다.

신성장주의

　그러나 지금까지 말한 것 외에 하나가 더 있다. 새로운 경제의 가치를 정해줄 네 번째 요인은 바로 '가격'이다.

　접근 비용의 급락은 중요한 변화를 일으키고 있다. 이제 네트워크는 단순한 알고리즘이 포착할 수 있는 것보다 훨씬 더 빠른 속도로 규모가 커지면서 더 넓은 차원의 혜택을 생산하고 있다.

이는 새로운 결과이다. 전통적인 경제학으로는 인터넷을 진정 이해할 수 없다. 왜냐하면 인터넷이 속한 정보기술은 '투입'보다 '산출'이 훨씬 더 크기 때문이다. 네트워크는 과거 자원으로 사용할 수 없었던 것을 사용할 수 있게 만들어주고 있다. 그만큼 네트워크는 자원 기반을 넓혀주고 있다. 네트워크에 30억 명이 참여한다는 것은 사람 수가 늘어났다는 의미뿐 아니라 그만큼 많은 가능성이 존재한다는 것을 의미한다.

또한 전통적인 경제학자들은 세상을 '욕구(수요)'와 '물리적 대상(재화)'으로 나누어 생각하는 경향이 있다. 과거의 관점에서 봤을 때 재화는 항상 부족했기 때문에 사람들은 자신의 부를 극대화하기 위해 부족한 자원을 어떻게 나눌 것인지를 결정해야 했다.

여기서 폴 로머 스탠포드대학교 경영대학원 교수와 신성장주의자들의 주장을 살펴보자.

로머는 최근 몇 년 동안 네트워크 시대의 경제성장에 대해 완전히 새로운 관점을 제시했다. 그는 세계를 물리적 대상과 아이디어(지식)로 나누었다. 물리적 대상에는 자동차 공장에서부터 시작해 원자에 이르기까지 우리 주위에 있는 모든 것이 포함되었다. 이러한 대상들은 수량이 한정되어 있고 '수확 체감의 법칙'을 따른다. 즉 이런 대상들을 생산하는 데 필요한 투입량을 늘릴 경우 대상의 전체 생산량은 늘어날지 몰라도 추가 투입량 1단위에 대한 대상의 한계적 증가분은 차차 감소하기 때문에 결과적으로 비용이 늘어난다.

그러나 로머는 이러한 대상들은 진정한 경제성장의 동인이 아니라고 말한다. 그에 따르면 실제로 경제를 움직이는 요소는 바로 기술 변화를 이끄는 새로운 아이디어들이다.

결핍과 한계로 정의되었던 과거 경제와 달리 네트워크화된 새로운 세계는 무한한 기회를 선사한다. 새로운 아이디어는 새로운 제품, 새로운 시장, 새로운 부를 낳는다. 과거의 성장이론들은 우리에게 부족한 자원을 할당한 다음 교대로 사용하도록 요구한다. 그러나 로머 교수처럼 신성장주의자들은 자원이나 대체물들이 더 이상 부족하지 않는 세상이 온다고 주장한다. 왜냐하면 인간은 물리적 대상을 변형시킬 수 있는 새로운 방법이나 아이디어를 무한대에 가까울 정도로 보유하게 될 것이기 때문이다. 우리는 이제 풍요로운 세상에 살게 되었다. 인터넷과 같은 플랫폼을 이용한 새로운 아이디어는 생산성을 향상시키고 새로운 수익원을 발굴하고 궁극적으로 경제성장을 도모할 것이다.

30억 번째 인류

전 세계적인 네트워크화는 부정적인 결과도 낳고 있다. 경제사가인 에릭 존스는 이렇게 말했다 "인도와 중국 등지의 많은 고립마을에 보급된 라디오, 텔레비전, 휴대폰은 사람들에게 난생 처음으로 시장가격, 토지 소유권, 다른 문화의 접촉기회를 부여했다."[20]

이제 우리를 기다리는 것은 11세기 유럽과 소아시아를 연결했던 십자군 전쟁 이후 가장 큰 규모의 사회적 심판이다. 첫 번째 10억 명의 사람들은 중산층에 해당한다. 이들은 질서정연한 시장경제를 이끄는 법적 · 제도적 장치에 투자하는 방법을 갖고 있고 그러한 교육을 받아본 사람들이다.

다음에 출현할 이들은 중산층의 반열에 오르지 못한 사람들이다. 이들 대다수는 중세에 가까운 삶에서 단번에 근대 경제의 중심으로 도약할 것이다. 이때 경제 규모의 성장에 따른 사회 성장이 뒤따르지 못해 부작용이 발생할 것이다.

낙관주의자들은 미래 물결의 긍정적인 면만 보려 한다. 문화적 풍요로움, 집단적 상상력과 열망의 힘, 세상을 흔드는 새로운 아이디어와 창조물들이 합쳐져 시너지 효과를 발휘할 것이라고 믿는다. 그들은 세상이 계속해서 변화하며 다시 우리가 세상을 변형시킬 수도 있다고 생각한다.

그러나 어두운 면도 존재할 것이다. 도둑, 사기꾼, 싸움꾼, 테러리스트들이 시장으로 유입될 것이며 시장의 변동성이 확대될 것이다. 세상은 점점 더 위험한 장소가 될 것이며, 일부 지역에서는 영화 「블레이드 러너」에서나 나올 법한 디스토피아적 문명의 충돌을 목격하게 될 것이다.

한 가지 분명한 것은, 앞으로 다가올 세상은 우리와 매우 다른 새로운 사람들이 살고 우리가 아는 세상과 매우 다른 모습의 세계가 펼쳐질 것이라는 사실이다. 그들은 아마도 다음과 같은 특징을 갖게 될 것이다.

- 비행기를 가까이서 본 적이 없고, 착륙하는 건 더더욱 본 적 없다.
- 냉동 음식은 정부 청사에서나 볼 수 있다.
- 텔레비전을 본 적이 있으나 소유하지는 않는다.
- 움직이는 것은 탔지만 운전을 하거나 자동차를 타본 적이 없다.

- 기본적인 안내문 외에 글자를 읽어본 적이 없다.

- 개인용 컴퓨터를 사용해본 적이 없다.

- 자기가 마실 맥주를 직접 양조한다.

- 돈을 써본 적이 없다.

- 모든 종교를 거리낌 없이 받아들인다.

- 새로운 기술을 대담하게 받아들이지만 신뢰하지는 않는다.

- 박쥐 고기는 먹어봤을지 몰라도 빅맥을 먹어본 적은 없다.

지금으로부터 1,000일 후, 당신은 이처럼 비현실적인 사람들을 온라인 공간에서 만날 것이다.

2011년 이후 모든 것

우리는 눈부시게 놀라운 인류 역사상 전례가 없는 시대로 접어들고 있다. 미래는 갈피를 못 잡을 만큼 숨 가쁜 속도로 우리에게 다가오고 있다.

5년 전만 해도 디지털 혁명과 세계화에 대해서 많은 말들이 오갔지만 세계는 여전히 구분되어 있고, 예측 가능한 곳처럼 보였다. 근대화를 기준으로 제1세계, 개발도상국, 제3세계로 구분하는 것도 여전히 유효했다. 정치적 기준으로는 구소련과 환태평양 지역의 호랑이들(한국·대만·홍콩·싱가포르)을 포함한 서방국, 급부상하는 중국과 인도에 의해 주도되는 개발국가들, 남아프리카공화국과 카타르처럼 분쟁지역들로 나눌 수 있었다. 부의 불공정한 분배는 불행한 일이었지만 발전은 이 모든 불평등을 해결해줄 수 있었다. 기업가들이 앞으로 걸어가야 할 길은 분명했다. 그들은 점진적인 성장을 도모하고 기존의 유통 채널을 충분히 활용하고 최신 마케팅 도구를 동원하며 시류에 낙오되지 않기 위해 최첨단 기술을 동원하고 가격·품질·서비스·지원 면에서 모두 경쟁자들을 뛰어넘어야 했다.

불과 몇 년 전만 해도 우리는 PC 보급이 늘어나면서 전 세계적으로 인터넷이 확산되고 있다고 생각했다. 5년 전 미래전망서는 팍스아메리카나, 브로드밴드 무선 통신, 디지털 기술, 범세계적인 마케팅 활동 등이 결합되어 향후 수십 년 내에 극빈자들의 삶의 질과 수명이 개선될 것이라고 말했다. 기업이 소비자의 기호와 편익에 더 집중하면서 선순환적인 혁신 구조가 이루어져 경제가 풍요로워질 것이라고 생각했다.

지역 간 분쟁과 폭력은 계속 존재하겠지만 역사는 인류의 전체주의적인 행동을 거슬러 흐를 것이라 생각했다. 20년 전만 해도 상상할 수 없었던 민주주의의 확산은 계속될 것으로 보였고 자본주의는 세상의 모든 문제를 해결해줄 것 같았다.

그런데 지금 미래는 예측이라는 것이 무의미해 보인다.

지금까지 했던 전망들이 모두 틀렸기 때문이 아니다. 더 나은 세상을 만들겠다던 사람들의 약속도 여전히 유효하다. 그러나 기술은 그 속성상 많은 구조적 변화를 겪었다. 개인용 컴퓨터의 경우를 생각해보자. 우리는 모두 PC가 인터넷 성장에 중심 역할을 할 것이라고 예상했다. 하지만 PC는 더 저렴한 다른 기기들에 의해 대체되고 있다. 오늘날 휴대폰과 같은 다른 네트워크 기기들은 예상보다 훨씬 빠른 속도로 인터넷을 확산시키고 있다. 이러한 발전은 세상에 대한 우리의 예상을 대부분 무의미한 것으로 만들었다. 변화는 너무나 빠르고 거대하고 복잡하게 나타나 계획을 세우거나 전략을 개발하거나 위험을 평가하는 것을 사실상 불가능하게 만들었다.

국제 문제 전문 칼럼니스트 토머스 프리드먼은 자신의 저서 『세계는 평평하다』에서 이 시대를 '거대한 재정비'의 시대라고 불렀다.[21] 이것은 꽤 완곡한 표현이다. 사실 우리는 다가올 새로운 시대에 대해 다시 생각해야 할 문제들이 너무 많다.

우리를 기다리는 시장은 아담 스미스, 로버트 맬서스, 존 스튜어트 밀, 존 메이나드 케인즈 등이 주장한 '장엄한 동태'의 질서정연한 시장이 아닐 것이다. 새로 생겨나는 시장의 구조는 탈중심화된 에이전트와 노드와 집단이 혼란스럽게 뒤섞인 모습일 것이다. 이 시장은 바이러스처럼 빠르고 억제되지 않는 성장, 기하학적인 변화, 예상할 수 없는 순열과 조합을 특징으로 하는 환경이 될 것이다.

■□

이러한 새로운 환경을 제대로 이해하기 위해서는 네트워크나 집단의 본질과 새로운 기회의 구조를 이해해야 한다. 점프 포인트 이후 우리의 삶과 시대를 이해하기 위해서는 새로운 경제학 어휘집을 만들 필요가 있다. 우리는 '신성장'과 '복잡한 네트워크' 이론 같은 새로운 개념을 받아들일 수 있어야 한다. 유기적 연대와 같은 사회적 개념과 바이러스의 빠른 이동과 같은 미생물학적 개념도 받아들여야 한다. 왜냐하면 이 모든 것들이 네트워크 환경과 관련되기 때문이다.

- 매일 약 7만 명의 사람들이 네트워크화된 세계 경제에 합류하고 있다.

- 지금으로부터 5년 내에 30억 명의 사람들이 빈틈없이 연결된 세계 경제의 일부가 될 것이다. 이 때가 바로 점프 포인트가 일어나는 시점이다.

- 생산자와 소비자가 서로 연결되면서 세계 경제의 가치는 지금보다 두 배에서 네 배 사이로 크게 늘어날 것이다.

- 인터넷은 앞으로 모바일 기기를 이용해서 접속하는 사람들의 주도로 훨씬 더 빠른 속도로 확산될 것이다.

- 전 세계적으로 일어나는 경쟁이 과거 어느 때보다 치열해지고 무자비해지면서 새로운 세계는 '평평함'과 거리가 멀 것이다.

- 새로운 소비자 집단은 동질하지도 예측 가능하지도 정적이지도 않다. 그들은 스스로 커뮤니티를 만들고 실상활 속에 존재하는 집단보다 온라인 속의 커뮤니티에 더 충성할 것이다.

멋진
신 네트워크

우리는 모든 것이 서로 연결되어 있는
조그만 세계에 살고 있다는 사실을 알게 되었다.

알버트 라즐로 바라바시, 복잡계 네트워크 이론의 창시자

스페인 수도 마드리드의 정 북쪽에 위치한 도시 아르코벤다스는 통신 혁명이 시작될 만한 곳으로 어울리지 않지만, 바로 이곳에서 마틴 바사브스키는 통신 혁명을 준비하고 있다. 세계 최대 무선 로컬 네트워크WiFi 회사인 폰Fon의 창립자인 그는 새로운 네트워크 경제의 바이러스적인 성질을 이용하는 놀라운 방법을 찾아냈다.

2005년 11월에 설립된 폰은 2010년까지 전 세계에 100만개의 무선랜 기지국 구축을 목표로 하고 있는 '커뮤니티' 중심의 회사이다. 솔직히 말해 이것은 이루기 어려운 목표이다. 하지만 바사브스키는 스페인에서 가장 성공한 연쇄 창업가 중 한 명이며, 대형 인터넷 기업들인 스카이프, 이베이, 구글 등으로부터 후원을 받고 있다. 어떤 사람들은 경쟁업체의 더 앞선 기술에 의해 폰의 계획이 무용지물이 되는 것은 아닌지 의문을 가졌지만 바사브스키는 폰의 서비스를 와이맥스

와 같은 신생 기술까지 확장해 사업을 계속 확대할 계획이다.

그렇다면 바사브스키의 계획에는 어떤 점이 그토록 혁신적인 것일까? 겉으로 보기에는 아무 것도 없다. 언뜻 보기에 폰은 가입자들에게 무선 라우터와 전화 서비스를 판매하는 것 같다. 그러나 실제로 폰은 거대한 사회 네트워크이다. 폰의 서비스를 신청하면 집이나 사무실에서 라우터를 받게 된다. 당신이 만약 서비스 제공 유저인 '포네로'가 되기로 결정했다면(이것은 순전히 당신의 선택에 달려있다), 당신의 핫스팟은 당신이 거주하는 지역을 방문하는 폰의 다른 회원들이 이용할 수 있도록 허용된다. 당신 역시 어느 곳에서든 허용된 폰의 네트워크를 이용할 수 있다. 다시 말해 기본요금만 지불하면 당신은 전 세계 모든 핫스팟들을 공유할 수 있는 것이다. 이 외에도 포네로들은 로그인 페이지를 자신의 취향에 맞게 바꿀 수 있다. 로그인 페이지에 자신에 대한 간단한 소개나 자신이 살고 있는 곳 주변의 명물들을 소개해 놓으면 사람들이 이 페이지를 훨씬 더 재미있게 느끼면서, 오래 머물고 싶다는 느낌을 갖게 만들 수 있다.

폰은 사람 중심 새로운 네트워크의 전형이다. 핫스팟 수가 늘어날수록 사용자의 선택 영역과 편의성이 더욱 확대되기 때문이다. 참여가 늘어날수록 네트워크의 가치도 증대된다. 이것이 바로 '네트워크 효과'이다. 가장 놀라운 사실은 폰의 네트워크가 가입자들에 의해 직접 구축되기 때문에 적은 비용으로도 빠른 성장을 이룰 수 있다는 것이다.

그렇다면 폰은 어떻게 세계 최대의 WiFi 네트워크를 구축하겠다는 목표를 이룰 수 있을까? 스카이프의 사례를 살펴보자. 이베이에 인수되기 전 온라인 '전화통신 클럽'이었던 스카이프는 기존 회원이 또 다른 회원을 데려오는 방식으로 급속히 성장하며 불과 18개월 만에 1억 명이 넘는 가입자를 확보했다. 이 같은 수의 가입자를 확보하는 일은 다른 경쟁 사들이 100년에 걸쳐 이룩한 기간과 비교하면 매우 대조적이다.

네트워크의 비밀스러운 인생

기술은 사회 혁명의 도구이다. 지금으로부터 20년 전만 해도 사람들은 산업과 사회를 아날로그에서 디지털로 전환시키는 일에 모든 전력을 쏟았다. 하지만 이제는 중앙 집중화된 네트워크 모델에서 분산된 네트워크 모델로 전환하는 중이다.

앞으로 다가올 혁명을 통해 소비자들은 '수용자'의 자리에서 벗어나서 '연결자'로 변신하면서 이러한 상황은 또 다시 바뀔 것이다. 네트워크 인프라가 자리를 잡으면서 사람들은 이제 단순히 정보를 받아들이는 것 이상의 능력을 확보하게 되었다. 다시 말해 사람들은 정보를 평가하고 재구성할지, 정보에 부가가치를 부여할지, 정보를 네트워크 내에 있는 다른 사람들에게 전달할지 여부를 선택할 수 있게 되었다. 수용자로부터 연결자로의 이러한 힘의 이동은 다음 경제를 이끌어 가는 동력이다.

점프 포인트 이후 세계에서는 네트워크가 모든 것이다. 앞으로 당신에게 닥칠 일을 제대로 이해하려면 네트워크의 작동 메커니즘을 이해하고 있어야 한다. 그렇다고 당신이 복잡한 네트워크의 전문가가 될 필요는 없다. 실제로 그런 사람은 아무도 없다. 그러나 당신은 자신에게 유리하게 작동할 수도 있고 반대로 불리하게 작동할 수도 있는 네트워크의 독특한 특징뿐 아니라 기본 원리 정도는 알고 있어야 한다.

네트워크의 8가지 원칙

❶ 네트워크는 서로 연결된 노드로 구성되어 있다.

❷ 노드는 서로 직접 연결되어 있다.

❸ 어떤 노드는 다른 노드에 비해 더 많이 연결되어 있다.

❹ 많이 연결되어 있는 노드일수록 가치가 높다.

❺ 네트워크 내 정보는 노드에서 노드로 바이러스처럼 움직인다.

❻ 노드는 자기에게 유리한 대로 정보를 확산시킨다.

❼ 대형 네트워크 내에는 소형 네트워크가 포함된다.

❽ 네트워크는 더 크고 더 잘 성장할 수 있기를 원한다.

복잡한 네트워크에 대한 연구는 비교적 새로운 학문이다. 아니, 이것은 '다학문'이라는 말이 더 올바를 것이다.

이것은 대표적으로 수학, 물리학, 공학, 생물학, 사회학, 경제학을 모두 합친 이종의 학문이다. 이것의 중심에는 우리가 모두 광대한 네트워크 속에서 연결되어 있다는 이해가 자리 잡고 있다. 우리의 자연 생태학도 우리의 신체도 네트워크이며, 우리는 각기 상호의존적 관계로 이루어진 사회 네트워크의 일부이다.

네트워크는 서로 얽혀 있고 연결되어 있는 노드들로 구성된다. 텔레비전이나 라디오 같은 방송 시스템에서 노드는 한 방향으로 작동한다. 다시 말해 수용자 위치에 있는 노드는 단순히 리시버를 꽂고 메시지를 받으면 된다.

그런데 인터넷과 같은 네트워크에서 노드는 쌍방향으로 움직인다. 다시 말해 네트워크 내에 서로 연결된 참가자들 사이에서 상호작용,

즉 '피드백 고리'가 생기게 된다. 네트워크 참가자들은 서로 관련을 맺고 대화하며 정보를 공유할 수 있다. 세계 경제 네트워크에서는 우리 각자가 모두 노드이다. 따라서 조만간 서로 상호작용을 하는 30억 개의 노드가 생길 것이다. 우리는 서로 정보를 공유할 수도 있고 물건을 사고 팔 수도 있다. 그리고 우리는 우리에게 이로운 방식으로 자유롭게 집단을 구성할 수 있다.

복잡한 네트워크는 여러 개의 소형 네트워크들로 구성되어 있다. 세계 경제가 다양한 상호 관계와 여러 종류의 연결들로 구성된 하나의 '망'이라면 인터넷은 그런 망들이 여러 개 모인 거대한 네트워크이다. 중요한 사실은 네트워크의 모든 구성 요소들이 함께 연결되어야 한다. 그런데 지금으로부터 30년 전에 내려진 현명한 결정으로 인해 실제로 네트워크의 모든 구성 요소들은 함께 연결되었다.

네트워크들로 이루어진 네트워크

인터넷의 기원은 1960년대로 거슬러 올라간다. 당시 인터넷은 미국의 ARPA 내에서 추진하던 '상호 네트워킹'과 관련된 프로젝트의 일환으로 탄생했다. 당시에 상호 연결된 컴퓨터 네트워크를 창조한다는 발상은 아이디어를 공유하고, 다른 동료들보다 더 뛰어난 연구 성과를 내고 싶었던 학자와 연구원들에게 매우 매력적으로 다가갔다. 1960년대에는 컴퓨터와 컴퓨터를 연결하는 커뮤니케이션 네트워크를 생산하기 위한 많은 노력들이 이루어졌다. 그렇지만 ARPA는 이처럼 다방면에서 진행되던 노력들이 서로 커뮤니케이션할 수 없는 분열

된 네트워크를 생산하지 않을까 걱정했다.

1973년 ARPA의 연구원인 로버트 칸과 스탠포드 대학 연구원인 빈톤 서프는 이처럼 개별적으로 등장하고 있던 네트워크들이 서로 커뮤니케이션할 수 있게 해주는 아키텍처 구축 작업에 착수했다. 이들의 공동 노력의 결과로 탄생한 TCP/IP는 네트워크 간 커뮤니케이션을 위한 공동 플랫폼 역할을 했고, 이로 인해서 우리가 현재 인터넷으로 알고 있는 초대형 네트워크를 구축할 수 있는 길이 열리게 되었다.[1]

오늘날 이메일 · 데이터 · 음성 · 사진 · 비디오 파일들은 수백 만 대의 컴퓨터와 네트워크와 TCP/IP를 공통 인터페이스로 사용하는 모든 인터넷 사이를 자유자재로 움직인다. 모든 컴퓨터 시스템이 반드시 인터넷 프로토콜(일부 프로토콜은 개인용이라서 일반 사람들의 접근이 배제된다)을 통해 연결될 필요까지는 없지만, 궁극적으로 모든 컴퓨터 네트워크들은 어떤 식으로든 인터넷과 연결된다. 이처럼 표준화된 연결 프로토콜을 만들기로 한 칸과 서프의 결정은 네트워크로 연결된 세계 경제를 탄생시켰다.

기업과 상업용 사이트들과 마이스페이스, 오르컷, 페이스북, 링키드인 같은 커뮤니티들은 인터넷 내에서 작동하는 하부 네트워크이며, 이 네트워크 내에서 친구들과 동료들이 삼삼오오 모여서 집단을 구성한다. 여기에서 권한을 부여 받은 노드는 누구라도 그룹이나 커뮤니티를 만들 수 있다. 네트워크 내에서 이처럼 서로 얽혀서 생성된 광대한 네트워크망은 새로운 세계 경제와 사회 질서를 움직이는 역학이다. 다음 장에서 살펴보겠지만 이처럼 그룹 내에 생긴 또 다른 하부 그룹들은 시장을 완전히 새롭게 조직하는 방법을 창조한다.

인터넷의 복잡성

상호 연결된 노드의 순열과 조합은 매우 복잡해 보이지만 실제로 그렇게 복잡하지는 않다. 네트워크 내에서 노드는 '부울린' 연산을 따르기 때문에 더욱 복잡하게 느껴진다.

부울린이란 19세기 영국의 수학자 조지 부울의 이름에서 따온 것이다. 부울은 오늘날 부울린 대수학으로 알려져 있는 논리를 개발하기 위해서 이진법(끄다-켜다, 네-아니오)을 최초로 만든 사람이다. 노드의 상태는 작동 중이건 작동하지 않건 그것이 정보 흐름의 속도와 효율성 및 성능을 바꿔 놓기 때문에 네트워크를 더욱 복잡하게 만든다. 예를 들어 당신이 사회 네트워크 속에서 여자 친구를 한 명 사귀고 있다고 가정하자. 그러나 만일 그녀가 오프라인 상태라면, 다시 말해 그녀의 노드가 '꺼져 있는' 상태라면 당신은 그녀에게 연락을 취할 수 없어 그녀와의 커뮤니케이션이 단절될 것이다. 결국 당신의 직접적인 커뮤니케이션은 실패하고, 꺼져 있는 당신 친구의 링크는 나머지 네트워크에서도 무용지물이 된다. 또한 정도가 아무리 약간일지라도 그녀로 인한 정보의 흐름 속도는 둔화된다.

네트워크는 상호작용하고 개방적이며 규모가 클 때 최고의 성능을 보인다. 네트워크는 규모가 크면 클수록 좋다. 그 이유는 무엇일까? 네트워크를 구성하는 노드의 숫자가 많을수록 정보가 개별 노드 사이를 움직여야 하는 거리가 짧아지기 때문이다. 더 많은 수의 노드는 다른 노드에게 정보를 보다 효율적으로 운반한다. 따라서 노드 수가 늘어날수록 다시 말해, 네트워크 내에서는 함께 교류하는 사람들의 숫자가 많을수록 더 좋다. 바로 이런 이유로 앞으로 10억 명의 사람들이 네트워크로 들어오면 우리의 인생에는 커다란 변화가 일어날 것이다.
즉, 네트워크의 크기가 클수록 우리는 더 가까이 접근하게 된다. 이것
은 우리 시대의 근본적인 역설이다. 세계의 크기가 커지면 커질수록
그것은 더욱 더 작아지기 때문이다.

바이러스의 전파 방식

홍콩의 주룽 지역과 중앙 구역을 연결하는 스타페리호는 빅토리아
항을 10분마다 한 번씩 운항한다. 녹색과 흰색 페인트로 칠해진 이 스
타페리호는 세계에서 가장 번화한 수로 가운데 하나를 불안하게 통과
한다. 빅토리아항은 번쩍이는 유조선에서부터 소박한 거룻배에 이르
기까지 물 위에서 떠다닌다고 생각할 수 있는 온갖 종류의 것들이 지
나다니기 때문이다.

이처럼 번잡한 수상 교통은 세계 경제의 초강대국으로서 중국이 맡
은 새로운 역할을 보여 주는 증거이다. 홍콩의 번쩍이는 스카이라인
과 화려한 거리 역시 인류의 뛰어난 능력을 입증하는 것들이다. 700
만 명 가까이 모여 사는 홍콩은 세계에서 인구밀도가 가장 높은 곳 중
하나이다.

홍콩은 높은 인구밀도와 함께 도심에 위치한 농지와 가금류 시장으
로 인해 전염병학자들은 이 지역을 조류 독감 뿐 아니라 기타 치명적
인 전염병이 도래할 수 있는 위험지대로 분류하고 있다. 이런 이유로
일주일에도 몇 차례씩 마스크를 착용하고 위생복을 입은 조사원들이
바이러스 검사를 위해 음침한 토끼 사육장과 북적이는 새 시장을 찾

아다니고 있다.

문제는 1997년에도 그랬던 것처럼 사전에 감지되지 않은 새들 사이에서 출현한 바이러스가 다양한 접촉경로를 통해 인간에게도 점염될 수 있다는 점이다. 날씨가 무척이나 더웠던 1997년 여름에는 치명적인 조류독감 바이러스에 18명이 감염됐고, 그 중 6명이 사망했다. 운도 좋았지만 재빠른 조치로 인해서 들불처럼 번질 수 있었던 바이러스의 확산을 막을 수 있었다.

정보 역시 네트워크화된 경제에서는 인구밀도가 높은 장소에서 바이러스처럼 움직인다. 2001년 3월 홍콩에서는 또 다른 종류의 세계적인 바이러스가 창궐했다. 그것은 바로 지금까지 인류 역사상 가장 파괴력을 가진 바이러스 가운데 하나였던 아이러브유ILOVEYOU 컴퓨터 바이러스였다. 이 바이러스는 오전에 이메일을 통해서 퍼지기 시작하더니 홍콩의 금융·상업·정부 네트워크들을 타고 급속히 유포됐다. 이 바이러스는 다시 동아시아와 중동과 유럽은 물론, 대서양을 건너 미국으로까지 확산되면서 엄청난 혼란을 일으켰다.[2]

전 세계 정보기술 전문 조직들이 재빨리 백신을 유포시킴으로써 문제의 바이러스를 잡는 데 성공했지만 당시 사례는 네트워크화된 세계의 성격과 취약성을 명백히 보여 주는 교훈이었다. 모든 주요 대도시와 소규모 마을, 이 둘 사이에 있는 교역 도시들과 마찬가지로 홍콩은 오늘날 거대한 그물로 얽혀 있는 네트워크의 일부이다. 따라서 홍콩에서 일어나는 일이 홍콩에서만 일어나라는 법은 없다.

독감 바이러스건 컴퓨터 바이러스건 바이러스는 빠르고 효과적으로 움직이며 무자비하다. 그래서 이들은 무시무시한 존재이다. 바이러스는 대도시와 글로벌 네트워크처럼 밀집도가 높고 상호 연결된 장소에서 가장 왕성하게 활동하기 때문에 빠르게 전파된다. 그러나 정보 바이러스는 그것을 수용하는 수백만 명에게 조기 경고와 새로운 아이디어, 최우량 사례들을 급속히 유포시켜주기 때문에 긍정적인 힘이 될 수도 있다.

바이러스는 혼자서 유포되지는 않는다. 바이러스는 많은 숙주들과 중간 다리들의 도움을 필요로 한다. 당신의 비즈니스에서 네트워크의 힘을 이용하는 방법을 이해하려면(당신의 메시지가 주목을 끌고, 당신의 회사가 다방면으로 알려지도록 만들기 위해서) 당신은 어떤 정보가 전파되고 어떤 정보가 그냥 소멸되는지 그 이유를 알아야 한다.

밈과 공유 문화

아이디어 · 제품 · 메시지는 바이러스의 전파 방식과 유사하게 움직인다. 생물학계에서는 지난 수십 년 동안 정보 전달과 집단기억 분야를 중심으로 인간 네트워크에 대한 연구가 진행되어 왔다. 이 중 가장 설득력이 있는 연구는 영국의 생물학자인 리처드 도킨스가 주장한 것이다. 그는 1976년에 발간한 『이기적 유전자』라는 책에서 '밈'이라는 개념을 처음으로 제시했다.

도킨스는 밈을 문화적 객체로 정의한다. 밈이란 사람과 사람을 거치면서 집단 무의식으로 자리를 잡고 사람들 사이에서 공유되는 아이디어를 뜻한다. 캐치프레이즈, 상업용 벨소리, 농담 등이 밈의 사례이다. 도킨스는 밈이 가진 '복제성' 때문에 그 성질이 강력하다고 주장한다. 이 말은 밈이 바이러스처럼 접촉하는 사람들 사이에서 스스로 복제한다는 것을 의미한다. 친구가 분 휘파람 소리가 계속해서 맴돌거나 괜히 자기도 모르게 반복해서 말하게 되는 현상이 밈에 의한 것이다.[3]

여기서 주목할 점은 도킨스뿐 아니라 다수의 연구자들이, 우리 인간이 설득력이 있는 '생성물'에 쉽게 영향을 받는다는 이론을 내놓았다는 사실이다. 우리가 특정 아이디어에 노출될 때 우리는 그 아이디어에 사로잡혀서 그것을 쉽게 잊지 못할 때가 있다.

지금과 같은 정보의 과부하 시대에 사는 우리들에게 밈의 복제 방식과 복제 이유를 아는 것은 매우 중요하다. 우리는 하루에도 4,000개가 넘는 메시지·이미지·아이디어들의 폭탄을 맞고 있다. 이런 혼란 속에서 어떤 아이디어는 주목을 받고 어떤 아이디어는 혼란의 벽을 넘지 못하는데 그 이유를 아는 것은 매우 중요하다. 정보가 바이러스의 속도로 네트워크 사이를 움직이지만 바이러스처럼 탄성이나 고착성을 띠지는 않을 때 밈에 대한 지식은 마케터들에게 커뮤니케이션의 효과적인 방법과 그렇지 못한 방법에 대한 이해를 도와줄 수 있다.[4]

다시 도킨스가 1970년대에 밈이라는 단어를 처음 만들어 냈던 시기로 되돌아가 보자. 당시에는 접할 수 있는 미디어의 수가 제한적이었고 황금시간대에 가족들이 함께 시청할 수 있는 텔레비전 프로그램의 종류도 부족했다. 이러한 환경은 밈이 급속히 확산되는 완벽한 환경을 조성했다. 텔레비전 프로그램을 선택할 수 있는 여지가 극히 제한적이었기 때문에 사람들은 모두 똑같은 쇼를 시청해야 했고, 똑같은 농담에 웃었으며, 똑같은 광고를 참고 봐야 했다. 1970년대에는 인기 있는 텔레비전 쇼와 잘 만들어진 광고 문안이 순식간에 모든 사람들이 아는 유행어로 자리 잡았다. 사람들은 학교나 직장에서 이러한 유행어들을 되풀이해서 사용했고, 심지어 그런 말들이 새겨진 티셔츠까지 입고 다녔다. 그때는 정말로 밈이 번성하던 시기였다.

현재로 다시 돌아와 보자. 도킨스가 최초로 밈이란 개념을 생각해 낸 지 30년이 지난 지금, 세상은 그때와 아주 많이 달라졌다. 1976년 은 지금과 비교하면 밈이 증식할 수 있는 메커니즘이 매우 적었다. 당 시 미국에는 국영 텔레비전 방송국이 세 곳에 불과했고, 특이한 위성 방송 채널이 몇 개 있었을 뿐이다. 대중적으로 인기 있는 잡지나 신문 의 종류도 적었고 상업용 라디오 방송은 AM 주파수를 통해서만 들을 수 있었다.

그런데 오늘날에는 텔레비전 방송국만 수백 개가 넘고, 온갖 기호 에 맞춘 다양한 잡지가 판매되고 있다. 또한 다채널 위성 방송과 개인 용 MP3가 라디오 방송을 밀어내고 있다. 1976년에 시청률 상위에 랭 크된 「해피 데이즈」는 6,000만 명의 시청자를 끌어 모았다.[5] 현재 당 시와 비슷한 순위권에 랭크된 「CSI 마이애미」의 시청자는 600만 명도 안 된다. 그렇지만 인터넷은 사정이 다르다. 인터넷에서는 하루 동안 1,710억 통의 이메일이 전송되고, 1억 4,900만개의 독특한 웹사이트 와 6,000만 개의 블로그가 존재한다.

우리는 1976년에 한 달 동안 받았을 메시지보다 더 많은 메시지를 하루 동안 받고 있다. 이 메시지들은 우리의 관심을 끌고 기억 속에 남기 위해 경쟁한다. 이러한 맥락에서 밈은 기이한 개념처럼 보인다. 문명 비평가인 마샬 맥루한이 우리에게 가르쳐준 것처럼 새로운 미디 어는 각기 다른 메시지를 형성하고 우리의 경험을 바꿔 놓으며 우리 를 둘러싼 환경 자체를 변화시키기를 요구한다. 블로그, 비디오로그, 문자 메시지, 팟캐스트는 모두 개인과 개인이 직접 연결된 P2P 미디 어의 새로운 형태이다. 이러한 P2P 미디어는 이전에 존재했던 그 어떤 것과도 다른 방식으로 문화적 산물을 표현한다. 모두가 수용자에서 연결자로 소비자에서 생산자로 이동하는 가운데 우리는 우리의 문화적 욕구를 드러낼 수 있는 새로운 단어를 필요로 한다.

2006년에 나는 내 블로그에서 이처럼 더 시끄러워진 시대의 문화를 표현하기 위해서 '빔beme'이라는 단어를 쓰자고 제안한 바 있다. 도킨스가 만든 밈에 경의를 표하려는 목적으로 만든 단어인 빔은 우리의 혼란스러운 삶의 단편을 보여 주는 공유언어이자 타인과 관계를 맺기 위한 적극적인 메시지이다. 우리가 커뮤니티 페이지에 개인 프로필을 작성하거나 친구에게 상품 추천메일을 보내거나 생각을 드러내기 위해 블로그를 작성하는 것 모두 빔을 분출하는 행위이다. 우리 각자가 모두 빔을 전염시키는 능력이 생긴다면 우리를 둘러싼 문화적 환경은 훨씬 더 복잡해질 것이다.

이 제안은 학계에 상당한 파장을 일으켰다. 메릴랜드 대학의 팀 피닌은 그의 블로그에서 이렇게 말했다. "인터넷을 통한 심상의 확산을 가리키는 데 빔과 같은, 지금까지 없었던 짧은 단어들의 생성은 매우 유용하다. 그러나 이때 몇 가지 짚고 넘어가야 할 문제가 있다. 우리가 새로운 빔을 어떻게 인식할 것인가? 빔이 발생한 곳을 추적할 수 있는가? 빔의 확산에는 누가 영향을 끼쳤는가? 확산된 빔의 통제는 가능한가? 여러 빔들 사이에서 관련성을 찾을 수는 있는가? 빔들끼리 서로 경쟁하거나 협력할 때 어떤 일이 일어나는가? 빔의 돌연변이와 진화를 어떻게 추적할 수 있는가? 재생산이 가능한가? 빔에게도 '자연선택'의 원칙이 적용되는가? 빔이 이기적인 유전자와 같은가? 빔의 강점을 측정하는 데 좋은 체계는 무엇인가? 빔은 어떻게 소멸되는가?"[6]

트레드리스 티셔츠는 빔을 만들어내는 공장이라고 할 수 있다. 시카고 북서쪽에 위치한 동굴처럼 어두컴컴한 창고를 본사로 사용하고 있는 이 회사는 인터넷을 이용해서 캐주얼 의류 사업에 일대 혁신의 바람을 일으키고 있다. 웹사이트를 통해 트레드리스는 개인 그래픽 디자이너들에게 창조성을 발휘할 수 있는 공간을 제공하고, 대중의 지혜를 이용할 수 있는 메커니즘을 창조하면서, 동시에 위험을 최소화하는 안전한 비즈니스 모델을 고안했다.

그래픽 디자인을 공부하던 10대 청년이던 제이크 니켈과 제이콥 드하트가 2000년에 세운 이 회사는 곧 문화적 공간으로 확대됐다. 트레드리스의 사업 방식을 설명하자면 이렇다. 어떤 그래픽 디자이너든 상관없이 트레드리스닷컴 사이트를 통해 프린트하고 판매할 새로운 티셔츠 디자인을 제출할 수 있다. 이렇게 제출된 티셔츠는 트레드리스 커뮤니티에 소속된 40만 명의 회원들의 심사를 받고, 매주 가장 많은 표를 받은 7개의 티셔츠를 뽑아서 온라인 매장에서 판매 가능한 제한된 수량만큼만 프린트된다. 이렇게 해서 뽑힌 디자이너들은 상금으로 1,500달러를 받고, 트레드리스에서 계속 상품을 판매할 수 있는 권리를 받게 된다.

트레드리스는 하루 동안 많으면 200개의 티셔츠 디자인을 받는다. 그리고 매주 이 중에서 90개를 투표에 붙인다. 커뮤니티는 일주일 동안의 투표 기간을 갖는다. 매주 월요일마다 선정된 디자인이 프린트된 티셔츠는 트레드리스닷컴에서 15달러의 정가로 판매된다.

이 똑똑한 사업 모델은 몇 가지 면에서 인터넷을 잘 활용하고 있다.

이것은 커뮤니티에 기반을 둔 민주적이며 개방적인 방식으로 운영된다. 개인의 창조성에 권한을 부여하기 때문에 고객들은 직접 자신이 원하는 방향으로 제품을 디자인할 수 있다. 또한 대중의 지혜를 이용해 마케팅 조사를 수행하고 가장 잘 팔릴 것 같은 제품을 선택할 수 있다. 디자이너들은 그들대로 되도록 많은 대중들에게 영합할 수 있는 티셔츠를 만들기 위해서 노력한다. 따라서 각각의 셔츠들은 트레드리스 커뮤니티의 현재 감성과 연결되도록 만들어진 빔이다.

어반 아웃피터스, 킷슨처럼 트렌드에 민감한 주류 소매업체들조차도 긴 리드 타임과 계절에 따른 판매 부침을 해결하기 위해 안간힘을 쓰고 있다. 하지만 트레드리스는 매주 소비자들에 의해 제안된 검증된 제품을 짧은 기간 동안만 판매한다. 소비자들은 누구보다 이 티셔츠들에 대해 잘 알고 있기 때문에 트레드리스에서 뽑힌 디자인들은 소비자 호응도가 아주 높다.

사업모델은 다르지만 트레드리스처럼 커뮤니티를 이용하고 있는 또 다른 기업으로 오디카Oddica가 있다. 음악 밴드의 팬들과 소매상들을 대상으로 프린트 티셔츠를 제작하는 오디카닷컴은 이제 웹 커뮤니티와 개인 블로거들만을 위한 티셔츠도 제작하기 시작했다. 아이디어는 아주 간단하다. 온라인상의 커뮤니티 회원이 되었을 때 오프라인에서도 티셔츠를 통해 그 커뮤니티의 회원임을 표현하지 못할 이유가 무엇이겠는가. 오디카는 사람들의 소속감을 공략했다.

트레드리스와 오디카가 성공을 거두긴 했지만 두 회사의 사례는 대중의 다양한 특성과 수요에 부합하는 차별적인 서비스를 도킨스의 밈과 결합하기가 얼마나 어려운지를 단적으로 보여준다. 오늘날 우리가 사는 세상은 개개인별로 수많은 비전이 존재하고 개인화된 미디어의 종류도 엄청나다. 생산과 소비를 위한 기회도 무궁무진하며 공동체적 경험은 그 어느 때보다 정의하기 어려워졌다. 권한을 부여받은 소비자들이 넘쳐나고 경쟁자들의 소음이 난무하는 가운데, 네트워크 시대에 내가 가진 아이디어를 확산시킬 수 있는 방법은 과연 무엇일까? 이 질문에 대답하기 위해서 우리는 지금까지 거의 알려지지 않았던 '소문'에 대해 연구해 보기로 하였다.

거부할 수 없는 충동

가장 효과적인 커뮤니케이션 형식은 바로 '구전'이다. 구전은 다른 사람과 정보를 공유하는 가장 직접적인 방식이다. 특히 소문은 구전 커뮤니케이션 가운데 가장 위력적인 방법이다. 소문은 사회학적 차원에서 바이러스의 등가물이다. 다시 말해서 소문은 적절한 여건만 조성되면 사람에서 사람으로 가장 빠르고 효율적으로 퍼진다.

전염병 전문가들은 바이러스의 전염 경로를 조사할 때 사람들을 '감염자infective' '감수성자susceptible' '완치자removed'라는 세 그룹으로 나눈다. 이와 마찬가지로 사회학자들은 소문의 확산을 모델링할 때 사람들을 '확산자spreader' '민감자susceptible' '억제자stifler'로 구분한다. 확산자는 공유할 정보를 가진 사람이며, 민감자는 아직 정보를 받지 못한 사람이다. 억제자는 정보를 받기는 했지만 더 이상 공유되기를 원하지 않는 사람이다. 기본적으로 어느 네트워크에서나 이 세 가지 유형의 노드가 존재한다. 노드의 확산을 바라지 않는 사람에게는 속도가 둔화되기는 하지만 정보를 기다리는 사람에게로 이동하는 이

노드는 네트워크 경제에서 당신이 만나게 될 소비자 유형이다.[7]

이 세 유형의 소비자들은 무엇을 설명해 줄 수 있을까? 왜 어떤 사람들은 정보를 전달하고, 어떤 사람들은 다른 사람들로부터 정보를 받아들이고, 또 다른 어떤 사람들은 정보를 걸러내는가? 오늘날 네트워크화된 소비자들의 동기를 이해하기 위해서 우리는 소문이 퍼지는 방법과 이유에 대해 알아야 한다.

도발적이면서도 추측에 가까운 소문이 확산되는 첫 번째 이유는 인간이 사회 발전의 한 형태로서 언어를 만들었기 때문이다. 소문은 분명 언어의 역사만큼 오래됐고, 인간의 경험에 깊게 뿌리를 내리고 있다. 그러한 이유로 소문의 동기에 대한 많은 연구가 진행되어 왔다. 소문의 확산에 초점을 맞추어 실시된 연구들 중에서 가장 유명한 연구는 고든 올포트와 레오 포스트먼이 실시한 것으로, 두 사람의 연구 결과는 1948년에 발간된 『소문의 심리학』에 잘 요약되어 있다.[8] 이 연구의 가장 설득력 있는 주장은 '소문의 기본 법칙'이다. 그들이 말하는 '법칙'에 따르면, 소문의 힘은 소문의 주제에 대해서 개인이 느끼는 중요도와 소문과 관련된 증거의 모호함을 곱해서 산출된다. 이를 공식으로 바꿔보면 'R(소문) = i(중요도)×a(모호함)'이다. 이 공식은 과학적인 것과는 거리가 멀지만 우리가 소문 확산의 '중요도'에 대해 생각해 볼 수 있는 계기를 마련해 준다. 실제로 우리는 사람들이 어떤 정보에 대해 시간과 노력을 들여 확산시킬 만한 충분한 가치가 있다고 생각하는지 그 이유를 알아야 한다.

올포트와 포스트먼의 연구 이후 실시된 연구들은 사람들로 이루어진 집단 내에서 소문이 퍼지는 패턴에 관한 것이다. 이 문제와 관련해서 모두가 동의하지는 않지만 가장 설득력을 가지는 것은 바로 소문 확산은 집단적 문제 해결의 한 가지 형식일지 모른다는 것이다. 다시 말해서 사람들은 집단이 소문과 관련된 문제에 대해서 어떤 식으로든 조치를 취해줄 것이라는 기대를 하면서 소문을 퍼뜨린다는 것이다. 집단의 기준을 높게 평가하는 사람들에게 소문을 퍼뜨리는 건 집단 내 관심을 끌어내는 데 유용하면서도 심지어 고상한 노력이 된다.

이와 반대의 시각은 개인적 성취감을 소문 확산의 동기라고 보는 주장이다. 그들은 적어도 소문을 퍼뜨리는 사람은 자신의 그런 행동을 통해서 권력 내지는 다른 만족감을 얻는다고 생각한다. 이런 주장은 소문을 퍼뜨린 사람이 어떤 주제에 대해 전문가이거나 뭔가 새로운 것을 처음으로 받아들였다는 사실을 내세우고 싶어 하는 사람들에게 해당된다. 소문을 확산시키려는 충동과 관련해서 연구자들은 소문을 확산시키는 사람들이 정보를 전달하려는 '억누를 수 없는 욕구'를 갖고 있다고 주장한다. 이와 대조적으로 소문을 무마시키려는 사람들은 그와 같은 욕구를 갖고 있지 않으며, 부울린이 말한 스위치를 끈 상태처럼 그들(노드들)은 소문의 흐름에 크게 방해가 될 수 있다.

마케팅계의 거장 가이 가와사키가 설립한 회사 트루머스닷컴은 소문을 퍼뜨리고 싶은 사람들의 충동을 직접적으로 이용한다. 트루머스는 아예 세상에 소문을 퍼뜨릴 목적으로 모인 사람들을 회원으로 가입시킨다. 그리고 트루머스는 그 회원들이 소문·뉴스·관광지 등을 쉽고 빠르게 게재할 수 있도록 플랫폼을 제공한다. 실제로 이 정보는 아직 입증되지는 않았지만 신선하고 반응이 즉각적이다. 이 정보를 보는 재미는 정확한 정보를 가려내는 데 있다.

그렇다면 점프 포인트 이후의 경제에서 성공을 위해 소문을 이해하는 것이 왜 그토록 중요한가? 이 질문에 대한 간단한 답변은 소문의 긍정적인 한 가지 형태가 바로 '추천'이며, 동료 간 추천은 미래의 쇼핑 행위에서 중요한 부분을 차지할 것이라는 사실이다. 소비자들은 언제나 친구나 동료의 추천을 받은 제품을 구입하려는 경향이 강하다. 네트워크는 과거 그 어느 때보다 이런 일을 더 쉽고 빠르게 할 수 있게 한다. 추천 못지않게 중요한 것은 고객들 사이에서 소문을 퍼뜨리는 수단에 이동성과 다양성이 첨가됐다는 사실이다. 오늘날 사람들은 쇼핑을 하러 가서 휴대폰을 통해 물품 구매에 관한 조언을 듣기도 하고 온·오프라인상의 친구들과 모여 대량구매를 하기도 한다. 또 실시간으로 다른 사람들의 구매평가를 읽기도 한다. 쇼핑과 공유(일명 숍캐스팅)는 분명 미래 경제에서 중요한 역할을 할 것이다.

쇼핑 가십

가정용 믹서를 가장 싸게 살 수 있거나 여행용 캐리어 가방의 내구성을 시험할 수 있는 곳을 알고 싶은가? '마놀로 블라닉'의 신상품이나 동료에게 줄 색다른 선물을 찾고 있는가? 이때 주변 사람들에게 묻는 것보다 더 좋은 방법이 있을까? 이런 질문이 바로 '카부들'이나 '스타일하이브' 같은 쇼핑 사이트들이 탄생한 이유이다.

쇼핑에 커뮤니티 개념을 부여한 대표적인 회사가 '디스넥스트'이다. 로스앤젤레스에 위치한 개인 회사인 디스넥스트는 사용자들이 신제품을 찾아내고 이를 다른 사람들에게 추천할 수 있게 시스템을 설계했다. 여기에서는 같은 취향을 가진 소비자끼리 친분을 맺는 것도 가능하다. 당신이 인터넷 툴바에 디스넥스트 버튼을 추가하기만 하면, 인터넷을 항해하다가 발견하는 어떤 상품에도 태그를 달고 추천할 수 있다. 디스넥스트는 실제 사람들로부터 받는 추천을 제공하고 있다는 사실을 강조한다.

이 회사의 창립자인 고든 고울드는 디스넥스트를 사용하는 사람들을 '큐레이터'라고 부른다.[9] 사람들을 큐레이터라고 부르는 이유는 사람들이 새롭고 진귀한 것을 포착해서 친구들과 공유하기 때문이다. 그는 이렇게 설명했다. "사회적으로 연결된 친분관계가 가장 크게 성장할 분야는 바로 '큐레이터'들이라고 생각한다. 우리는 이 큐레이터 층에 주목했다. 우리는 단순히 지리적으로 가깝게 살거나 우연히 만났다는 이유 때문이 아니라 사회적으로 기호가 비슷하기 때문에 친구가 되고 그들에게 물건을 추천해 주기를 바란다. 큐레이터는 대중의 집단 지식을 활용할 수 있는 최고의 기회를 얻은 사람들이다."

다음 장에서 살펴보겠지만 우리는 우리 삶에서 감정적으로 호감을 느끼는, 같은 기호를 가진 사람들로 이루어진 커뮤니티를 만들려고 하는 성향이 있다.

실리콘밸리의 벤처 캐피털리스트인 팀 드레이퍼는 신생기업인 '핫메일'의 창립자들에게 이메일 하단에 광고 링크를 붙여 보라는 조언을 했다. 그 이후 '바이러스 마케팅'은 크게 유행하기 시작했다. 그러나 '바이러스 마케팅'이란 단어가 진정으로 의미하는 것은 무엇일까? 앞서 살펴봤던 것처럼 바이러스 마케팅은 네트워크의 장점인 바이러스적 성격을 이용해 정보를 널리 확산시키는 것이다. 커뮤니케이션은 바이러스처럼 움직이지만 방송을 타지는 않는다. 그보다는 네트워크 구성원들을 통해 전달된다. '포네로스'나 디스넥스트의 커뮤니티처럼 네트워크의 구성원들은 바이러스 전파 과정의 참가자들이다.

그들 사이에서 정보는 자의적으로 공유된다. 오히려 정보의 확산은 미덕으로 간주되기도 한다.

따라서 마케팅 메시지가 바이러스처럼 퍼지려면 사람들에 의해 직접 전달되어야 한다. 이것은 분명 전통적인 마케팅 방법에 대한 커다란 도전이다. 오늘날 소비자들은 마케팅 툴을 신뢰하지 않는다. 대부분의 소비자들이 광고를 볼 시간도 허락하지 않고 있다. 이 말은 마케팅 툴을 아무리 사용해봤자 그것은 바보 같은 짓이라는 뜻이다.

아스트로터핑은 저주다

2006년 8월 초, 유튜브에 올라온 동영상 하나가 무려 6만 명 가까운 사람들이 시청하면서 화젯거리가 되었다. 이후 전 세계의 관심은 이 동영상을 만든 29세의 '터우스미스'라는 청년에게로 쏠렸다.

그가 만든 「앨 고어의 펭귄 부대 Al Gore's Penguin Army」라는 제목의 2분짜리 동영상은 앨 고어 전 미국 부통령의 환경 보호 활동을 보여 준 다큐멘터리 영화 「불편한 진실」을 패러디한 것이었다. 이 동영상에서 고어는 그의 명령대로만 움직이게 펭귄들을 세뇌시킨 다음에 중동 지역 갈등에서부터 영화배우 린제이 로한의 몸무게 변화에 이르기까지 모든 걸 지구의 온난화 탓으로 돌리는 음흉한 인물로 묘사된다.

이 동영상은 유튜브가 지금처럼 성공하는 데 이바지한 자체 제작 패러디 영상물 가운데 한 편이었던 것 같다. 그렇다. 이게 바로 유튜브의 매력이다. 다시 말해 유튜브는 가공되지 않는 있는 그대로의 신뢰를 바탕으로 한 플랫폼이다. 유튜브는 립싱크로 노래하는 학생들과 결혼 케이크를 자르는 장면을 담은 수천 개의 아마추어 영화들, 온갖 종류의 뮤직 비디오들, 장편 영화 홍보물들, 삭제된 장면들, 그리고 심지어 지루한 텔레비전과 영화 해설을 담은 화면들로 넘쳐 난다. 유튜브는 새내기 영화감독의 시사회 공간 역할을 하기도 한다. 따라서 아마추어 영화감독이 「앨 고어의 펭귄 부대」 같은 패러디를 이곳에 올린다고 해서 전혀 주목받을 일이 아니다. 다만 동영상을 만든 저의에 문제가 있어 보일 뿐이다.

사실은 기자들이 터우스미스라는 이름을 찾던 와중에 그의 야후 이메일 주소가 DCI 그룹에 있는 컴퓨터와 관련 있다는 것을 찾아낸 후에야 문제가 되었다. DCI 그룹은 워싱턴 D.C에 있는 강력한 홍보 및 로비 회사로서 엑슨모빌 같은 석유 회사들을 고객으로 상대하고 있다. DCI 그룹은 문제의 동영상을 만들었는지에 대한 확인 요청을 거부했다. 그리고 자사 고객을 위한다는 명목으로 동영상 제작에 대한 그 어떤 언급도 하지 않았다. 심지어 고객들의 이름마저 확인해 주지 않았다. 엑슨모빌 역시 문제의 동영상과 자사의 관련성을 부인했다. 그러나 누구의 눈에도 DCI 그룹이 고어가 주장하는 지구 온난화에 대한 '불편한 진실'을 깎아내리려는 목적으로 이 동영상을 만들었다는 것이 분명해 보였다.

「앨 고어의 펭귄 부대」 같은 패러디는 아스트로터핑astroturfing의 한 가지 사례이다. 아스트로터핑은 '특정 이슈를 지향하는 특정 단체나 정부 부처 등이 해당 기관에 호의적인 발언을 하도록 가짜 일반인을 모집해서 그들에게 대가를 지급하고 사실을 밝히지 않도록 하는 행위'를 말한다. 네트워크로 연결된 세계에서 아스트로터핑은 저주나 마찬가지다. 그 이유는 이것이 동료 간 커뮤니케이션의 코드와 정신을 훼손하기 때문이다. 뒤에 나오는 8장에서 살펴보겠지만 네트워크 시대에는 신뢰와 믿음보다 더 중요한 것은 없다. 그럼에도 불구하고 많은 기업과 조직들이 아스트로터핑의 성격을 띤 홍보 전략들을 구사하고 있다. 이를테면 온라인 커뮤니티에서 엉터리 댓글을 달게 하는 식이다.

그렇다면 사람들이 아스트로터핑처럼 위험한 계략에 빠지지 않으면서 자사에 대해 이야기하고, 자사의 제품을 다른 사람들과 공유하게 만드는 방법은 무엇일까? 우리의 메시지를 바이러스가 퍼지듯이 널리 퍼뜨리는 방법은 무엇일까? 홍보를 강화하면서도 신뢰를 유지하는 방법은 무엇일가? 이제부터 이러한 질문들에 대답해보자.

밈, 빔, 그리고 바이러스 기계

확실한 것은 네트워크 경제가 서버, 스위치, 라우터와는 아무런 관련이 없다는 사실이다. 네트워크 경제는 새로운 사건을 일으키는 사람이나 조직과 직접 관련이 있다. 네트워크의 본질상 성장은 필수적이다. 모이는 사람들의 숫자가 많을수록 네트워크는 더욱 효율적으로 작용하고, 그곳에서 활동하는 사람들에게 더 유용하게 움직인다.

네트워크 참가자들 사이에서는 직접적인 커뮤니케이션이 이루어지기 때문에 이곳에서 정보는 바이러스처럼 빠르고 유연하게 움직인다. 정보가 네트워크를 통해서 움직이는 방법과 이유에 대한 단서를 얻기 위해서 바이러스의 사회학적 대응물이라고 할 수 있는 '소문'에 대해서 살펴보기로 하자. 소문은 참가자들이 기꺼이 다른 사람들과 공유하려는 성질 때문에 네트워크에서 잘 확산된다. 사실 사람들은 자신이 알고 있는 것을 알리고자 하는 욕구가 있다. 정보를 공유하는 사람들 대부분이 그러한 욕구를 갖고 있지만, 우리들 모두가 그렇듯이 타인으로부터 받는 관심은 제한적이기 때문에 공유 능력도 마찬가지로 제한적이다. 앞에서 나는 네트워크를 통해 전달되는 정보에 빔이란 이름을 붙이자고 제안한 바 있다. 관심이 결여된 사회에서 가장 눈에 띄는 빔은 커뮤니티로 전달되어 유지된다. 눈에 띄는 메시지(혹은 제품이나 서비스) 창조, 잡음 극복, 관심 확보, 소문 전파 등은 네트워크 시대에서 비즈니스를 영위하는 데 필수적으로 해결해야 할 과제이다.

여기가 바로 이론이 필요한 대목이다. 오늘날 어떤 회사도 네트워크의 지원을 받지 않고서 30억 명 이상의 사람들과 커뮤니케이션할 수 있는 자원을 갖고 있지 않다. 사람들은 메시지 전파에 기꺼이 그리고 적극적으로 참여해야 한다. 이것도 아니라면 메시지가 이익 집단 내에서 사회화되어야 한다. 우리가 살펴봤듯이 기존에 연결망을 갖고 있는 사람들 사이에는 구전 커뮤니케이션의 효과가 가장 크다. 네트워크 구성원들이 서로 다른 사람들과 자유롭게 커뮤니케이션하게 되면, 그들은 유용한 방법으로 다른 사람들과 자유롭게 교류하게 된다.

이러한 사실들을 종합해 보면 다음 경제에서 중요한 힘은 바로 새롭고 강력한 '친목 집단'과 특별한 이익 네트워크의 설립이 될 것이다. 지리나 국가, 혹은 인구의 제한에 의해서 구속되지 않는 이러한 사회적·전문적·정치적 집단과 소비자 집단들은 경쟁 환경을 전면적으로 개편할 것이다. 다음 장에서 우리는 사람들이 하부 네트워크를 만드는 방법과 이유, 그리고 이것이 기업의 관리자와 마케터들에게 어떤 의미를 갖는지를 살펴볼 것이다.

- 점프 포인트 경제에서는 30억 명의 생산자와 소비자들이 중개자 없는 세계 네트워크 속에서 직접적으로 연결된다.

- 네트워크 내에서 가장 빠르고 효과적인 커뮤니케이션 방법은 메시지를 바이러스처럼 확산시키는 것이다. 이때 네트워크 참여자들이 메시지를 승인하고 확산시켜야 한다.

- 정보 과부하 상태는 기억할 수 있고 머릿속에 오래 남는 커뮤니케이션을 드물게 만든다.

- 새롭고 빠르게 움직이는 심상이 네트워크를 차지하고 있다.

- 네트워크 구성원들이 다른 사람들에게 정보를 전파시키려면 동기가 필요하다.

- 사람이 주도하는 네트워크는 정보 조작과 거짓 소문을 거부한다.

미래 시장 공간

실제로 대중이란 존재는 없다.
오직 사람들을 대중으로 보는 방법만이 있을 뿐이다.
레이먼드 윌리엄스, 영국의 비평가

한강을 가로지르는 반포대교를 건넌 우리는 불빛에 반사된 서울이 마치 사막의 신기루처럼 보였다. 7월 초 서울의 기온은 화씨 100도(섭씨 38도 정도)에 가까웠다. 바람 한 점 불지 않은 뜨거운 날씨로 인해 에어컨 수요가 늘면서 전력 수요가 급증하고 있었다.

호텔로 돌아가는 길에 우리는 한국 정부가 낮 시간대에 집중되는 전력수요를 조절하기 위해 심야전력 제도를 실시한다는 소문을 들었다. 심야전력 제도는 한국을 방문한 나 같은 외국인들에게도 불편한 제도였지만, 실제 불편함을 느끼는 사람은 한국인들일 것이다.

왜냐하면 전기가 없으면 싸이월드를 할 수 없기 때문이다.

싸이월드는 전 세계의 이목을 사로잡고 있는 한국의 웹 트렌드이다. SK커뮤니케이션에 의해 만들어진 싸이월드는 온라인상의 거대한 가상도시이다. 싸이월드에서 유저(사용자)들은 자신만의 가상공간에 개인 프로필, 사진첩, 게시판, 방명록 등을 생성할 수 있다. 이것은 '미니홈피'라고 불리는데 실제로도 '작은 방'처럼 보인다. 원한다면 이곳에 가구나 벽지 같은 아이템을 이용해 꾸미는 것도 가능하다.

싸이월드의 시민들은 자신의 공간을 마음이 맞는 다른 사람들의 방과 연결해 일촌관계를 형성하고 새로운 친구를 사귈 수 있다. 쪽지를 이용할 수도 있고 방문객들과 실시간으로 채팅을 하는 것도 가능하다. 심지어 휴대폰을 이용해서도 싸이월드를 할 수 있다.

마이스페이스, 페이스북, 오르컷처럼 싸이월드는 개성의 표출과 사회 그룹 형성을 위한 하나의 플랫폼을 제공한다. 하지만 이것은 다른 웹사이트보다 더 획기적인 3차원 공간으로 구성되어 있다. 실제로 어느 여름 저녁시간대에 싸이월드에 접속한 한국인의 수가 1,900만이라고 하니 '뜨겁고 희미한 불빛이 어지럽게 수놓인 서울의 밤과 질서정연하고 쿨한 싸이월드 중에서 어느 것이 더 현실에 가까울까?'라는 의문이 드는 것은 당연한 일일지도 모르겠다.

확실히 텅 빈 서울의 밤거리와 비교하면 사람들로 북적대는 싸이월드가 더 현실적일지도 모른다는 생각을 갖게 한다. 사람들이 현실 세계보다 가상 세계에 소비하는 시간의 절대량을 따져보아도 마찬가지다.

싸이월드에서 사람들은 아바타로 자신을 드러내며, 아바타를 통해 다른 방을 방문한다. 이 때문에 사람들은 자신의 방을 최대한 멋지고 매력적으로 보이려고 애쓴다. 유저들은 보통 디지털 가구와 텔레비전 등으로 '미니룸'을 채우고 음악을 틀어놓는다. '미니미'로 불리는 아바타에 새로운 옷을 입히기도 하고 헤어스타일을 바꾸기도 하며 갖가지 얼굴표정을 짓게 할 수도 있다. 이 모든 아이템들은 싸이월드의 디지털 통화인 '도토리'로 지불되며 이것의 기본단위는 10개이다.

『비즈니스위크 아시아』는 싸이월드의 바이러스적인 성격에 대해 다음과 같은 기사를 실었다.[1]

싸이월드의 인기 비결 중 하나는 바로 '파도타기'라는 기능이다. 이것의 작동방식은 다음과 같다. 당신이 어느 게시판의 글을 읽고 있거나 사진첩의 사진들을 보고 있을 때 흥미로운 댓글이나 게시자의 이름을 클릭하면 그 사람의 미니홈피로 옮겨가게 된다. 만약 당신이 그 사람의 음악이나 사진이 마음에 든다면 당신은 간단한 자기소개를 하고 그에게 '일촌' 신청을 할 수 있다. 일촌이 허락되면 당신은 그림에서부터 사진에 이르기까지 일촌의 미니홈피에서 마음에 드는 것들을 자유자재로 스크랩할 수 있다. 이처럼 파도타기식 방문이 이어지면서 온라인상에서 하나의 커뮤니티가 형성되고 때로는 오프라인 모임으로까지 발전하기도 한다.

이처럼 다른 유저들의 방문을 환영하는 문화와 강력한 고착성 때문에 2007년 한국 10대 청소년들의 90퍼센트 가까이가 싸이월드에 가입했다. 그들은 놀랍게도 한국 인구의 50퍼센트 이상을 차지하는 비율이다. 단지 작은 도토리일 뿐이라고? 게임문화연구회에 따르면 2006년 싸이월드는 8천만 달러의 수익을 올릴 수 있었다.[2]

이처럼 좋은 수익 기반을 다른 기업들이 놓칠 리 없었다. 이미 싸이월드에는 3만 개의 상점이 문을 열었고 50만 개가 넘는 디지털 상품들이 거래되고 있다. 싸이월드는 하루 동안 20만 곡의 음악이 팔리는 한국 최대의 음악시장이다.[3]

싸이월드와 같은 온라인 커뮤니티들은 글로벌 환경을 새롭게 바꾸고 있다. 이들은 비슷한 생각과 성향을 가진 사람들이 참여하는 새로운 경제활동 무대 내지는 '시장 공간'을 창조하고 있다. 사람들에게 적절한 메시지와 기회를 주면 그들은 당신의 최대 고객이 될 것이다.

공동체의 힘

인간은 본래 사회적 동물이다. 그래서 무리를 이루는 것을 좋아한다. 이것은 오늘날 지구상에 사는 대부분의 사람들이 왜 시골보다 도시를 더 선호하는지에 대한 이유를 설명해준다. 사람들은 범죄·환경 오염·교통 혼잡 같은 도시의 부작용들에 대해 불평하기도 하지만 한적한 시골보다 사람들로 북적대는 도시를 더 선호한다. 도대체 이유가 뭘까? 그것은 사람들이 모일수록 더 많은 선택과 옵션, 조합, 가능성의 기회가 그만큼 늘어나기 때문이다.

이것은 길거리에서나 온라인에서나 마찬가지이다.

마이스페이스, 페이스북, 베보, 쟁가 같은 사용자 참여형 웹사이트들은 타인과 소통하고 협력하고 공유하기를 원하는 사람들을 위한 공간이다. 온라인 가상 커뮤니티들은 25년이 넘는 시간 동안 인터넷에 존재했다. '더 웰'은 1985년에 만들어졌고, 그 이전인 1979년부터 '유즈넷 뉴스그룹'이 활동했다. 현실세계에서도 사람들은 사회적·직업적·낭만적·가족적인 관계를 도모하기 위해 커뮤니티에 가입하거나 생성했다. 지금으로부터 9,000년 전 카탈후유크에서 그랬던 것처럼 우리는 온라인에 새로운 '도시'를 건설하고 이곳에서 우리의 야망, 포부, 자긍심을 실현하고 있다. 이곳에서는 접속을 통한 가치 실현보다는 심리적 보상에 주안점을 두고 있다. 그렇지만 정보가 넘치는 이 시기에도 문화의식을 공유하기란 점점 더 어려운 일이 되고 있다.

밈은 예전보다 창조하기 더 어려워졌고, 공통의 기준 틀이란 것도 세우기가 한층 더 까다로워졌다. 블로그, 비디오로그, 사진과 동영상 공유, 특정 커뮤니티와 같은 온갖 종류의 사회적 매체들의 무분별한 증가는 이를 반증한다. 사실상 21세기 인터넷의 위대한 업적이라고 말할 수 있는 '친목 집단'이 부흥하고 있다.

인터넷의 전신이라고 할 수 있는 '다파넷'과 '아파넷' 시절에도 선구적인 안목이 있는 사상가들은 이미 웹이 정보에 대한 접근 · 탐색 · 판매에 있어 강력한 도구가 될 것이라고 예상했다. 그러나 아무도 온라인에서 수백만 명의 사람들이 함께 게임을 하고 비즈니스 네트워킹을 하며 상상조차 힘들 정도의 개인 정보를 공유하는 수준까지 도달하리라고는 전망하지 못했다.

단 한 명 예외가 있다면 바로 1990년대 초반에 '가상 커뮤니티'에 대해 기고한 하워드 라인골드였다.[4] 그는 인터넷을 통해 공통의 관심과 태도와 믿음을 가진 사람들이 '자유로운' 커뮤니티를 형성할 것이라고 내다보았다. 그의 이런 예상은 아주 훌륭하긴 했지만 디지털 시대의 다른 대부분의 예측가들과 마찬가지로 기술을 단순히 기존 트렌드를 고착시키는 방편으로만 간주하는 고전적인 실수를 되풀이했다.

그 이후 실제로 일어났던 일은 앞으로 도래할 엄청난 크기의 점프 포인트의 예고편이라고 할 수 있는 소규모의 점프 포인트였다. 웹은 사람들로 하여금 가장 원초적인 욕구를 채울 수 있으면서 동시에 기술이 가진 독특한 기술을 십분 활용해 무한대로 확장 가능한 새로운 사회제도를 창조할 수 있게 해주었다. 마이스페이스, 페이스북, 트위터, 유튜브, 링키드인, 베보 중 어느 것도 2000년까지 존재하지도 않았다. 하지만 2007년에 마이스페이스는 2억 명이 넘는 회원수를 보유하고 있다.[5] 만약 마이스페이스가 국가라고 가정한다면 이곳의 인구는 러시아나 일본보다 큰 세계 5위 규모의 국가가 될 것이다.[6] 마이스페이스는 광고도 마케팅도 하지 않으면서 변두리 우체국 직원 정도의 수로 이 정도 규모에 도달했다.

마이스페이스만 그런 것이 아니다. 2007년 페이스북의 방문객 수는 월 평균 2,800만 명이었다.[7] 유튜브는 매일 1억 편 이상의 동영상을 공유하고 있다.[8] 2006년 중반에 처음으로 사업을 시작한 트위터의 사용자 수는 불과 1년도 채 지나지 않아 900만 명으로 늘어났다.[9] 트위터는 휴대폰나 노트북을 통해 개인의 활동 상황을 실시간으로 포스팅할 수 있는 사이트이다.

한편 온라인으로 진출한 게임 세계에서도 동일한 현상이 나타났다. 하프라이프의 변형 버전 MOD·Modification 인 카운터-스트라이크 같은 게임이 바로 그 주인공이다.[10] 조사 결과, 2006년 하루 저녁을 기준으로 이 가상 세계에서 게임을 하고 있는 아이들의 숫자는 전 세계적으로 6만 5,000명에 이르렀다. 이 중에서 특히 재능이 뛰어난 젊은 게이머들은 스폰서까지 확보하며 전문 게이머로 성장했다. 또 다른 가상 세계인 세컨드라이프는 200만 명이 넘는 유저들을 확보했다.[11] 세컨드라이프는 3차원의 가상세계에서 제2의 삶을 살 수 있도록 새로운 공간을 창조했다. 또한 이 사이트는 인터넷 역사상 최초로 가상 토지거래를 가능하도록 만들었다. 2006년 11월 독일인 기업가가 창조한 '앤쉬 청'이라는 세컨드라이프 거주자는 이곳에서 부동산 거래로 백만장자가 되었다.[12] 물론 그가 거래한 건 가상의 부동산이다. 2007년 중반에는 IBM과 같은 기업들이 세컨드라이프에서 직원 아바타들을 모아 놓고 별도의 회의를 개최하고 있을 정도다.

지금까지 열거한 사례들은 가장 눈에 띄는 것들만 언급한 것이다. 웹을 둘러싼 세계에는 수천 개의 소규모 집단들이 형성되어 사진을 공유하는 것에서부터 홈스쿨링, 사회활동은 물론 변태적인 성행위에 이르기까지 모든 것이 이루어지고 있다.

확실히 이러한 활동들이 기존의 문화 트렌드의 확장판이라고 단언할 수는 없다. 그것보다는 좀 더 심오한 무언가가 일어나고 있다. 무어의 법칙으로 설명되었던 아날로그에서 디지털로의 전환이 20세기의 마지막 20년을 수놓았던 것처럼 이제 네트워크 법칙은 중앙 집중적이고 체계적인 사회구조들을 '자기 증식적인' 친목 집단으로 빠르게 대체하고 있다. 게다가 이러한 법칙들은 지난 30년 동안 반도체 업계가 이룩한 놀라운 업적을 이을 또 하나의 획기적인 사건으로 예고되고 있다.

이 모든 일들이 우리 주변에서 일어나고 있다. 우리는 그 어느 때보다 함께 모이고 생각을 나누고 전체의 일부로서 소속감을 느끼기를 원한다. 역사적으로 이러한 욕구들은 이동의 제한, 언어 장벽, 부족한 자원, 궁극적으로 한정된 선택 같은 요소들로 인해 억제되어 왔다.

웹은 이미 대부분의 장애물들을 뛰어넘었다. 머지않아 나머지 장애물도 거뜬히 뛰어넘을 것이다. 동시에 친목 집단들은 시장 · 유행 · 사회운동 · 권력에 대한 기존의 통념을 뒤엎고 거대한 글로벌 경제에 막강한 영향력을 행사하는 주도 세력으로 부상할 것이다. 『온라인 데일리미디어』는 2011년까지 성인의 절반 가까이와 청소년의 84퍼센트 정도가 사회 참여 사이트에 가입할 것으로 예상했다.[13]

우리의 미래 모습이 로터리 클럽처럼 될 것이라고 누가 추측이나 했겠는가?

친구 되기

다시 하워드 라인골드의 이야기로 돌아가자. 그는 온라인 친목 집단(라인골드는 '가상 공동체'라는 용어를 사용했다)에 대해 "다수의 사람들이 충분히 인간적 관점의 토의를 거쳐 가상공간에서 인간관계의 집합체를 형성하는 것이다"라고 정의하고 있다. 또한 그는 "사람들은 이제 서로 결속해야만 가치 있는 무언가를 얻을 수 있다는 것을 알게 되었다. 이로 인해 오늘날 존재하는 모든 협력 집단들은 경쟁에 직면하게 되었다"고 주장했다.[14]

가상 세계의 공동 프로젝트였던 위키피디아는 스스로를 '시간과 공간의 경계를 넘어 가상 세계에서 공동의 관심, 생각, 기호, 목표를 이루기 위해 상호작용하는 사회적 집단'으로 정의했다. 이런 의미에서 위키피디아는 자기 자신보다 더 큰 무언가를 세우고자 하는 열망을 가진 사람들을 끌어모은다. 이곳에서 사람들은 현대의 성당 건축가다. 이 같은 프로젝트들은 그 어떤 사람의 일생 동안에도 혼자서는 결코 완성하지 못하기 때문이다.

그러나 사람들이 함께 모여 군집을 형성하길 원한다는 사실을 받아들인다고 하더라도 왜 특정 커뮤니티에만 사람들이 몰리는 것일까?

라스 백스트롬이 이끄는 코넬 대학의 연구원들은 다음과 같은 질문으로 연구를 시작했다. "사람들의 커뮤니티 가입 여부, 커뮤니티의 성장 속도, 시간이 흐르면서 변하게 되는 커뮤니티의 공통적인 속성, 이 세 가지에 영향을 주는 구조적인 요인은 무엇인가?"

그들이 내린 결론은 다음과 같다. "우리는 사람들이 커뮤니티에 속하려는 성향과 커뮤니티가 빠르게 성장하려는 성향에 미묘한 영향을 미치는 것이 바로 네트워크의 기본 구조라는 사실을 발견했다. 예를 들어 어떤 사람이 커뮤니티에 들어가려고 하는 성향은 그가 커뮤니티 내에서 사귀게 될 친구 숫자뿐만 아니라 그 친구들이 서로 어떻게 연결되어 있는지에 따라 크게 달라진다."[15]

이 말은 다시 말해서 커뮤니티 내에 아는 사람이 있다는 사실이 커뮤니티 가입에 중요한 이유가 되기도 하지만, 역으로 커뮤니티에 가입한 모든 사람들을 알고 있지 않다는 사실도 커뮤니티 가입에 중요한 이유로 작용한다는 뜻이다. 사람들은 기존에 사귀었던 친구들이 모여 있는 커뮤니티에 가입함으로써 친밀감과 소속감을 느끼고 싶어하지만 더불어 그 친구들의 친구들과도 유대관계를 맺기를 원한다. 이처럼 우리가 가깝지 않은 사람들, 다시 말해서 몇 단계 떨어져 있는 사람들과 맺는 관계를 사회학자인 마크 그라노베터는 '약한 유대관계'라고 불렀는데, 이런 관계는 네트워크를 진정으로 역동적이고 유용하게 만든다.[16]

'약한 유대관계'는 많은 사람들에게 새로운 친구를 사귀는 방식을 바꿔 놓았다. 오늘날 많은 사람들이 새로운 사람을 만나는 행위를 '친구되기'라는 적극적인 행동으로 바꾸고 있다.

싸이월드의 파도타기처럼 친구되기란 당신의 네트워크에 들어오는 모든 사람들을 '친구'로 바꿔 놓는다는 것을 말한다. 친구되기는 지위와도 관련이 있다. 그 증거로 많은 커뮤니티 사이트들이 공개적으로 당신의 친구나 지인 수를 인정하고 있다. 예를 들어 개인의 인기에 대한 일종의 '예비투표' 같은 것이 여기에 해당한다. 이러한 상황에서는 누구나 최대한 많은 친구를 갖고 있다는 걸 보여 주고 싶은 욕구를 느끼게 된다.

그러나 여기에는 이외에도 더욱 흥미로운 일들이 벌어지고 있다. 마이스페이스, 페이스북, 프렌즈터 같은 커뮤니티들을 대학생들이 어떤 식으로 활용하고 있는지를 연구한 다나 보이드는 친구되기 관행에 대해 몇 가지 흥미로운 의견을 내놓았다.[17] 보이드는 사람들이 인터넷에서 다른 사람들과 친구가 될 기회를 얻으려고 하는 이유를 다음과 같이 설명했다.

❶ 실제 친구를 사귈 수 있다.

❷ 지인, 가족, 동료의 숫자를 늘릴 수 있다.

❸ 이미 알고 있는 사람들과 친구가 되는 걸 거부할 명분이 없다.

❹ 친구가 많으면 인기 있어 보인다.

❺ 특정 인물이나 밴드, 제품의 팬이라는 사실을 드러낼 수 있다.

❻ 친구 목록은 자신이 어떤 사람인지를 보여준다.

❼ 멋진 이력을 가진 사람과 친구가 되면 자신도 멋져 보인다.

❽ 친구가 많을수록 더 많은 사람들을 만날 기회가 생긴다.

❾ 개인 프로필을 볼 수 있는 유일한 방법이다.

❿ 친구에게만 허용된 블로그 포스트를 볼 수 있다.

⓫ 다른 사람이 자신의 프로필이나 블로그를 봐주길 바란다.

⓬ 나중에 누군가를 찾는 데 친구 목록을 활용할 수 있다.

⓭ 친구 신청을 하는 사람을 거부하기보다 승인하기가 더 쉽다.

분명 이때 가장 중요한 요소는 '과정의 일치'이다. 즉 사이트에서 친구를 사귀면 네트워크에서 더 많은 특권을 얻게 된다. 또 자신의 세력을 과시할 수도 있다.

그렇지만 사람들이 인터넷에서 친구를 사귀는 이유는 좀 더 1차적인 무엇과 관련되어 있을지 모른다. 네트워크에서 활동하는 사람들은 노드이다. 그리고 우리가 앞서 살펴봤듯이 노드는 다른 노드들과 서로 연결되려는 성질을 갖고 있다. 네트워크가 성장을 원하기 때문이다. 사람들은 서로 연결되는 것을 좋아한다. 그들은 자신의 네트워크가 얼마나 멀리까지 확장될 수 있는지를 보고 싶어 한다. 이러한 목적은 언제나 유효했다. 다만 인터넷이 이러한 목적을 이루기 위한 노력을 좀 더 명확하게 드러내줄 따름이다. 이러한 의미에서 적극적인 '친구되기'는 네트워크 내에서 존재하기 위한 자연스러우면서도 중요한 부분이 될지 모른다. 그렇다면 대형 커뮤니티들의 인기가 확산되고 있는 이유는 어떻게 설명할 수 있을까? 간단히 말해서 사람들은 다른 사람들이 끌리는 것에 같이 끌린다. 경제학자들은 이러한 충동을 '선호적 연결'이라고 부른다. 이것은 어떤 사이트의 인기가 높아질수록 더 많은 사람들이 그 사이트로 몰려온다는 뜻이다. 우리가 경험적으로 알고 있듯이 부자들이 더 부자가 되는 식이다. 아무 이유도 없이 유명해지고, 유명해졌기 때문에 더 유명해지는 명사들이 있듯이 갑자기 인기를 끌기 시작한 사이트들은 호기심 많은 사람들의 방문을 유도하면서 계속해서 더 인기를 얻는다.

그러나 이러한 선호적 연결은 예상치 못한 결과를 낳을 수도 있다. 만일 그것이 생겨났던 원래 목적에서 빗나갈 경우가 그러하다. 오르컷을 예로 들어 보자. 구글이 만든 사회 네트워킹 사이트인 오르컷은 포르투갈 언어를 사용하는 사람들을 대거 회원으로 확보하면서 큰 인기를 누렸다. 그러자 더 많은 포르투갈어 사용자들이 이 사이트로 몰려왔고, 결과적으로 포르투갈어를 이해하지 못하는 사람들은 이질감을 느끼고 다른 사이트들로 옮겨 갔다. 현재 오르컷의 커뮤니티 회원들 대부분은 브라질 사람이다.

새로운 온라인 친목 집단 현상이 생긴 지 4년 정도 밖에 되지 않았지만 벌써부터 이 현상은 쇠퇴의 기미를 보이고 있으며, 심지어 더 새로운 무엇에 의해서 대체되고 있다. 무엇보다도 우리는 이미 '한 가지로 모두에게 맞추는' 식의 종합 커뮤니티로부터 맞춤형 커뮤니티로 전환되는 현상을 목격하고 있다. 이러한 추세는 점프 포인트를 통해 계속될 것이다.

우리가 직접 만드는 도시

대학시절 나는 전공 이외에 도시 역학에 대해 공부한 적이 있다. 나는 도시와 커뮤니티의 작동 원리에 대해서 알고 싶었다. 제인 제이콥스와 루이스 멈퍼드의 글은 나에게 도시는 다양한 사람들을 통해 번영한다는 사실을 깨닫게 해주었다. 당시 나는 왜 사람들이 다양한 도시 중에서 어떤 특정 도시에만 모여 사는지 그 이유가 궁금했다. 실리콘밸리의 한 회사에서 마케팅 임원으로 일하던 도중 나는 온라인 커뮤니티를 보면서 내가 학교를 다녔을 때 느꼈던 것과 똑같은 질문을 해 보았다. 왜 사람들이 자기 마음대로 커뮤니티를 만들 수 있는 힘이 있지만 그러지 않고 특정 커뮤니티에 가입하게 되는 것일까? 또 그 커뮤니티에서 나오지 않고 계속 머무는 이유는 무엇일까? 이 커뮤니티들이 앞으로도 오랫동안 지속될 가능성은 얼마나 될까?

1930년대에 사회학자인 에밀 뒤르켐은 사회 속에서 사람들이 스스로 연대하는 방식을 연구했다. 그 결과, 그는 그룹들을 '기계적 연대'와 앞서 설명했던 '유기적 연대'라는 두 가지 모델로 분류할 수 있다는 사실을 알 수 있었다.[18]

기계적 연대란 사람들이 비슷한 태생 환경, 직업, 교육, 종교, 생활양식 등을 통해서 서로 연결되어 있다는 느낌을 받을 때 조성된다. 이 연대는 매우 동질적인 성향을 띠고, 이 연대에 속한 사람들의 믿음은 꽤 고지식하다. 전문가 협회나 기도회 같은 집단이 예이다.

반면, 유기적 연대는 선택에서 비롯된다. 서로 다른 기술이나 '상보성'을 가진 사람들은 자신들이 가진 다양성을 힘을 믿기 때문에 함께 뭉친다. 이러한 종류의 그룹에 속한 사람들은 동일한 세계관을 갖고 있어서가 아니라 그들의 다양성을 하나의 자산으로 만들 수 있을 정도만큼의 공통점만을 갖고 있기 때문에 서로 연결된다.

게다가 이들은 '가장 현명한' 타입의 군중이고 집단이 내리는 최고의 의사결정을 한다. 반면 제임스 서로위키는 자신의 저서 『대중의 지혜』에서 다음과 같은 점을 지적한다. "너무나 많은 공통점을 가지고 있는 집단은 지속적인 학습이 어렵다. 왜냐하면 각각의 구성원들이 새로운 정보를 점점 덜 내놓기 때문이다. 동질성이 강한 집단은 그들이 잘하는 일은 아주 잘하지만, 다른 대안을 찾아내는 능력은 갈수록 떨어진다."[19]

서로위키의 말대로라면 기계적으로 조직된 그룹들은 '한 가지 재주' 밖에 없는 반면, 유기적으로 조직된 그룹들은 의사결정 과정에 충분히 다양한 이견을 도입함으로써 더 나은 결과를 도출한다.

물론 이 두 가지 방법 외에도 커뮤니티들이 결속되는 또 다른 방법도 있다. 그것은 바로 '우연'이다. 우리는 태어나자마자 앞서 산 사람들이 정해준 장소에 도착하게 된다. 장소는 우리를 규정하고 때로는 속박할 수도 있다. 인터넷이 그토록 특별하게 된 한 가지 이유는 그것이 우연의 힘을 약화시키면서 사람들을 지리적 제약으로부터 벗어나게 하고, 현실 세계의 이웃들 속에서는 결코 만나지 못할 사람들을 만나게 해주기 때문이다.

인터넷의 대중화로 인한 점프 포인트 이후의 경제는 문화적 · 국가적 · 인구통계학적인 넘나들며 발전할 것이다. 이러한 '친목 도시들'은 마케터들을 위한 비옥한 토양을 제공한다.

조그만 세상들이 모여 만든 더 큰 우주

어떤 면에서 마이스페이스, 페이스북, 프렌즈터, 쟁가, 베보와 같은 일반적인 대규모 커뮤니티들은 모두 '시범' 단계에 있다고 할 수 있다. 이곳은 우리가 앞으로 새로운 세계를 경험하게 되고, 더 나은 것을 얻기 전에 새로운 사회 질서를 배우게 되는 넓은 학교 운동장이나 마찬가지다. 아마도 미래 커뮤니티의 모습은 지금과 같은 전형적인 형태는 아닐 것이다.

점프 포인트의 도래가 가까워지면서 전 세계 곳곳에서 수직적이고 열정적인 새로운 커뮤니티들이 탄생하고 있다. 이러한 사이트들은 사회 미디어의 미래를 반영한다. 이 사이트들은 특정한 주제가 있는 테마 사이트이고 사람들이 특별한 관심이나 욕구에 따라 자유자재로 조직되는 것을 허용한다. 이 사이트들은 지금보다 더 유용하고 관리가 쉬우며 친화적이다. 이곳은 진정한 미래 시장 공간이다.

이밖에도 커뮤니티는 연령대별로 조직되기도 하고 종교나 동성애, 스포츠 같은 취향에 따라 조직되기도 한다. 새롭게 탄생한 이 공간들은 현실 세계의 사회 공간을 대체하고 있다. 이들은 상호 지식 공유라는 중요한 윤리를 가입 조건으로 제시하고 있다. 미디어 연구가인 헨리 젠킨스는 저서 『컨버전스 컬처』에서 다음과 같이 지적했다.[20]

새로운 형태의 커뮤니티가 등장하고 있다. 그러나 이들은 자발적이고 일시적이며 일정부분 전략적인 목적으로 가입한 사람들에 의해 구성된다. 멤버들은 관심이나 욕구가 변할 때마다 이 커뮤니티에서 저 커뮤니티로 옮겨간다. 그러나 이 커뮤니티들은 결국 상호 생성적인 성격으로 인해 서로 결속되며 지식을 교류한다.

이러한 사실은 인터넷이 이미 여러 네트워크들로 이루어진 더 큰 네트워크('친목'에 기초해서 만들어진 '조그만 세상들'이 모여 만들어진 넓은 우주)로 변신하고 있음을 암시한다. 앞으로는 모든 관심거리마다 그에 맞는 커뮤니티가 존재하게 될 것이다. 그런데 왜 이러한 변신이 중요할까? 사람들, 즉 당신의 고객들이 어떤 과정을 거쳐서 같은 기호를 가진 커뮤니티 회원이 되느냐의 여부가 당신의 비즈니스에 결정적인 역할을 할 것이기 때문이다. 언제나 그래왔듯이 시장이 매수자와 매도자 사이의 협상으로 이루어진 공간이었다면, 이제부터 그러한 대화는 새로운 장소에서 해야할 것이다.

온라인 커뮤니티 설립 대행 사이트인 커뮤니스페이스가 2007년 3월에 실시한 설문조사 결과는 이러한 변화 추세를 잘 보여주고 있다.[21] 2만 6,539명의 온라인 소셜 커뮤니티 회원들을 대상으로 실시한 조사 결과, 회원들끼리 친밀도가 높을수록 커뮤니티에 대한 참여도도 높았다. 조사 결과를 보면 회원 수가 500명 미만의 커뮤니티에 접속한 사람들의 86퍼센트가 댓글을 달고, 채팅창을 개설하고, 채팅에 참여하고, 많은 아이디어를 제시하고, 사진을 공유하는 등 여러 가지 방법을 통해 커뮤니티에 기여했다. 반면에 그냥 구경하거나 '염탐' 하기 위해서 커뮤니티에 접속한 사람의 비중은 14퍼센트에 불과했다.

이와 달리 규모가 큰 공공 사이트나 블로그, 게시판에서는 이 비율이 반대로 나타났다. 다시 말해서 대다수의 방문객들이 아무런 기여도 하지 않고 있었다. 예를 들어 평범한 온라인 포럼에서는 방문객의 1퍼센트만이 의견을 제시했지만, 나머지 99퍼센트는 구경만 했다.

이에 대해서 커뮤니스페이스의 혁신·리서치 부문 부사장인 줄리비테스 슈라크는 "대규모 공공 커뮤니티들은 좀 더 많은 시선을 끌지는 모르지만 고객들과 깊은 유대감을 쌓고자 하는 마케터들에게는 이런 커뮤니티가 좋은 대답이 될 수 없다"라고 잘라 말했다.

자극하고 모으고 팔아라

안개가 걷힌 맑고 아름다운 날이었다. 나는 샌프란시스코에서 리스미스 사장과 친구인 테드 캐디와 늦은 점심을 먹고 있었다. 스미스 사장은 음악 전문 사이트인 라이브네이션의 서부지역 사업부를 책임지고 있었다. 테드는 음악 감독이었다.

라이브네이션은 미국 최대의 콘서트 기획 회사이기 때문에 우리의 대화는 자연스럽게 음악 산업에서 일어나고 있는 주요한 변화들로 이어졌다. 우리의 대화는 곧 활기를 띄었다.

돈은 언제 벌 수 있냐는 이야기, 록 음악 자체가 쇠퇴기에 접어들었다는 이야기, 콘서트 수익금이 줄고 있다는 이야기, 음반 매장이 사라지고 있다는 이야기, 새로운 공연을 해 봤자 옛날 전통 로커들만큼 청중을 사로잡지 못한다는 이야기 등 갖가지 이야기가 쏟아져 나왔다. 우리는 또 이제 음악 밴드들이 프로툴즈, 프루티룹스, ACID처럼 누구나 쉽게 구할 수 있는 소프트웨어를 사용해 직접 음반 녹음 작업의 대부분을 소화할 수 있게 됐다는 이야기를 나눴다.

실제로 최근에는 전통적인 음반 회사들의 도움을 받지 않고도 음반을 직접 만들어서 아이튠즈 같은 온라인 뮤직숍을 통해 판매하는 사람들도 늘어나고 있다.

레코드 스튜디오 임원에서부터 뮤직 비디오 제작자와 심지어 티켓 예약 대행사에 이르기까지 복잡하게 얽힌 음악 산업 분야에 종사하는 모든 사람들이 점프 포인트의 기운을 감지하고 있다. 우리의 점심 대화의 초점은 오늘날 음악가들이 관심을 보이고 있는 인터넷을 이용한 사업 모델 쪽으로 자연스럽게 모아지게 되었다. 더 이상 수동적으로 음반 기획사의 관리를 받거나 팬들로부터 격리되고 싶지 않은 일부 음악인들은 벌써 인터넷에서 팬들과 직접 접촉하고 커뮤니케이션하며 직접 음원을 판매할 수 있는 '소통의 장'을 열기 시작했다. 이런 움직임은 다시 말해 CD와 콘서트 티켓은 물론이거니와 빈사 상태에 빠진 음악 산업을 극적으로 회생시킬 상품들을 인터넷을 통해서 직거래할 수 있는, 지금까지 없던 완전히 새로운 세상이 온다는 걸 의미한다. 인터넷에 진출한 음악 밴드들은 티켓 판매에서부터 T셔츠 제작에 이르기까지 모든 사업을 예전보다 훨씬 더 잘 해내고 있다.

나는 같이 점심을 먹는 두 사람에게 음악 밴드들이 팬 사이트들을 통해서 공연 티켓을 독점 판매한다면 어떤 일이 벌어질지 그들의 의견을 물어보았다. 그들은 잠시 고민을 하더니 그럴 경우 모든 판도가 바뀔 수 있다고 대답했다.

콘서트를 개최하는 데는 인건비와 공연장 임대료 다음으로 많은 돈이 들어가는 게 바로 홍보 활동이다. 그런데 아무리 홍보 예산을 많이 배정해도 콘서트 티켓이 얼마나 팔릴지는 아무도 알 수 없다. 홍보는 잘 됐지만 홍보 대상이 잘못돼서 공석이 생기는 콘서트도 많다. 좀 더 직설적으로 말해서 적절한 대상에게 홍보를 하지 못해 이런 결과가 발생한다.

그러나 좋아하는 밴드 공연을 보고 싶어서 안달 난 열성 팬들의 수는 여전히 많다. 예를 들어 더 킬러스, 폴 아웃 보이, 지미 잇 월드, AFI와 같은 신생 밴드들은 많은 열성 팬들을 확보하고 있다. 뮤직투데이 같은 초대형 음악 사이트에는 롤링스톤스 같은 유명 밴드들 외에도 수많은 신생 밴드의 소규모 팬 사이트가 존재한다. 이러한 팬 사이트가 성장할수록 홍보에 따른 위험비용을 감수하지 않고도 콘서트나 투어 공연 티켓을 모두 소진하는 게 가능할지도 모른다. 상황이 이렇게 변할 경우 중간에서 티켓 판매 수수료를 챙기는 업체들은 손해를 보겠지만 소비자와 음악가들에게는 이득이 될 것이다.

티켓마스터 같은 사이트들이 부과하는 높은 티켓 판매 수수료에 대한 반발 차원에서 펄잼 등 몇몇 록 그룹들은 자신들의 팬 사이트를 통해서 중간 단계를 거치지 않고 팬들에게 직접 티켓을 팔고 있다. 그리고 이로 인해 팬들에게 돌아가는 혜택이 더 많이 알려지자 팬 사이트에 가입하는 사람들의 숫자가 폭발적으로 늘어났다. 아마도 이러한 선순환 주기는 영원히 지속될 것이다.

소셜 커뮤니티를 통해서도 이윤을 창출할 수 있다는 증거는 곳곳에서 나타나고 있다. 2007년 5월 IT 시장조사업체인 히트와이즈가 발표한 보고서에 따르면 커뮤니티 사이트인 마이스페이스는 쇼핑 사이트를 찾기 위한 트래픽 기능 부문에서 구글에 이어 2위를 차지했다.[22] 이러한 사실은 마이스페이스 회원들이 야후!나 MSN같은 포털사이트에서 제품을 검색하기보다 온라인 상점에서 직접 쇼핑을 더 많이 한다는 것을 의미한다.

누구를 위해 커뮤니티는 존재하는가

신피질은 인류 진화의 역사상 가장 늦게 만들어졌지만 인간과 동물을 구분하는 결정적인 역할을 한다. 그런데 이 신피질의 중요성이 다시 새롭게 조명 받고 있다. 왜냐하면 이것이 우리가 의미 있는 관계를 맺을 수 있는 커뮤니티의 최대 크기를 결정해 주는 것으로 추정되기 때문이다.

인류학자인 로빈 던바는 이렇게 말한다. "단 한 사람이 안정적인 관계를 유지할 수 있는 사람들의 숫자에는 인지적인 한계가 존재한다. 이 한계는 신피질의 크기에 따라서 다르며, 결국 신피질이 집단의 규모를 결정한다."[23]

유인원에 대한 연구 결과를 바탕으로 도출한 던바의 숫자는 150(정확히 말해서 147.8)이다. 이 연구 결과는 군대, 신석기 시대의 원주민, 알카에다 같은 테러리스트 집단, 몬태나주의 소수민족 후터라이트처럼 자연스럽게 형성된 집단들의 수를 통해서 그 신뢰성이 입증됐다. 던바의 숫자가 갖는 의미는, 우리가 의미 있는 상호 관계를 맺을 수 있는 사람의 숫자가 150명 정도라는 뜻이다. 이 숫자를 넘어서면 너무 복잡해지면서 위계질서를 세워야 한다.

온라인 멀티플레이어 게임에 나오는 길드처럼 스스로 조직된 집단을 보면 던바가 제시한 숫자가 정말로 맞는지 확인할 수 있다. 다수의 사람들이 참가하는 지하 감옥 게임인 울티마 온라인에 참여한 사람들의 행동 패턴을 살펴보면 게임 플레이어들은 60명에서 150명 사이의 그룹에 소속되어 있다는 것을 알 수 있다.[24] 게임 플레이어들은 그룹 내 숫자가 150명 선에 도달하는 순간부터 그들이 얻을 수 있는 이익(정치학과 포지셔닝 차원에서)이 줄어들게 되는 것을 깨닫고 곧바로 기존 그룹에서 탈피해서 새로운 그룹을 만들기 시작했다.

그렇다면 던바가 제시한 숫자가 사회 미디어의 미래에 주는 의미는 무엇일까? 그것은 점프 포인트의 여러 가지 역설 중에 하나이다. 다시 말해서 네트워크의 규모가 커지면 커질수록 그 안에 담긴 가치도 커지겠지만, 실제로 개인별로 돌아가는 네트워크 '자체'가 주는 가치는 그것의 규모가 작을수록 더욱 커진다. 다시 말해서 사람들은 같은 생각을 가진 사람들끼리 모이는 넓은 네트워크 안에서 좁은 노드의 일부가 되는 게 가장 좋다고 느낀다. 그렇게 하기 위해서는 광대한 크기의 전 세계 네트워크를 더 작고 관리가 쉬운 세계들로 다시 나눠야 한다. 친구와 친구 사이의 정보 전달, 블로그, 게시판, 팟캐스트, 비디오로그 등의 눈부신 성장을 설명해 주는 게 바로 그러한 나눔의 욕구이다.

그렇다면 앞으로 우리가 볼 세상은 대형 커뮤니티와 연결된 수천 개의 소형 커뮤니티들로 이루어진 모습인가? 그렇다! 그것이 바로 노드와 집중적 클러스터와 네트워크의 성격이다. 점프 포인트 이후 우리는 우리가 원하는 커뮤니티에 모두 속하게 될 것이다. 이 커뮤니티들은 전문적이면서도 다양하고, 신중하면서도 개방적인 상태로 최적의 물리적 접촉이 가능한 숫자만큼의 사람들만을 받아들일 것이다.

기술도 이러한 변화에 기여하고 있다. 결과적으로 우리는 새로운 도구를 가지고 미래에 사용할 도구를 만들고 있는 셈이다. 스스로 조직화하는 커뮤니티들은 줌라, 드루팔, 플론 같은 오픈 소스 애플리케이션 덕분에 점점 더 관리가 수월해지고 있다. 이러한 플랫폼들은 우리가 자신의 삶과 가치와 희망과 꿈을 정의할 수 있게 친목 관계를 형성할 수 있도록 도와준다.

그렇다면 네트워크와 네트워크가 창조한 커뮤니티를 통해 우리가 본 것은 무엇일까? 네트워크로 연결된 세상은 점점 더 커지는 동시에 점점 더 작아지고 있다. 그곳에서 활동하는 크고 방대한 집단과 작고 전문화된 집단 사이에는 계속해서 긴장감이 흐른다. 그 이유는 사람들이 온라인에서도 오프라인과 마찬가지로 행동하기 때문이다. 도시는 교외나 시골에 비해 더 많은 기회와 가능성을 열어놓는다. 비록 도시의 삶에도 단점이 존재하지만 우리들 대부분은 그것들 때문에 다시 시골로 되돌아가거나 도시 외곽으로 이주하려는 결심을 세우지는 않는다. 도시의 규모가 너무 커질 경우 그곳에서 얻는 이익이 줄어들고, 그 결과 도시를 탈출하고 싶은 사람도 생기겠지만, 대부분의 도시인들은 그들을 위해서 일해 주는 이웃을 찾고, 관계를 맺으면서 도시의 삶을 영위한다. 그런 식으로 세상은 계속해서 돌아간다.

한 가지 확실한 사실은 30억 명으로 이루어진 네트워크는 이보다 작은 크기의 네트워크와는 크게 다를 수밖에 없다는 사실이다. 점프 포인트 이후의 세상은 오늘날 우리가 살고 있는 세상보다 더욱 역동적이고, 복잡하고, 생산적이고, 위험해질 것이다. 앞으로 다가올 네트워크 경제와 그동안 전례가 없었던 30억 개의 노드가 줄 영향을 생각해 본다면 '우리는 지금까지 무엇을 했을까?' 라는 질문이 나올 수밖에 없다.

정말로 커다란 변화가 다가오고 있다. 앞으로 다가올 변화는 흥미롭지만 때로는 충격적이면서, 또 때로는 무질서한 세상을 만들 것이다.

- 첫 번째 단절은 우리의 관심을 끌기 위해 더욱 치열해진 싸움에서 올 것이다. 인류 역사상 가장 시끄러운 시장에서 치열한 전투가 벌어질 것이다. 점점 더 절박해지고 있는 마케터들과 온전한 정신과 균형을 원하는 사람들 사이에 새로운 전쟁의 기운이 감지되고 있다.

- 두 번째 단절은 시간 변화와 우리의 관계로부터 나올 것이다. 과거 우리는 인터넷에서 어떤 일이 처리되는 데 걸리는 시간을 '인터넷 시간' 이라고 불렀다. 그러나 이제 인터넷 시간은 '영원한 지금' 을 무한대로 만들고 있다. 테드 넬슨의 말을 빌리자면 "우리는 지금 '모든 것이 다 같이 복잡하게 얽힌' 시간 속에 살고 있다."[25] 이 시간에는 현재와 과거와 미래의 일이 동시에 일어나는 것처럼 보일 수 있다.

- 세 번째 단절은 이동성과 온라인의 상호작용으로부터 나올 것이다. 이동성과 온라인의 상호작용은 지금 현재 우리가 처한 상황을 재편하고

있다. 게다가 움직이는 목표물의 위치 파악은 쉬워도, 그것과 연결되기
는 더 어려워진다.

- 네 번째 단절은 인터넷상의 문화 저작권의 변화와 이것이 비즈니스와
사회에 미치는 의미로부터 나올 것이다.

- 끝으로 다섯 번째 단절은 신뢰의 문제로부터 나올 것이다. 이 문제로 인
해서 우리는 세계화의 부작용에 직면하게 될 것이다. 우리는 인터넷에
서 '신뢰'가 세상에서 가장 가치 있는 통화로 바뀌었는지를 보게 될 것
이다.

핵심요약

- 사람들은 스스로 온라인 공간을 새로운 시장 공간으로 재편하고 있다.

- 사실상 모든 이익과 친목 목적에 적합한 커뮤니티가 존재할 것이다.

- 주제를 가진 커뮤니티의 회원 수는 실제로 한계가 있다. 500명 미만이 최적이다.

- 사람들은 여러 가지 이유로 커뮤니티에 가입한다. 그중 가장 결정적인 이유는
새로운 사람들과의 네트워킹이다.

- 마케터들은 초대를 받지 못하면 이러한 커뮤니티에 접근하지 못할 것이다.

다섯 가지 단절들

미래는 항상 너무 빨리,
그리고 매우 잘못된 순서로 다가온다.

앨빈 토플러

경제학자이자 디지털 시대의 옹호자인 조셉 슘페터가 '창조적 파괴'라는 말을 처음 만들었을 때 그는 어휘 선택에 신중을 기했다. 그는 새로운 시장이 열리고, 성장을 촉진하고, 미래로 통하는 길을 밝혀주는 좋은 의미의 변화는 필연적으로 투쟁하고 피 흘리는 고통스러운 과정을 거친다고 믿었다.

영국의 역사학자 데이비드 에드거턴은 『과거의 충격』에서 혁신에 대해 다음과 같은 주장을 폈다. "새로운 기술에 의한 '혁신의 중심'에서 일어나는 빅뱅에 버금가는 전면적인 변화가 일어나면 기존의 기술과 신기술이 함께 공존하는 현상이 나타난다." 신기술이 인정받기까지는 시간이 걸린다는 점에서 에드거턴의 주장은 일정부분 옳다. 공상주의자들은 다른 주장을 펼지도 모르지만 새로운 발명이 이루어지는 순간 세상이 변하지는 않는다.

더 중요한 사실은 기술은 그것을 둘러싼 새로운 문화를 창조했으며 그 문화는 인류의 역사와 함께 공존한 경우가 많았다는 것이다. 그러나 이것이 사람들이 바보라서 과거의 기술에 집착한다는 의미는 아니다. 예를 들어 지금도 전투에서 소형무기와 말이 이용되지만 이 무기들에 전적으로 의존해서 전술을 세우지는 않는다. 기술의 수용과정은 점진적으로 일어나다가 갑자기 돌변한다. 바로 그때가 점프 포인트가 일어나는 시점이다. 새로운 문화가 주류 문화로 합류하면서 우리 모두가 약간씩만 전진하는 순간을 말한다. 오늘날 네트워크 문화는 세계 주류 문화로서 빠르게 임계점을 향해서 치닫고 있다.

네트워크 문화가 임계점에 도달하면 점프 포인트는 분명 놀랍고도 파괴적인 시기가 될 것이다. 현재가 뒤집히고 기존의 권위를 위협하며 안주하는 자들을 뒤흔들어 놓을 것이다. 다가오는 점프 포인트가 많은 산업계와 사람들의 삶에 엄청난 타격을 줄 것임은 의심의 여지가 없다. 기존의 비즈니스를 지배하고 있던 전제는 새로운 도전에 직면할 것이며 미래는 곳곳에서 갑자기 튀어 오른 기업들에 의해 다시 쓰일 것이다.

2부에서 우리는 모든 비즈니스에서 직면한 5가지 단절들을 살펴보면서 점프 포인트를 해부할 것이다. 그것은 ①관심의 가치 ②시간의 변화 ③풍부한 생각 ④매시업 문화 ⑤신뢰의 우선성이다. 각각의 분리는 당신의 기업을 비롯해 모든 기업들에게 난해하면서도 예상하기 어려운 영향을 미칠 것이다.

관심을 둘러싼
전쟁

정보는 그것을 받아들이는 사람들의 '관심'을 소비한다.
따라서 정보의 부는 관심의 부족을 창조한다.
허버트 사이먼, 노벨 경제학상 수상자

미래의 최음제는 완전한 관심이 될 것이다.
린다 스톤, 마이크로소프트의 전 임원

조명이 어둠을 가르고, 사람들이 내뿜는 괴성은 밤하늘에 메아리처럼 퍼진다. 천장에서 번쩍이는 레이저 광선이 내려와 무대를 가르고, 무대 옆쪽에서는 화려한 불꽃들이 소낙비처럼 쏟아지기 시작한다. 이어 오케스트라의 음악이 사방에서 터져 나온다. 강렬한 비트와 금속성 연기 냄새와 뿌연 무대 위로 격렬하게 쏟아져 내리는 레이저 광선에 관객들은 오감을 압도당한다.

이때 무대를 꽉 채우는 거대한 비디오 스크린이 익숙한 디지털 화면을 보여준다. 흥분한 관객들은 다시 한 번 괴성을 지른다. 두 명의 게이머들이 무대 바로 밑에 앉아 콘트롤러를 가지고 서로 배틀(전투)을 시작한다. 이들의 배틀은 스크린에 그대로 투사된다. 그들의 동작 하나하나에 맞춰 오리지널 게임 사운드트랙이 흘러나온다. 관중들은 공연장에 흐르는 모든 노래를 알고 있는 듯 따라 부르면서 이날의 집단행동에 심취된다.

이 화려한 행사의 이름이 바로 '비디오게임라이브' 이다. 이 행사에는 최고의 오케스트라와 합창단이 동원되고 화려한 불빛과 함께 대형 스크린에 비디오 게임 장면이 펼쳐진다. 무대와 관객들 사이에서는 특별한 교감이 이루어진다.

비디오게임라이브는 미국의 트렌턴이나 콜럼버스, 캐노가 공원Canoga Park 등 주로 교외 중심지에서 열렸다.[1] 게이머들과 괴짜들은 이 행사가 열릴 때나 어두침침한 아파트를 뛰쳐나왔다. 그러나 이 행사가 미국에서만 열렸던 것은 아니었다. 2006년 11월에는 브라질에서도 개최되었다. 비디오 게임 「파이널 판타지」의 배경음악을 작곡한 마르틴 렁도 특별손님으로 여기에 초대됐다.

이 행사가 브라질에서까지 열렸다는 사실은 전 세계 비디오 게임 규모가 어느 정도인지를 설명해준다. 게다가 이 행사에는 게임 사운드트랙을 연주하는 오케스트라 공연만을 보기 위해 몰려드는 사람들도 상당히 많다. 이 사실은 우리에게 또 다른 흥미로운 통찰을 제공한다.

비디오게임라이브는 스스로를 '몰입형 행사'라고 부른다. 왜냐하면 라이브 음악, 비디오 화면, 게임 플레잉, 화려한 불꽃 등이 한데 어우러져 사람들의 감각과 관심을 사로잡기 때문이다. 이런 공연에 익숙해진 사람들에게 전형적인 공연은 시시해 보인다. 오늘날의 관중들은 그들의 주의를 압도당하는 데 익숙해져 있다. 또한 그들은 그러한 경험을 하기를 원한다. 그들은 동시다발적으로 발생하는 상황에 매우 익숙하다. 이메일을 보내면서 가상회의를 하고 인터넷 방송을 시청한다. 그들의 사회 생활은 문자메시지, 게임, 비디오, 친구와의 채팅, 아이팟의 음악들로 가득 차 있다.

지금까지 설명한 비디오게임라이브의 이미지를 기억하라. 그것이 바로 우리의 미래 모습이다. 새로운 소비자들은 이미 이러한 미래를 느끼고 있는 것 같다. 그들은 다가오는 세상의 정보과부하 사태를 예감하고 이를 견디기 위한 인내심을 쌓고 있다.

관심: 새로운 천연자원

정보의 양이 기하급수적으로 늘어나면 임상학 분야에서 말하는 소위 '인지적 과부하'를 경험하게 된다.

우리의 일상생활은 과학자들이 말하는 '정보의 이전'에 집중되어 있다. 정보의 이전 속도가 급격히 빨라지고 있고, 이전되는 정보의 양도 크게 늘어나고 있다. 인터넷, 이메일, 문자 메시지, 팟캐스트, 텔레비전, 라디오, 프린트, 옥외광고, 휴대폰, 대면대화를 모두 합쳐 우리는 매일 4,000통 이상의 메시지를 받고 있다. 이것을 1년으로 환산하면 100만 통이다. 오늘날 우리는 우리의 할아버지와 할머니가 일생 동안 받았던 정보량보다 더 많은 정보를 불과 12개월 만에 접하고 있다. 이것이 바로 현대를 살아가는 우리들에게 당면한 과제이다. 작고한 사회비평가 닐 포스트만은 다음과 같이 말했다.[2]

자유롭게 시작된 흐름이 혼란의 대홍수를 일으켰다. 이제 정보는 사고팔 수 있는 상품이나 오락거리에 불과하다. 옷처럼 몸에 걸치고 다니면서 우리의 지위를 과시하는 수단이 되기도 한다. 정보는 무차별적으로 다가온다. 특별한 수용 대상도 없고 유용성과도 거리가 멀다. 우리는 익사할 정도로 많은 정보를 받고 있지만 정보를 통제하지는 못하고 있다. 또한 그 많은 정보를 가지고 무엇을 해야 할지도 알지 못한다.

하지만 이 모든 것은 우리 탓이다. 우리가 소비하는 양보다 지나치게 많은 정보를 생산하고 있기 때문이다. 직장에서 일을 하건 유튜브에 동영상을 올리건 친구들과 수다를 떨건 우리는 모두 매 순간마다 새로운 정보를 양산하고 있다. 매년 엑사바이트exabyte의 정보를 생산한다. 엑사바이트는 10억 기가바이트를 의미한다. 이를 다시 바이트로 환산하면 1,000,000,000,000,000,000 바이트의 데이터가 만들어진다는 뜻이다. 지구상의 모든 사람이 한 사람마다 약 2억 5,000만 바이트씩 만들어내고 있다고 보면 된다.

이런 식으로 계산하면 이 책에 들어 있는 정보는 약 1메가바이트 정도이다. 다시 이 책의 분량을 기준으로 정보를 계산하면 우리는 매년 개인당 250권씩 찍어내고 있다. 캐나다 심리학자인 워렌 톤게이트는 다음과 같은 사실을 알아냈다.[3]

정보의 빠른 증가는 우리 관심 정도를 극도로 떨어뜨렸다. 이 때문에 텔레마케팅에서부터 테러리즘에 이르기까지 사람들의 관심을 조금이라도 끌 수 있는 수단이라면 무엇이든 동원되고 있다.

이것은 정보화 시대의 위대한 역설이다. 시간과 관심은 제로섬 게임이다. 시간이 고정되어 있기 때문이다. 우리 모두에게는 하루 24시간, 1년 365일이라는 한정된 시간이 주어져 있을 뿐이다. 따라서 관심은 지식보다 상대적으로 훨씬 더 부족해졌다. 사실상 이제 모든 경제현상은 관심을 중심으로 이루어지고 있다. 실제로 관심은 이제 지구상에서 가장 귀중하면서도 재활용이 불가능한 천연 자원이 되었다.

관심, 좀 더 구체적으로 말해서 '관심 경제학'에 대한 논의는 점점 더 활발해지고 있다. 지금까지 새로운 네트워크 건설에 있어 관심이 갖는 가치에 대해서 가장 설득력 있게 말했던 사람은 이론 물리학자인 마이클 골드하버이다.[4] 1997년, 그는 이렇게 말했다. "우리들 각자가 관심을 기울일 수 있는 시간은 한정되어 있다. 관심이란 것은 기계나 컴퓨터나 그 밖의 어떤 외부에서 나오는 것이 아니라 우리 자신에게서만 나올 수 있는 것이기 때문에 늘 부족하다. 사람들이 지금 얻고자 하는 '사생활'의 자유란, 관심을 기울이지 않아도 되는 자유이다. 그것은 원하지 않는 것을 어쩔 수 없이 보게 되는 것이 아닌, 원하지 않는 것도 자발적으로 볼 수 있는 자유를 말한다."

관심은 한정되어 있고, 쉽게 소비되기 때문에 매일매일 더 부족해질 수밖에 없다. 점프 포인트 이후의 경제에서는 '관심은 부족하나 현금은 많은 사람들'과 '관심은 풍부하나 현금이 부족한 사람들'로 가득 차게 될 것이다. 다시 말해 이 세상은 곧 관심을 기울일 수 있는 사람들과 관심을 기울일 수 없는 사람들로 양분될 것이다.

그렇다면 기업은 이런 현상을 어떻게 받아들여야 할까? 이것은 현재의 당신의 주고객이 이제 더 이상 당신에게 관심을 보일 여유가 없다는 것을 의미한다. 동시에 당신이 내보내는 광고에 관심을 보이는 사람들마저도 진정한 고객은 아닐 수도 있다는 의미이다.

정말로 그런지 자세히 알아보고 싶다면, 2003년에 미국 전역에서 실시된 주(州)별 인터넷 광고 클릭률에 대한 연구 결과를 살펴보면 된다. 연구 결과, 클릭률이 높았던 지역은 인구가 많은 주나 대형 미디

어가 활동하는 주가 아니라 상대적으로 관심 확보 경쟁이 덜한 주였
다. 조사를 실시한 애드버타이징닷컴에 따르면 최고의 클릭률을 기록
한 5개 주는 뉴멕시코, 웨스트버지니아, 아칸소, 몬태나, 그리고 와이
오밍이었다.

가장 높은 클릭률은 가장 예상치 못했던 지역에서 나왔다. 따라서
당신의 비즈니스 모델이 과거와 똑같은 낡은 전략과 진부한 매트릭스
에 의존한 채 관심의 중요성을 제대로 인식하지 못한다면, 그러한 모
델은 실패의 비결이 될 가능성이 크다.

'불필요한 코드'로 가득 찬 세상

우리는 정보와 복잡한 관계를 맺고 있다.

우리는 그 어느 때보다 정보를 환영하면서도 동시에 정보를 혐오한
다. 우리는 휴대폰 없는 삶을 상상조차 못하면서도 한편으로는 휴대
폰에 지배당하는 삶을 한탄한다. 또 각종 모바일 기기들에 24시간 내
내 몸을 내맡기면서도 한편으로는 이로 인한 구속감 때문에 분개하기
도 한다.

정보는 양날의 칼이다. 비디오게임라이브 행사에 모여든 사람들처
럼 우리들은 정보의 쓰나미 속으로 점점 빠져드는 것을 알면서도 정
보를 사랑한다.

우리들 중 일부는 스스로를 '정보 중독자'라고 부르며 자랑스러워
할 수도 있다. 이런 의미에서 우리는 정보가 가해오는 공격의 우연한
희생자가 아니라 오히려 정보의 자발적 참여자이자 의존자, 정보 후

원자이자 정보 중독자이다.

문제는 단순히 정보가 너무 많다는 것이 아니다. 그보다는 우리가 원치 않는, 우리와 관련 없는 정보가 너무 많다는 것이 문제이다. 해커들이 쓰는 말 중에 '쓸데없이 너무 많거나 중복되는 코드'를 일컬을 때 '크러프트cruft'라는 단어가 있다. 우리가 사는 세상은 '크러프트'하며, 소비자들은 그런 세상으로 인해 점점 더 많은 혼란을 겪고 있다. 미래 마케팅 과제는 이런 '크러프트'를 치워버리고 낭비를 제거하며 적절한 고객에게 적절한 메시지를 제대로 전달하는 것이다. 불필요한 메시지는 쓰레기다. 이러한 메시지는 수용자를 무시하고 불쾌하게 만든다.

그렇다면 우리는 무엇을 할 수 있을까? 이 질문에 대한 정답은 "할 수 있는 게 아무것도 없다"이다. 기껏해야 우리는 정보를 띄엄띄엄 대충 훑어볼 뿐이다. 마이크로소프트에서 임원을 지냈던 린다 스톤은 관심을 한곳에 집중하지 못하고 이리저리 배회하면서 사는 우리를 가리켜 '부분적인 관심의 지속' 상태에 빠져있다고 말했다.

이에 대해서 토머스 프리드먼은 이렇게 설명했다. "당신이 텔레비전을 보면서 컴퓨터 자판기를 두드리고, 아이의 질문에 대답하면서 인터넷이나 휴대폰이나 블랙베리를 사용할 때 부분적인 관심 지속 상태가 나타난다. 즉, 하루 종일 여러 가지 일을 동시에 수행하면서도 당신이 하는 일이나 만나는 사람에게 부분적으로만 관심을 기울이고 있는 것이다."[5]

스톤은 다음과 같이 말한다.[6]

이제 우리는 시간과 장소에 구애받지 않고 언제 어디서나 접속이 가능한 시대에 살게 되었다. 그러나 이와 동시에 우리는 부분적인 관심만 지속시킬 수 있게 되었다. 이 현상은 우리에게 과도한 위압감과 자극, 불만족을 안겨주고 있다. 우리는 네트워크 내에서 살아 움직이는 노드가 되고 싶은 욕구를 가지고 있다. 우리는 접속을 원하고 효과적인 기회 탐색을 원하며 어느 순간에서나 최고의 기회를 얻고자 한다.

이처럼 시간과 장소에 구애받지 않고 접속하려는 현상은 '계속된 위기로 인한 거짓된 감각'을 만들어 냈다. 인간과 같은 포유류는 위기가 계속될 때 싸우거나 아니면 반대로 도피 욕구를 느끼게 된다. 만약 호랑이에게 쫓기고 있다면 그건 정말로 대단한 공포가 될 것이다. 하지만 하루에 이메일이 500통씩 쏟아진다면 어떨까? 이메일이 호랑이처럼 느껴질까?

영국의 사우샘프턴 대학의 심리학자 이티엘 드로르는 이 질문에 대해 다음과 같은 의견을 제시했다.[7]

드로르에 따르면 인간의 뇌는 오감에 의해 받아들인 엄청난 양의 정보를 제한된 수준만큼만 처리할 수 있다. 뇌는 스스로를 보호하기 위해 극도로 선별적인 관심만을 기울인다. 아울러 뇌는 밀려드는 정보에 효과적인 대응을 위해 손쉬운 방법에 의존한다. 이때 소음이 중요한 역할을 한다. 그 이유는 주위의 소음이 가장 적을 때, 즉 외부에서 발생하는 정보가 가장 적을 때 진정 원하는 정보에 관심을 기울이기 쉽기 때문이다.

드로르와 같은 학자들은 동시에 일어나는 미디어의 소비 지대를 '전방'과 '후방'으로 나누었다.

예를 들어 우리가 아이팟으로 이메일에 답장을 쓸 때 이메일은 전방에 있는 미디어이고, 아이팟은 후방에 있는 미디어다. 이때 다시 전화를 받게 되면 이메일은 후방으로 밀려난다.

최근 조사에 따르면 대부분의 사람들이 일반적으로 하루에 두 개 이상의 미디어와 접하는 것으로 나타났다. 가장 흔한 경험은 텔레비전 시청과 인터넷 서핑을 동시에 하는 것이다. 텔레비전을 켜놓고 인터넷으로 작업을 하는 식이다. 마케터들도 이러한 자기잠식 현상을 알고 있다. 그들은 소비자들의 주목을 끌기 위해 하나의 미디어에만 투자하는 것은 효과가 없다는 사실을 알고 있다.

사람들은 동시에 여러 군데 관심을 쏟는 멀티태스킹 행위에 의해 유발되는 비생산적이고 성과가 저하되는 부작용을 경험하고 있다. 캘리포니아 대학의 글로리아 마크 교수는 화이트칼라 근로자들을 대상으로 관심 과부하와 멀티태스킹의 관계에 대해 연구했다.[8] 연구에 따르면 근로자들은 평균 3분에 한 번씩 다른 일을 했으며 2분에 한 번씩 방해를 받았고 집중 시간은 겨우 최대 12분에 불과했다.

그 결과 선택의 난제에 빠지게 되었다.

미국의 불교 사상가 데이비드 로이는 이 문제를 다음과 같이 말했다. "세상에 산재된 모든 정보에 관심을 기울일 경우 각각의 정보에 대한 관심의 정도가 매우 낮아져서 결국은 관심을 기울이지 않는 것이나 마찬가지인 상태가 된다. 무한한 정보에 대한 인간의 반응이 이렇다면 무한한 가능성이 열려도 마찬가지로 나의 선택도 무기력해질 수밖에 없지 않을까? 그것이 물리적이든 일시적이든 존재감이 없다면 내가 무엇을 해야 하고 어디에 우선순위를 둬야 할지 어떻게 결정할 수 있을까?"

정보의 과부하 속에서는 우리가 정보에 관심을 쏟는 시간도 점점 줄어들고 있다. 신경과학자들은 사람들이 집중할 수 있는 능력이 약

15분 정도면 한계에 도달한다고 믿고 있다. 이 정도면 시트콤을 처음부터 끝까지 볼 수 있는 시간도 안 된다. 셰익스피어의 소설을 감상할 수도 없고 아이와 레고 블록을 조립할 수도 없다. 수목원의 정취를 느끼기란 더욱 어려울 것이다.[9]

이 모든 이유는 우리의 뇌가 환경 변화에 적응하고 있기 때문이다. 오슬로 대학의 토머스 하일랜드 에릭슨 교수는 "우리가 각자 쓸 수 있는 시간은 제한적인데 우리에게 몰려드는 정보는 지나치게 많다. 그 때문에 우리는 정보에 집중하는 시간을 줄이고 있다"고 말했다.[10]

정보의 홍수에 대처하라

하워드 라인골드는 다음과 같은 유명한 말을 남겼다. "지금 집중하고 있는 곳에 집중하라."

사람들은 관심이 가는 정보를 수집하는 능력은 상당하지만, 관심이 없는 정보에는 별다른 수고를 기울이지 않는다. 드로르 교수에 따르면 정보 과부하를 해결하는 한 가지 방법은 정보를 유용하게 분류하거나 하나의 덩어리로 묶는 것이다. 물론 각자가 나름대로 이 일을 수행하겠지만 결국에는 자동화된 솔루션으로 눈을 돌리게 될 것이다.

이제 정보 관리는 중요한 산업으로 탈바꿈하고 있다. 관련된 정보를 모아서 관리해주는 애그리게이터 소프트웨어에서부터 스팸이나 스파이웨어를 차단해주는 프로그램까지 기업들은 정보 관리를 위한 다양한 제품을 개발하고 있다.

빌 게이츠는 RSS Real Simple Syndication 애플리케이션을 '프로그램이 가능한 웹의 시작'이라고 불렀다. 그 이유는 RSS가 개인들에게 그들이 매일 받는 인터넷 피드의 흐름을 통제할 수 있는 힘을 추가로 부여했기 때문이다. 그러나 이러한 피드 역시 원칙과 정책이 없다면 쉽게 통제 불능 상태로 빠질 수 있다. 이 때문에 많은 기업들이 알고리즘 솔루션에 대한 연구를 시작했다.

마이크로소프트의 연구원인 에릭 호비츠도 이 문제를 해결하기 위해 연구에 뛰어들었다. 연구 끝에 그의 팀이 찾아낸 한 가지 해결 방법은 인터넷 인터페이스를 좀 더 개인적이면서 직관적으로 만들고, 사용자의 기호와 의도마저 예측할 수 있게 만드는 것이다. 그는 피드백 고리와 지능형 에이전트를 이용해 컴퓨터가 사용자로부터 얻은 정보를 통해 사용자의 시간과 관심을 절약해 줄 수 있기를 기대하고 있다. 피드백 고리와 지능형 에이전트의 기능들은 검색 관련 정보뿐 아니라 사용자가 과거에 방문한 적이 있는 웹 페이지, 저장해 둔 문서, 읽고 쓴 적이 있는 이메일을 기초로 만들어진다.

이러한 편리함을 누리기 위해서는 하나를 얻고 하나를 버리는 트레이드 오프와 여러 가지 위험을 감수해야 한다. 사생활은 가장 큰 문제가 될 것이다. 클릭 기록을 다른 사람에게 넘기게 되면 누구나 사용자의 '클릭 흐름'을 알게 되고 이렇게 되면 관련된 정보를 임의로 사용하게 될 위험이 커진다.

이쯤 되면 조지 오웰의 소설에나 나올 법한 감시 사회 속으로 우리가 제 발로 들어가는 건 아닌지 하는 생각이 든다. 그리고 곧 다음과 같은 질문이 이어진다.

"관심을 통제하는 대가로 얼마만큼 사생활을 포기할 수 있을까?"

안티 마케팅의 시대

2장에서 살펴봤던 것처럼 네트워크는 노드 간 대규모 커뮤니케이션을 그 어느 때보다도 쉽게 만들어 놓았다. 그러나 네트워크는 또한 그 어느 때보다 그것을 바람직하지 않게 만들어 놓았다. 사람들은 각자 네트워크를 선택하려고 하고, 그러는 와중에 그들이 받아들이고 싶은 정보만 선택한다. 그러나 네트워크는 본래 바이러스적 성질을 띠고 있다. 빠르게 움직이면서 확산되는 커뮤니케이션은 개방적이고 이용 가능한 모든 노드들로 전파되기 때문이다.

온라인 생활의 독소인 '스팸'에 대해서 생각해 보자. 스팸도 마찬가지로 확산적 성격을 띠고 있다. 그 이유는 네트워크가 본래 정보가 자유롭게 움직이는 것을 장려하기 때문이다. 사실상 스팸은 네트워크를 요구한다.

우리가 스팸을 거르기 위해 노력하고, 각국 정부들이 법적 제한을 두려고 해도 스팸은 네트워크 생태학의 자연스런 일부이다. 우리가 온라인에 접속해 있고, 여러 기업들의 공개 목표가 되는 한(여기서도 부울린의 논리가 적용된다) 정보는 우리를 찾아올 것이다.

물론 어떤 비용을 들여서라도 사람들 앞에 정보를 들이미는 게 현대 마케팅 역사의 특징이었다. 스팸이 생기기 전부터 마케터들은 '억지' 메시지를 들이대면서 사람들의 읽고, 듣고, 보는 즐거움을 빼앗아 갔다. 바로 그랬던 마케터들이 점프 포인트가 가까워지면서 당황하고 있다. 왜냐하면 이제는 이런 억지 마케팅 대신 할 수 있는 방법이 없기 때문이다. 마케터들은 이전처럼 대량 커뮤니케이션을 계속 사용하겠지만 사람들은 점점 더 이를 부정적으로 바라보게 될 것이다.

가까운 미래에 이런 식의 마케팅은 단순히 거추장스러운 것을 떠나 '범죄'로 간주될 것이다. 사람들은 '불특정 다수를 겨냥한' 광고를 적대적인 행위로 간주하고 자신들의 관심을 도둑맞았다고 여기게 될 것이다. 당신이 만일 마케팅을 하다가 고객들의 사생활을 방해하거나 고객들을 속이거나 모욕감을 준다면 당신의 제품과 서비스는 시장에서 그에 따른 대가를 치르게 될 것이다.

안티 마케팅Anti-marketing의 시대에 온 걸 환영한다.

전통적인 마케팅 수단에 대한 반발은 인터넷에서만 한정되어 일어나지는 않는다. 비디오게임라이브 공연이 화려하게 열렸던 상파울루는 작년에 모든 옥외광고를 금지하는 법령을 통과시켰다. 상파울루는 상업광고들로 인한 '시각적 공해'와 불쾌감을 강조하면서 공공장소에서의 모든 광고를 금지시켰다. 게시판이나 버스, 기차 광고도 금지됐다. 심지어 포스터나 전단지, 팸플릿 광고도 불가능했다. 이러한 운동이 전 세계로 확산된다면 광고 자체가 과거의 유물이 될지도 모른다.

안티 마케팅이 갖는 실질적인 의미는 무엇일까? 오늘날 시장은 사람들의 관심을 끌기 위해 다소 '비효율적인 방법'에 의존하고 있다. 미디어는 시장 세분화도 하지 않고 소비자 중 일부라도 보겠지 하는 심정으로 모두를 대상으로 한 두루뭉술한 정보를 제공한다. 하지만 이는 아무도 필요로 하지 않고 원하지도 않는다.

매체 수가 적었던 1970년대라면 이러한 전략이 통했을지도 모른다. 그러나 지금은 사정이 다르다. 지금은 이런 구태의연한 전략이 통하지 않는다. 10년 뒤에는 더욱 심해질 것이다. 광고는 더 이상 마법의 탄환이 아니다. 광고를 위한 마케팅 계획은 찢어버려라.

기대 마케팅

하지만 나는 광고를 매도하지는 않는다. 단지 광고의 현 상태를 있는 그대로 묘사했을 뿐이다. 지금처럼 관심을 얻기 힘든 상황에서는 어떤 종류의 광고 메시지든 수용되기 어렵다.

메시지는 전자적으로 '신호'와 '잡음'으로 나뉜다. 신호란 미디어를 통해 전달되는 유용한 정보를 말하고, 잡음은 그 외의 다른 모든 것을 말한다. 마케터들이 관심이 결여된 소비자들과 접촉할 수 있는 기회를 얻으려면 이 잡음을 제거해야 한다. 광고 네트워크 기업인 TACODA와 같은 곳은 일명 '행동 타깃팅' 방식의 광고로 잡음을 걸러내기 위해서 노력하고 있다.

TACODA는 웹서핑 방법과 관련된 불특정 다수의 데이터를 확보하는 작업부터 시작했다. 그들은 뉴욕타임스닷컴, 월스트리트저널닷컴 등 가장 규모가 큰 인터넷 뉴스, 엔터테인먼트, 정보 사이트 4,500개를 대상으로 매일 150억 개가 넘는 페이지 뷰를 트래킹했다. TACODA는 이렇게 해서 확보한 엄청난 데이터를 가지고, 맥락이 아닌 기호를 토대로 각각의 소비자들을 겨냥한 광고를 내보낸다. 예를 들어 TACODA는 '아무 고객이나 우연히 한 번 보겠지'라는 심정으로 인터넷 사이트에 배너 광고를 게재하기보다 소비자의 클릭 흐름을 분석해서 그가 클릭해 들어가는 사이트에 그의 기호에 맞는 맞춤 광고를 싣는다. 이렇게 하면 소비자는 자신에게 필요한 광고를 보게 되기 때문에 오히려 그 광고를 반기게 된다.

이런 행동 타깃팅 방식의 광고들은 인터넷에서 잡음을 줄이는 데 도움이 된다. 펩시콜라는 저칼로리에 비타민이 풍부한 신제품 생수를 선보이면서 TACODA에게 전국으로 내보낼 광고 프로그램을 의뢰했다. 펩시는 인터넷에서 무작위로 게재되는 광고는 원하지 않았다. TACODA는 웰빙에 관심이 있는 사람들이 주로 방문하는 사이트 위주로 광고를 게재하도록 했고 펩시의 광고는 큰 성공을 거두었다.

마찬가지로 펩시와 경쟁 관계에 있는 코카콜라 역시 자사의 멤버십 프로그램의 회원 수를 늘리기 위해서 TACODA에게 도움을 요청했다.[11] TACODA는 단순히 코카콜라를 마시는 사람들을 겨냥하기보다 그들이 좋아하는 영화(캐리비안의 해적), 그들이 좋아하는 자동차(볼보), 심지어 그들이 좋아하는 아이돌 스타처럼 소비자들 각자의 관심을 다각도로 활용했다. 코카콜라의 브랜드 매니저에 따르면 '관련성'이란 요인 때문에 행동 타깃팅 광고 전략은 다른 광고 전략에 비해서 효과가 250퍼센트 이상 좋았다.

관심의 대가

점프 포인트가 도래하면 소비자들은 자신의 관심이 가진 가치를 좀 더 잘 이해하게 될 것이다. 그들은 자신이 어떤 힘을 갖고 있는지 인식하게 되고 자신이 관심을 보이는 데 대한 대가를 요구할 것이다. 가치와 가치의 교환이 이루어지게 되는 셈이다. 관심의 가치는 새로운 차원의 돈을 창조한다. 나는 이 돈을 관심을 얻는 대신 지불해야 할 자금, 즉 '관심 화폐'라고 부르겠다.

머지않아 전 세계적으로 사람들의 관심을 얻는 대가로 돈을 지불하는 시장이 나타날 가능성도 있지만 이미 소비자들이 보이는 관심에 대해서 보상을 하고 있는 기업들도 있다.

현재 이스라엘 통신 서비스 업체인 '오렌지'가 제공하고 있는 프로그램을 살펴보자. 오렌지는 소비자들이 그들의 휴대폰으로 전송되는 개인 광고나 인터랙티브 광고를 시청하면 그들에게 포인트를 부여하고 있다. 소비자들은 포인트를 이용해 매월 휴대폰 요금을 최대 100 퍼센트까지 할인 받는다. 광고 기반 무료 이동전화 사업자인 '블릭' 역시 주요 고객인 10대 소비자들의 관심을 얻는 대가로 오렌지와 유사한 무료 전화 요금 혜택을 주고 있다. 2007년에 설문조사 대행기관인 Q-리서치가 영국의 젊은 휴대폰 고객들을 대상으로 실시한 조사 결과, 휴대폰 가입자 10명 가운데 8명은 이처럼 매월 요금을 할인받을 수 있다면 휴대폰 광고를 보겠다고 대답했다.

이처럼 소비자들의 관심을 얻는 대신 그 대가를 지불하는 곳이 온라인에만 있는 건 아니다. 라이언에어 항공은 비행기 내 광고가 활성화되면 비행기 요금이 무료가 될 가능성이 있을지도 모른다고 말했다.[12]

이처럼 소비자들이 보이는 관심의 가치가 높기 때문에 어떤 사람들은 광고주들이 소비자들과 소통하기 위해서 '담보를 제시해줄' 것을 요구하고 있다.

관심을 얻기 위해서 이처럼 담보를 제시하자는 생각을 처음으로 한 사람은 마셜 반 얼스타인_{Marshall Van Alstyne} 보스턴 대학 교수였다. 『인포메이션 위크』 소속의 토머스 클라번_{Thomas Claburn} 기자는 이렇게 말했다. "얼스타인 교수의 생각은 이메일을 보내는 사람이나 기업들이 이메일 수신자의 시간을 낭비하지 않겠다는 약속을 하지 않는다면 메일을 보내지 못하게 하자는 것이었다. 이메일 발신자들은 약간의 금전적인 담보를 제시하고, 그들이 약속을 어길 경우 그 돈은 제3자에게 보내지거나 아니면 압류 당하게 된다. 담보를 제시할 생각이 없는 발신자들은 수신자들에게 이메일을 보낼 수가 없다."[13]

얼스타인 교수는 다음과 같이 말했다. "우리는 정말이지 사람들이 관심에 대한 권리를 얻는 데 대한 보상을 하고 싶다. 사람들이 방해를 받는다는 건 금전적인 피해를 입는 것이나 마찬가지이기 때문에 기본적으로 발신자에게 그러한 방해를 받는 시간을 가치 있게 만들어 달라고 요구하고 있는 것뿐이다"

최근 몇 년 동안에 얼스타인 교수는 연방무역위원회에서부터 구글과 마이크로소프트 같은 대형 인터넷 기업에 이르기까지 다양한 이해관계자들을 만나서 그의 아이디어를 알리느라 분주한 시간을 보내고 있다. 미래에는 당신도 담보를 제시하는 광고주라는 사실을 입증해야 할까? 이러한 추세는 이미 이메일 마케터들의 현실이 되어가고 있다.

스팸 메일로 인한 관심 절도는 정말로 심각한 문제이다. 스팸 메일 차단 업체인 뱅쿼시는 일명 '개인용 메시지 채권'이라는 상품을 출시했다. 이것은 인터넷 서비스 제공업체들이 발신자의 책임을 확인하고, 발신자로서 책임을 갖게 하는 담보 성격의 애플리케이션이다.

이것의 작동 방식은 다음과 같다. 마케터들이 수신자의 메일함에 이메일을 보낼 수 있는 권리를 얻기 위해서 담보를 붙인다. 담보가 붙은 이메일은 미리 설정된 장애물, 스팸 필터, 블랙리스트 명단 등을 통과한다. 그러나 수신자가 이메일을 열어 본 다음에 그 이메일을 보는 게 시간낭비라고 생각하면 그는 그 담보에 대한 청구권을 갖는다. 이 경우 메시지 발신 회사는 수신자에게 현금을 지급하거나 인터넷 서비스 제공업체가 발행한 사이버 머니를 줘야 된다.

이와 유사한 원칙에 따라서 이메일 데이터 수집을 전문으로 하는 기업 '리턴 패스'도 스팸 메일을 막기 위해서 금융 담보물을 사용한다. 이 경우 압류되는 담보는 이메일의 수신자가 아니라 비영리 기관인 IEF Internet Education Foundation에 지불된다.

데이터 소유권에 관한 소비자의 권리를 옹호하는 비영리 조직인 '어텐션 트러스트'는 관심에 더 큰 가치를 둘 것을 주장한다. 그들은 우리들 각자가 관심이라는 자산을 소유하고 있으며, 그것은 사람들의 온라인 활동 장소와 시간을 알려주는 기록인 '클릭 흐름'으로도 충분하다고 주장한다.

또한 어텐션 트러스트는 관심 자산에 대한 소비자들의 권리를 주장할 수 있는 '관심 권리장전'의 선포를 제안했다. 이 유틸리티는 절반은 개인 사생활에 대한 권리를, 나머지 절반은 개인의 관심을 관리하는 것이다. 이로써 누구나 자신의 관심사를 관리할 수 있게 되면 크러프트와 표류물flotsam을 최소한으로 유지하면서 적절하고 좋은 데이터를 받을 수 있다. 이렇게 되면 사람들은 자신의 관심사에 대해 더 많이 알 수 있고 쏟아지는 데이터를 더 잘 관리할 수 있게 된다.

관심 신탁 권리장전

- **재산:** 나는 내 관심의 주인이며, 나는 사적으로 그것을 안전하게 저장할 수 있다.
- **이동성:** 나는 시간과 장소에 구애받지 않고 내가 원하는 곳이면 언제 어디서나 내 관심을 이동할 수 있다.

- **경제:** 나는 대상에 구애받지 않고 내가 원하는 누구에게나 관심을 쏟을 수 있고, 그로 인해서 보상 받을 수 있다.
- **투명성:** 나는 내 관심이 어떻게 사용되고 있는지를 알 수 있다.

관심의 이동

데이비드 레비 워싱턴 대학 정보학과 교수는 관심의 결핍에 대해 연구하고 있다.[14] 관심의 결핍이 사회적으로 큰 문제라고 믿고 있는 그는 다음과 같이 말했다. "적절하게 생각하고 사색하고 경청하고 인간다움을 개발할 시간이 없고 계속되는 정보와 소음의 간섭으로부터 보호받을 공간도 없다. 이 상태에서 나는 우리가 새로운 밀레니엄에서 만나게 될 수많은 사회적 · 정치적 도전에 적절한 관심을 보이고 대응하는 방법을 모르겠다."

레비는 '정보와 사색' 및 '정보 · 관심 · 경험' 등을 주제로 한 과정들을 강의하고 있다. 레비는 이 과정들을 통해 정보의 파편화를 연구하는 한편, 학생들이 '지속적이지 못하고 반생산적으로 변한' 생활양식을 퇴치하는 방법을 찾아낼 수 있도록 돕고 있다.

그는 지금과 같은 관심의 위기 속에서 사회의 균형을 되찾기 위해서는 환경 운동처럼 대대적인 사회 운동이 전개되어야 한다고 믿는다. 1960년대에 지구환경과 생태계 보호를 위해 앞장섰던 라이첼 카슨처럼 레비는 우리의 귀중한 자원을 보호하기 위해 경종을 울리고 있다. "근대의 환경 운동이 지구의 건강을 지키기 위해서 습지와 오래된 삼림과 같은 자연의 서식지를 가꾸고 보호하는 데 많은 기여를 했던 것처럼 우리도 우리 자신의 안녕을 위해서 인간의 서식지를 가꾸고 보호해야 한다."

지금으로부터 10년 전 저널리스트이자 문화 비평가인 바바라 에렌라이히는 『프로그래시브』 잡지에서 관심에 대한 소비자 운동의 미래를 예측했다. 그녀는 이렇게 선언했다. "자사 광고에 집중하는 것에 대한 대가를 지불하지 않는 기업의 물건은 사지 마라. 우리가 충분히 오랫동안 해당 상품을 사지 않는다면 결국 기업도 어쩔 수 없이 그 동안 무시했던 관심의 대가를 우리에게 지불할 것이다."[15]

점프 포인트 이후의 관심

알 카에다는 당신의 관심을 원한다. 헤즈볼라, 아부 사아프, 나갈랜드 반군, 칼리스탄 해방군 등 다른 수십 곳의 실체를 확인할 수 없는 과격 행동 단체들 역시 마찬가지다.

그것이 바로 테러리스트들이 하는 짓이다. 그들의 모든 행동은 당신의 관심을 유도하기 위한 전략이다. 그들은 당신의 관심을 얻기 위해 사람의 목숨이라는 높은 대가를 지불하려고 한다. 이것이 바로 관심 확보 전쟁의 끔찍한 이면이다. 피라미드 바닥에 있는 사람들, 특권을 박탈당한 사람들, 천성이 사악한 사람들, 광적인 사람들은 앞다퉈 우리의 관심을 얻기 위해 투쟁하고 있다. 우리는 우리의 관심을 얻기 위한 경쟁 속에서 숨이 막힐 지경이다. 그들은 잔혹하면서도 미개한 전술과 관행들을 동원해 당신의 관심을 빼앗으려 한다. 그리고 이 방법은 점점 더 강도가 세지고 있다. 그들은 원시적인 방법을 사용하지만 언론을 교묘하게 조작하기도 하고 심지어는 그들에게 동조하는 추종 세력들만을 상대로 방송을 내보내기도 한다. 그들은 오늘날 마케터들 못지않게 사람들이 보이는 관심의 가치와 대가를 알고 있다.

그들에게 관심을 보일수록 그들의 잔혹한 테러행위는 더 심해질 가능성이 높다. 뿐만 아니라 사람들의 관심을 얻기가 어려워질수록 그들은 더 필사적이고 폭력적으로 변할 수 있다. 관심을 둘러싼 불길한 이 싸움은 점점 더 강력한 형태를 띠게 될 것이다.

수십 억 명의 새로운 소비자들이 발생한다면 그것은 전 세계 마케터들에게 풀기 어려운 수수께끼가 될 것이다. 새로운 시장에서는 많은 사람들이 정보에 굶주리고 또 다른 많은 사람들이 과도한 정보에 압도당하는 상황이 벌어질 것이다. 이처럼 양분된 세계에서는 새로운 전략과 사업 모델이 필요하다. 단순히 관심의 침투율만을 기준으로 마케팅의 성공을 측정했다가는 '잘못된 착각'만을 낳을 수 있다.

한편 정보의 홍수를 일부라도 겪은 30억 번째 소비자는 정보에 굶주렸지만 관심은 무한하다. 그들은 새로운 아이디어와 개방적이면서 창의적인 마케팅 메시지에 노출되기를 갈망할 것이다. 그들이 그러한 메시지에 따라서 움직일지 여부는 별개의 문제다. 그들이 당신의 메시지에 아무리 열정적으로 관심을 기울인다고 해도 실제로 당신의 타깃 소비자들은 관심이 풍부하지 않을지도 모른다. 그들은 열정적이고 호기심이 많지만 가난해서 위험한 불화만을 일으킬지도 모른다.

2011년 이후 세상은 당신에게 관심을 줄 수 있는 사람들과 관심을 줄 수 없는 사람들로 양분될 것이다. 소득이 가장 높은 사람들은 관심이 부족하고, 관심이 풍부한 사람들은 반대로 소득이 가장 낮을 것이다.

점프 포인트 이후에 관심은 지금처럼 보편적인 미덕이 아닐 수도 있다. 고객들이 보이는 관심이 더 이상 기회가 되지 못할 가능성도 높다. 높은 수신율을 보이는 이메일, 트래픽이 높은 웹사이트, 높은 인터넷 광고 클릭률에 의미를 두지 말아야 한다. 이제 마케터들은 쉽게 접근할 수 있는 어떤 소비자들도 경계해야 한다.

특정 고객들이 다른 고객들보다 더욱 중요한 전략적 타깃으로 등장하면서 미래의 관심 전쟁은 지금보다 더 가열될 가능성이 높다. 초창기 인터넷 경제는 사람들의 '눈' 을 사로잡는 데만 관심이 있었다. 더 많은 사람들의 시선을 사로잡을수록 기업들은 즐거워했다. 그러나 시각적 인상은 더 이상 정확한 관심의 측정 방법이 아니다. 똑똑해진 소비자들은 원하지 않는 혼란을 차단하고 피하는 방법을 찾고 있다.

궁극적으로 관심은 충성심의 한 형태이다. 이것을 확보하고 키워라. 앞으로 다가올 소비자들은 정보를 '권리' 로 관심을 '자산' 으로 바라볼 것이다. 이제는 관심을 공정하게 거래하고, 관심에 공정한 가치를 부과하는 새로운 사업 모델이 필요하다.

이제 마케터들에게는 다음과 같은 질문이 남게 된다.

치열해질 관심을 얻기 위한 전쟁에서 당신의 회사는 어떻게 경쟁할 것인가? 당신에게 관심을 보이는 고객들 중에서 당신의 비즈니스에 정말로 도움이 될 핵심 고객을 어떻게 골라낼 것인가? 과장 광고나 억지 광고로 사람들을 소외시키지 않고 어떻게 그들을 당신의 팬과 친구로 만들 것인가? 새로운 정보와 자극에 관심을 보일 수 있는 우리의 능력과 밀접하게 관련된 것은 바로 우리의 시간 감각이다. 이제 다음 장에서 우리는 시간과 우리의 관계가 우리 주위에서 어떻게 바뀌고 있는지를 살펴보겠다.

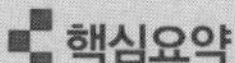 **핵심요약**

- 정보 과부하는 관심을 세상에서 가장 소중한 자원으로 만들었다.

- 소비자들은 그들이 정말로 관심이 있는 것에만 관심을 쏟으면서 그들의 제한적
  인 관심을 예의 주시하고 지킬 것이다.

- 원하지 않은 광고는 적대적인 행위로 간주될 것이다.

- 소비자들은 그들이 보이는 관심에 대해 가치 있는 보상을 받게 될 것을 안다.

영원한 지금

시간이 존재하는 유일한 이유는
모든 것이 한꺼번에 일어나지 않게 하기 위해서이다.

알버트 아인슈타인

콜로라도주 보울더에 있는 미국표준기술연구소 소속 연구원들 중에서 시간에 대해서 진지하게 고민해 보지 않은 사람은 단 한 명도 없다. 이곳의 연구원들은 더욱 정교하게 시간을 쪼개고 측정하고 표현하는 방법을 개발하기 위해서 지난 수십 년 동안 연구에 연구를 거듭해왔다.

그런 그들이 최근에 만들어낸 획기적인 발명품이 바로 원자시계이다. 이 시계 안에서는 무거운 금속에 속하는 '이테르븀'으로 이루어진 원자들이 광주파수에 맞춰서 움직인다. 이 시계는 1초에 518조번이나 움직이는 세상에서 가장 정확한 시계로, 지금까지 가장 정밀한 시계로 알려져 왔던 세슘시계보다 훨씬 더 정확하다. 연구원들은 시간을 역사상 가장 작은 단위로 쪼갬으로써 시간이라는 개념이 얼마나 복잡한지를 새롭게 조명해 볼 수 있는 계기를 마련해 주었다.

우리가 사는 현대사회에서 시간을 지키는 건 중요하다. 우리는 시간을 지킴으로써 개별적·집단적인 행동을 조율하는 한편, 개인과 조직 사이의 관계, 조직들 사이의 관계, 개인으로 이루어진 네트워크 사이의 관계를 만든다. 우리가 앞서 유럽에서 대중적으로 보급된 시계 이야기를 하면서도 언급한 적이 있지만 시간의 정복은 중세 시대의 인류에 지대한 공헌을 했다. 사람들이 주관적인 시간과 반대되는 절대적인 시간에 공감하게 되자 수많은 새로운 경제적 진보가 이루어졌고 산업혁명과 그 이후 발전의 토대가 마련되었다.

그런데 이제 시간에 대한 우리의 공동의 이해가 또 다시 바뀌고 있다.

이테르븀 시계가 얼마나 발전된 시계인지 여부를 떠나 이 시계는 여전히 여러 사건들이 '일직선으로 배열되어' 일어난다는 관점에 기초를 두고 있다. 이것은 시간이 절대적인 공간·시간·동작 속에서 정해진다는 뉴튼의 생각과 일치한다. 이러한 수학적 패러다임에서 시간은 직선으로만 진행할 뿐이다. 아무리 작은 단위로 쪼개져 있다고 해도 초가 모여서 하루가 되고, 1년이 되고, 그러다가 결국에는 100만 년이 된다. 이것은 예상 가능한 결과이다. 이 같은 시간의 합리화는 근대 사회의 토대가 되었다.

그러나 세상 모든 사람들이 시간을 과거·현재·미래로 나누어 일직선으로 생각하지는 않는다. 예를 들어 안데스 산맥에 거주하고 있는 아미라 부족 사람들은 시간을 다른 방식으로 생각한다. 그들에게 미래는 뒤에 있고, 과거는 앞에 있다. 지금까지 일어난 일이 우리의 현재 삶에 영향을 주며, 미래는 아직 알려지지 않았기 때문이다. 중국인들이 시간에 대해서 말할 때 언제나 미래를 의미한다. 이와 달리 파이라 부족과 호피 인디언, 호주 토착민들은 과거든 현재든 미래든 시간에 대한 개념이나 시간을 일컫는 단어가 없다. 그들에게는 지속적인 현재만이 있을 뿐이다.

지금까지 시간이 진정으로 보편적인 개념이었던 적은 없으며, 점프 포인트 이후 세계에서 시간과 우리의 관계는 지금보다 훨씬 더 복잡해질 것이다.

우리는 늘 움직이고 항상 수요가 창출되며 언제든지 다운로드가 가능한 문화 속으로 돌진하고 있다. 이에 따라 개인과 사회에는 새로운 차원의 도전이 발생할 것이다. 그 어떤 조직도 이러한 새로운 도전들로부터 도망칠 수 없다. 이제 경쟁이 발생하지 않는 날은 단 하루도 없을 것이다. 개인들에게 일과 놀이, 공과 사, 이곳과 저곳 사이의 구분이 더욱 흐려질 것이다. 간단히 말해서 우리는 '영원한 지금'의 시대로 돌입하게 되었다.

새로운 의미의 시간

시간은 우리의 삶에서 매우 기본적인 의미를 갖기 때문에 우리는 시간을 거의 의식하지 못하고 살아간다. 우리는 시간을 측정이 가능한 것으로, 그리고 시계를 시간을 객관화한 것으로 생각한다. 그리고 시간은 꼭 지켜야 하는 것으로 생각한다. 로버트 핫산과 로널드 퍼서는 시간과 우리의 관계 변화에 연구 결과를 『24/7: 네트워크 사회의 시간과 일시성』이란 책을 통해 발표했다. 이 책에서는 계몽운동 이후로 시계 시간에 따라 움직이는 경제가 사회의 주류 역할을 해왔다고 주장한다.[1] 그들은 이렇게 말했다. "일, 일상생활, 경제의 운용, 시대의 정치적·철학적 토대가 모두 구체적이고 한정적인 시간에 의존하고 있다. 이러한 움직임은 시계 표면에서 드러나는 객관적이고 엄격한 수학적인 의미의 시간을 통해 나타났다."

네트워크, 인터넷, 컴퓨터, 정복기술(소위 말하는 기계 시간)의 부흥은 여러 가지 면에서 우리가 갖고 있는 시간에 대한 개념을 바꿔 놓았다. 핫산과 퍼서는 이렇게 주장했다. "시간과 공간을 넘어 확산된 커뮤니케이션 네트워크의 출현은 시계로 표현된 시간이 절대적인 기준이 아니며, 그것이 지속성을 측정하는 불변의 방법이라는 사실 외에는 우리와 거의 아무런 관련이 없는 인간의 산물임을 드러내 준다."

아울러 한계를 무너뜨리고 항상 켜져 있는 인터넷은 시간에 대한 정의를 다른 곳까지 확장시켰다. 랭커스터 대학의 아드리안 맥킨지 교수가 말했듯이 "기계시대에 살고 있는 우리들은 시간에 대해서 수많은 새로운 해석을 내렸다." 다시 말해 우리는 '추구 시간' '운영 시간' '판독 시간' '접근 시간' '실제 시간' '다항 시간' '시간 분리' '시간 분할' '시간 공유' '시간의 복잡성' '작성 시간' '시간 가공' '실행 시간' '편집 시간' '시간 주기' 등의 말을 만들어 냈다.[2]

시간에 대한 이러한 많은 관점들은 상호 모순적이면서 심지어 경쟁적인 관계에 있다. 그러나 이처럼 경험에 대한 새로운 측정 방법들은 다음과 같은 질문을 유발한다. "어쩌면 우리는 일을 기준으로(예를 들어 다운로드 시간, 평균 무고장시간, 압축 시간 등) 시간을 측정하던 산업화 이전으로 되돌아가고 있는 것은 아닐까?"

연구원들이 특히 관심을 가졌던 사안은 시간에 대한 우리의 개념 변화, 좀 더 구체적으로 말해서 '지금'에 대한 우리의 개념 변화에 대한 이해이다. 인터넷과 시간을 극복하기 위해 공간을 최대한 활용하고 있는 새로운 인적 인프라의 등장과 함께 모든 것이 팽창하고 있는 '지금' 일어나고 있다.

세계 시간의 재조명

코미디언인 스티븐 라이트는 24시간 편의점을 찾아갔다가 문이 닫혀 있어서 고생했던 일화를 소재로 유명한 농담을 만들어 냈다. 라이트는 문을 닫은 편의점 뒤편에서 점주가 청소를 하고 있는 모습을 보고 그에게 다가가서 창문을 통해 보이는 안내판을 가리키며 "24시간 영업을 한다고 써 놓지 않았습니까?"라고 물었다. 그러자 점주는 멍한 표정을 지으면서 "맞습니다. 그러나 연속해서 24시간 문을 연다는 말은 아닙니다"라고 대답했다.

이것은 아주 재치 있는 유머이지만 시간에 대해서 사람들마다 각자 아주 다른 시각을 가지고 있음을 보여 주는 사례이기도 하다. 우리는 지금까지 하루 24시간, 일주일 7일로 돌아가는 세계 경제를 '어디선가 무슨 일이 벌어지고 있다'는 의미로 받아들였다. 하지만 앞으로는 '모든 곳에서 항상 일이 벌어지고 있다'로 바뀔 것이다. 이 두 가지 생각 사이에는 아주 큰 차이가 있다.

현재 시스템이나 세계 시간은 새로운 기술의 출현 덕분에 우리가 얻게 된 것이다. 표준 시간대는 19세기 후반 철도가 깔리면서 정해진 시간에 따른 장거리 여행이 가능해지면서 등장했다. 그 이전에만 해도 전 세계 모든 도시와 마을과 동네는 서로 시간이 달랐다.

표준 시간대는 세계를 어떻게 나눌지에 대한 많은 의견을 낳았지만 결과적으로 철도 건설업자이자 엔지니어인 캐나다의 샌포드 플레밍 경이 제안한 시스템을 받아들이게 되었다. 1878년에 플레밍은 세계를 경도 15도씩으로 분리해서 24개의 시간대로 나누자고 제안했다. 이렇게 해서 360도인 지구는 24시간으로 나뉘어졌다. '정오가 두 개인 날'로 유명한 1883년 11월 18일, 미국의 철도들은 새로운 시간대로 맞춰 정오를 조정했다. 그로부터 몇 달 뒤에 워싱턴 DC에서 본초 자오선을 정하기 위한 국제 자오선회의가 열렸다. 이 회의는 영국의 그리니치를 경도 0도로 정하고, 24시간대의 표준을 확립했다. 오늘날 우리는 이 시스템을 협정세계시간UTC 내지는 '경도 0도'라는 의미에서 Z나 아니면 '줄루'라고 부른다. 현지 시간은 UTC를 기준으로 시간을 더하거나 빼는 방식으로 정해진다. 예를 들어 미국 동부 시간의 표준은 UTC-4이고, 태평양 지역 시간의 표준은 UTC-7이다.

UTC의 문제는 조율이 잘 이루어지지 않는다는 데 있다. 우선, 시간에는 우주적 시간과 물리적 시간 두 가지가 존재한다. 우주적 시간은 태양 주위를 도는 지구의 공전 속도를 기준으로 정해진다. 반면 물리적 시간은 콜로라도주 보울더의 미국표준기술연구소의 연구원들이 그랬던 것처럼 원자시계를 사용해서 놀라울 정도로 정확하게 측정된 시간이다. 지구가 태양 주위를 정확하게 도는 게 아니기 때문에 이 두 가지 시간은 1년에 약 32초씩 약간의 차이가 난다. 이러한 차이의 해결 방법은 '윤초'를 도입하는 것이었다. 합의에 의해서 세계의 계시원들은 우주적 시간과 물리적 시간이 0.5초 이상 차이가 날 때마다 윤초를 더하거나 뺀다.

결국 시간에도 인간적인 요소가 개입된다. 게다가 지역마다 적용하는 시간이 다르다는 점을 고려하면 상황이 더욱 복잡해진다. 예를 들어 이스라엘은 자정이 아니라 저녁 6시에 하루를 시작하고, 세상의 많은 곳들이 표준 24시간 시간에서 30분 내지는 심지어 15분을 뺀 시간을 사용하기도 한다. 캐나다의 뉴펀들랜드, 인도, 이란, 아프가니스탄, 미얀마, 태평양 군도, 호주의 일부 지역들은 표준 시간과 30분 차이가 나는 시간을 사용한다. 네팔, 채텀제도와 같은 국가들의 시간도 15분 차이가 난다. 스페인과 프랑스에는 본초자오선이 관통하지만 이들 국가들은 0도(그리니치 평균 시간)가 아니라 15도 동쪽의 평균 시간(유럽 중부 시간)을 사용한다. 그리고 지리적으로 5개 시간대가 걸쳐가는 중국은 범국가적으로 하나의 시간대만을 사용할 뿐이다. 그리고 이러한 차이에는 전 세계적으로 서로 다르게 또는 임의적으로 사용되는 서머타임을 반영하지 않고 있다.

지금까지 설명한 지역별 시간 차이를 감안하면 실제로 전 세계적으로 39개의 시간대(이것은 59가지 방법으로 나타낼 수 있다)가 존재한다. 실제로 이러한 사실은 극단적으로 보면 '하루'가 모든 시간대를 관통해서 도는 데 24시간이 아니라 50시간까지 걸릴 수 있다는 것을 의미한다.

멈추지 않고 돌아가는 세계 경제에서는 몇 시에 무슨 일이 발생했는지 아는 것이 매우 중요하다. 합의는 언제 이루어졌고 계약서에 사인은 언제 했으며 상품과 서비스는 약속된 시간에 맞춰 언제 배송되는지 언제 약속이 이루어질지 알아야만 한다.

당신이 상상하는 것처럼 시간과 시간 표현상의 변덕스런 변화는 인터넷 세상에 혼란을 주었다. 컴퓨터와 네트워크 기기들은 '이벤트 기반' 시스템에 따라 움직인다. 그래서 그들은 지금이 정확히 몇 시인지를 알아야 한다. 두 가지 이상의 기기가 최적의 상호작용을 일으키기 위해서는 시간에 대한 합의가 필요하다.

지금도 더 나은 시간과 일정 관리 시스템을 개발하기 위한 여러 가지 노력들이 진행 중이다. 국제표준화기구는 시간 관리를 품질 공정에 필수적인 요소로 간주하면서 이에 대한 해결 방법을 찾아내기 위한 특별 팀을 운영 중이다.

칼커넥트Calconnect.org는 첨단 소프트웨어와 텔레커뮤니케이션 회사들과 대학들을 동원해 해결 방법을 찾고 있다. 애플, 보잉, 야후!와 같은 기업들과 MIT, 프린스턴, UC 버클리 대학 및 광범위한 과학 커뮤니티들의 대표들이 모여서 만든 이 그룹은 달력 계산과 정보 처리 상호 운영, 반복적으로 일어나는 사건에서 바뀌는 시간대의 조율 등과 같이 어려운 문제들에 대한 표준 해결책을 강구하기 위해서 노력하고 있다. 인터넷이 모든 국가와 시간대를 초월해서 확산되는 자체적인 시간 관계를 창조하고 있는 상황에서 칼커넥트는 이러한 문제의 해결이 세계 경제의 미래를 위해서 중요하다는 것을 잘 알고 있다.

만일 현대의 경제 현실을 좀 더 잘 반영하는 시간 시스템에 대한 합의가 이루어지지 않을 경우 몇 가지 까다로운 상황들이 앞으로도 지속될 것이다. 한 가지 예를 들어 보자. 북미는 세계의 근무 시간이 정점에 이르는 내내 잠을 잔다. UTC+7에서부터 UTC+9 시간 사이에 세계에서 가장 많은 사람들이 생활하고 있지만 미국은 그때가 한밤중이다. 따라서 한국, 중국, 일본처럼 미국의 주요 교역 상대 국가들의 주요 도시들(서울, 베이징, 도쿄 외에도 방콕, 사이공, 자카르타, 홍콩, 상하이, 타이베이도 모두)이 모두 열심히 일하고 있는 동안에 미국과 캐나다는 자고 있는 것이다. 그리고 미국 내 동부와 중서부에서 근무 시간은 유럽의 근무 시간과 일부 중복되기는 하지만 미국 서부 지역과 유럽(그리고 세계의 다른 지역들) 사이의 비즈니스는 시간 차이로 인해서 쉽지가 않은 게 현실이다.

당신이 세계에서 멀리 떨어진 지역들에 있는 사무실 사람과 함께 전 세계적 컨퍼런스콜을 해 본 적이 있다면 그것이 얼마나 쉽지 않은 일인지 잘 알고 있을 것이다. 컨퍼런스콜을 통해서 회의를 할 때마다 어딘가의 누구는 항상 잠옷 바람으로 회의에 참석하는 상황이 발생한다.

우리가 시간을 정복하지 못한다면 계속해서 성장할 수 있을까? 시간을 정복한다는 건 어려운 일이다. 이 질문에 대한 답변을 얻으려면 우리는 우리가 비즈니스를 어떻게 하고, 조직을 어떻게 운영하며, 기업들이 어떻게 경영하는지를 다시 생각해 봐야 한다.

그리고 우리는 세계 경제가 시간에 의해 인위적으로 나뉘지 않도록 만들어야 한다. 시간의 편의성에 따라서 교역 상대국이 정해진다면 북미에 사는 사람들은 가장 큰 경제적인 위협을 받는 시간대에 살게 될 것이다.

뭄바이에서의 점심

라디오와 텔레비전 분야에서 쓰이는 은어 중에 '방송 시간 구분'이란 말이 있다. 이 말은 광고주들이 사람들이 어떤 일을 하고 있는지 예상해서 하루를 여러 개의 시간 덩어리로 나누는 것을 말한다. 실제로 광고 시간과 가격을 정하기 위해서 지난 수십 년 동안 이처럼 방송 시간이 구분되어 왔다. 라디오에서 가장 인기가 많은 시간대가 아침과 저녁 통근 시간대라면, 텔레비전에서는 가족들이 함께 텔레비전을 시청하는 시간이 가장 좋은 시간대이다. 전통적으로 라디오는 5가지로, 텔레비전은 9가지로 방송 시간이 나뉘어져 왔다.

그러나 대중 미디어로써 인터넷의 등장은 광고주들을 당혹하게 만들었다. 인터넷 사용에 대한 연구 결과를 보면 오전 9시 이후 사람들이 사무실에 출근해서 이메일과 웹사이트를 확인할 때 인터넷 트래픽이 증가하고, 점심시간에 사람들이 한가하게 인터넷을 사용할 수 있을 때 다시 트래픽이 증가했다. 미국 내 평균 점심시간이 25분 미만으로 줄어들고 있는 상황에서 일반 사무직 근로자는 자기 자리에 앉아서 점심식사를 한 다음 남은 시간을 온라인상에서 보내고 있다. 따라서 아침나절과 점심시간이 인터넷에서 새로운 중요 시간으로 부상하게 됐다.

항상 켜져 있는 전 세계 미디어로써의 인터넷은 예전과 다른 시간 구분 시스템을 요구하고 있다. 지역별로 시간대가 다르다는 건 항상 어느 곳에는 점심시간이라는 것을 의미한다. 이러한 측면에서 뭄바이나 델리에서 일하는 정보통신 업계 근로자는 점심시간 때 온라인에서 그의 황금 같은 시간을 보낼 공산이 크다(단 샌프란시스코에서는 이때가 자정일 것이다).

이러한 신흥 시장을 '가외' 지역으로 무시하는 실수를 범해서는 안 된다. 오늘날 인터넷 사용자의 불과 20퍼센트만이 북미 사람들이다. UTC＋7에서 UTC＋9 시간대에 존재하는 아시아의 인터넷 사용자 비중은 이보다 두 배가 더 많다. 그리고 세계적인 굴지의 회계법인 프라이스워터하우스가 2007년 6월에 발표한 보고서를 보면 중국은 2011년까지 국가별 인터넷 사용자 수 기준으로 세계 1위가 될 것이다.[3] 분명히 말해서 7일 24시간 업무를 기준으로 새롭고 유용한 시간 밴드를 만드는 것은 점점 더 중요해질 것이다.

시간과 장소에 구애받지 않기

세계 시간의 통합은 점프 포인트 이후 모든 기업들이 접하고 있는 시간과 관련된 유일한 문제가 아닐 것이다. 시간과 형태를 바꾸는 소비자는 다른 생각을 하고 있다.

소비자 시대의 역사는 시간을 아끼는 발명품들로 점철되어 왔다. 이 발명품들은 근대 생활의 단조롭고 고된 노동에 종사하는 시간을 줄이는 수단들이었다. 주로 이 발명품들은 육체노동을 자동화시켜 주고, 우리의 생각을 다른 곳에 사용할 수 있도록 만들어 주는 기계들이었다.

그러나 오늘날 발명된 기계들은 단순히 시간을 아껴주는 차원을 벗어나서 우리가 시간을 재조정할 수 있게 도와주고 있다. 디지털 비디오 레코더나 개인용 비디오 레코더와 같은 기술들은 우리의 텔레비전 시청 습관을 크게 바꿔 놓았다. 디지털 녹화 서비스인 티보 같은 서비스는 소비자가 텔레비전을 시청하는 동시에 자기 시간에 맞춰 마음대로 다른 미디어를 소화할 수 있게 만들었다. 이러한 능력은 '황금 시간대'나 '가족 시간' 같은 전통적인 시간 구분에 대한 개념을 의심스럽게 만들었다. 오늘날 시청자들은 자신이 원하는 프로그램을 원하는 때에 원하는 장소에서 마음대로 볼 수 있다.

이 같은 변화는 미디어 세계에서만 일어나는 것이 아니다. 더 넓은 차원에서 보면 기술이 문화를 바꿔 놓았다. 시간의 제약으로부터 벗어나 얻은 자유는 이미 바이러스처럼 우리와 미디어와의 관계 사이로 확산되고 있다. 폭발적으로 성장하고 있는 주문형 DVD 텔레비전 시장은 이를 대표하는 사례이다. 방송의 패러다임이 바뀌기 시작하면서 소비자들은 1년 내내 노예처럼 정해진 시간에 맞춰서 텔레비전 앞에 있지 않고 아무 때나 자기가 원하는 텔레비전 프로그램을 DVD로 사거나 빌려볼 수 있게 됐다. 더 이상 소비자들은 광고를 참고 볼 필요가 없게 되었다.

콘텐츠와 시간 사이의 단절은 구식 방송 미디어에만 국한된 문제가 아니다. 이것은 모든 산업과 비즈니스에 영향을 줄 새로운 사고방식이다. 인터넷보다 이러한 현상이 더 명백하게 드러나는 곳은 없다. 인터넷에서 사람들은 낮이건 밤이건 상관없이 원하는 시간에 언제나 쇼핑을 할 수 있다. 소비자들은 이와 같은 선택의 자유가 가능하다는 걸 깨닫고 태도를 바꾸고 있다. 그 결과, 기다림을 참지 못하는 '지연 거부' 움직임이 확산되고 있다. 이제는 소비자들이 생각하기에 너무 늦다고 여겨지는 어떤 상황도 처벌의 대상이 된다. '빠를수록 좋다'는 소비자들의 새로운 모토이다. 제품이나 서비스의 배달 속도를 향상시키기 위한 방법이라면 무엇이든 유리한 기회가 될 것이다.

아이튠즈가 음반 매장을 사실상 붕괴시킨 것도 이 같은 이유 때문이다. 아이튠즈가 갖고 있는, 순식간에 음악을 검색하고 찾고 들어 보고 다운로드할 수 있는 능력은 많은 음악 애호가들을 만족시켰다. 오프라인 음반 매장들이 미리 들어 보고 음반을 살 수 있는 코너를 만들었고, 음반 선택 범위를 확대했지만 시간의 문제를 극복하기에는 한계가 있었다. 많은 소비자들은 더 이상 기다리는 걸 참지 못한다. 이러한 생각은 단순히 미디어 세계에만 국한된 것도 아니고 계속해 나타나는 현상이 될 것이다.

예를 들어 DVR 사용자들은 보통 광고를 빨리보기 버튼으로 넘겨버린다. 이를 막기 위한 노력들이 강구되고 있지만 성공하기는 힘들어 보인다. 하지만 빠른 속도에 맞춰 광고가 제작된다면 다른 효과를 기대할 수도 있다.

나는 상업용 텔레비전이나 라디오의 죽음이 무엇 때문이라고 생각하는지 묻는 기자들의 질문을 받을 때마다 항상 같은 대답을 했다. 그것은 바로 시간별로 조정이 가능한 프로그램 기술이 텔레비전을 무용지물로 만들고 있다는 것이다. 소비자들이 텔레비전을 입맛대로 조정해서 볼 수 있는 이상 더 이상 무차별적인 광고의 노예가 되지는 않는다.

포인트, 클릭, 바로 지금!

기다린다는 건 구시대적 유물이다.

시간을 바꾸고 비선형적으로 움직일 수 있는 능력은 우리가 다르게 생각하고 행동할 수 있도록 뇌를 바꾸고 있다. 그 덕분에 우리의 인내심은 점점 더 얕아지고 있다. 지금도 우리 주변에서 벌어지는 일들은 충분히 빠르지만 우리는 계속해서 더 빨리 일어나기를 바라고 있다.

영원한 '지금'을 살고 있는 누구도 뒤늦은 만족을 원하지는 않는다. 사실상 모든 것이 너무나 오랜 걸린다. 음악, 영화, 사진, 책, 신문처럼 디지털 제품은 구매 즉시 다운로드 받아 볼 수 있다. 물리적인 제품을 파는 많은 온라인 매장에서도 주문 접수 후 배송이 하루 만에 이루어지고 있다. 이것도 느리다고 여겨지는가? 그렇다면 '리커티십LicketyShip'처럼 온라인 주문 후 4시간 만에 집 앞까지 배달해 주는 서비스를 이용해야 한다. 그래도 만족하지 못하는가? 그렇다면 가까운 오프라인 매장에서 물건을 구입하는 것보다 더 빠른 시간 내에 당신이 주문한 물건을 준비해놓은 베스트 바이나 서킷 시티와 같은 서비스를 이용해야 한다.

오프라인 세계가 배울 것은 무엇인가? 새로운 소비자들은 인터넷을 통해 자신들의 욕구와 바람이 더 빨리 충족시킬 수 있다는 것을 깨닫고 있다. 이들의 빠른 만족감은 그들이 쇼핑에 접근하는 모든 방법에 영향을 미치고 있다.

24/7 파티에 참가한 사람들

그렇다면 우리는 일주일 7일 하루 24시간 돌아가는 세상의 압력에 어떻게 대응할 것인가? 언제 자고, 재충전하고, 기운을 회복할 것인가? 어떤 사람들은 그럴 필요성을 전혀 느끼지 못할 수도 있다.

사람의 24시간 주기 리듬은 '교차상핵'이라고 알려진 두뇌 구조 내의 중심 시계에 의해서 통제된다. 이 시계는 빛과 어둠에 의해 조절된다. 인류는 역사의 초창기 때부터 밤이 되면 잠을 잤고, 해가 뜨면 깨어났다.

시간대의 구분이 모호해진 네트워크 경제는 사람들에게 엄청난 압력을 가하고 있다. 기업가들은 세상이 자신들이 없이도 돌아갈 수 있다는 사실에 미칠 지경일지 모른다. 낮이 계속되면서 재충전할 시간이 없어졌다. 과학자들이 이 문제를 해결해야 한다고 생각하는 것도 무리는 아니다.

모다피닐이라는 약을 사례로 들어 보자.

지금은 모다피닐이 비아그라나 새로 출시된 다이어트 약처럼 일시적인 유행을 타는 것일지도 모르지만 앞으로는 누구나 이 약을 휴대해야 할지도 모른다. 모다피닐은 당신의 성생활이나 외모를 더 나은 상태로 만들어주지는 못하겠지만 당신이 하루 22시간 이상 아무 탈 없이 일을 하게는 만들어줄 것이다. 그래서 모다피닐은 '시간의 이동'을 일으키는 약이라는 별칭이 붙기도 했다.

모다피닐은 한마디로 각성제이다. 이 약을 먹으면 잠을 자지 않고 깨어 있어도 신체에 무리가 가지 않는다. 사실상 모다피닐이나 현재 실험 중인 'CX717'과 같은 약들은 카페인과 암페타민에 있는 부작용 없이 각성 능력을 높이는 효능이 뛰어난 것으로 판명되었다. 모다피닐에는 다른 각성제를 복용할 때 나타나는 신경과민이나 일시적인 도취감이 없다. 따라서 자연스럽게 깨어있는 상태로 24시간 주기를 무시할 수 있다.[4]

현재 미국 국방부에서는 이 두 가지 약이 생산적인 하루를 72시간까지 안전하게 늘릴 수 있는지 여부를 알아보기 위한 실험이 진행 중이다. 약의 안전성 여부는 특별 작전에 참여하는 군인들의 안전에 중요한 고려 사항이다.

각성제를 선전하는 사람들은 우리가 한 번에 며칠 동안 잠을 자지 않고도 안전하게 버틸 수 있다고 주장한다. 머크에서 나온 가복사돌은 수면제의 일종으로 30분 이하로 잠을 자도 마치 8시간을 잔 듯한 느낌이 든다고 말한다.

그렇다면 일주일 내내 하루 24시간씩 돌아가는 전 세계 경제의 요구에 부응하기 위한 방법이 22시간, 아니 심지어 72시간 동안 잠을 자지 않고 일하는 것일까? 우리가 '영원한 지금'을 제대로 활용하기 위해서 약물이나 에너지 음료 같은 것에 의존해야 한단 말인가?

이러한 제약 기술들에 대해 얼마나 강력한 반발이 일어날까? 아마도 미래에는 우리를 우리 자신으로부터 보호해줄 수 있는 새로운 법안이 필요할지도 모르겠다. 금연법이나 안전벨트 착용법과 마찬가지로 우리가 죽을 때까지 일하는 것을 막기 위해 노동 금지법이 통과될지도 모른다. 과거 100년에 거쳐 만들어진 노동법의 중요한 성과는 고용주들이 근로자들을 착취하지 못하게 막는 것이었다. 이로 인해 1일 8시간 근무, 1주일 40시간 근무처럼 노동 여건과 시간을 규정하는 법들이 생겨났다. 그렇다면 우리가 우리 자신을 착취할 때 과연 어떤 일이 일어날 것인가?

이것은 모든 마케터들이 대답해야 하는 질문이다. 초조하고 까다로운 고객들이 지연과 오랜 기다림, 개별 고객에게 맞춤화되지 않는 서비스를 참지 못하는 '영원한 지금' 속에 살고 있는 당신은 과연 어떻게 경쟁할 것인가? 시간에 구애받지 않고 오히려 시간을 경쟁무기로 활용하려면 비즈니스 규칙을 어떻게 바꾸어야 하는가? 제품과 서비스의 디자인과 배송에 있어 당신의 고객들이 맡은 역할은 무엇인가? 당신의 경험을 고객의 삶 속의 새로운 장소에서 어떻게 적용할 것인가?

- 시간과 우리의 관계가 변하고 있다.

- 소비자들은 주문형, 시간 조정형 경험을 원한다.

- 시간 교정소를 경계하라.

- 시간대는 인공물이다. 세계 경제는 항상 불이 켜져 있다.

- 소비자마다 시간의 경험이 다르며 그들의 인내심이 점점 줄어들고 있다.

- 시간의 방정식을 바꾸는 기업들이 모든 면에서 승리하게 될 것이다.

풍요로움의 예언자

가능성의 한계를 발견하는 유일한 방법은
그 한계를 약간 더 넘어선 불가능에 도전하는 것이다.

아서 클라크, SF 작가

지금 내가 하려는 이야기는 할리우드 영화에서나 등장할 법한 이야기 같지만 실화이다. 이 이야기는 이렇다. 뉴욕에서 근근이 생계를 유지하던 20대 영화감독 두 명이 그 동안 저축해 둔 돈에 신용카드로 빌린 돈을 합쳐 장편영화 1편을 제작할 수 있는 자금을 확보한다. 이렇게 해서 그들은 독립 영화 한 편을 제작하지만, 영화 배급처를 찾지 못한다. 그들은 자신들이 만든 영화를 유튜브에 공개하고, 곧바로 10여 곳의 영화제로부터 초청을 받는다. 영화제에서 두 사람의 영화는 호평을 받지만 그들의 영화를 배급해 주겠다고 나서는 곳은 한 곳도 없다.

이제 두 영화감독은 영화 예고편을 팟캐스트에 올린 다음 접속한 사람들을 상대로 티켓을 판매한다. 그 때 마침 6개 도시에 있는 영화관들로부터 상영 제의를 받았다. 그들은 제의를 받자마자 재빨리 영화를 판매한다. 아직까지도 배급업체와 계약을 체결하지는 못했다. 영화 비평 사이트인 스파우트닷컴 spout.com 은 두 사람의 영화를 관람하기 위해서 회원으로 가입한 사람 한 명당 1달러씩을 받아 그들에게 지불하겠다고 제안했다.

이 대담한 두 영화감독은 사람들이 스파우트닷컴에 회원가입을 하는 조건으로 무료로 다른 웹사이트에도 얼마든지 영화를 게재할 수 있도록 허락했다. 이 계획은 성공했다. 자금난에 시달리던 두 사람은 영화 제작비를 회수하고, 빚을 갚고, DVD 유통 계약을 체결하고, 또 다른 영화를 제작할 수 있게 됐다.

실제 할리우드 영화에서도 등장하기 어려울 것 같은 이런 이야기의 주인공은 바로 영화 「네눈박이 괴물들」을 감독한 에린 크럼리와 수잔 비스이다. 2005년까지만 해도 두 사람은 배고픈 뉴요커에 불과했다. 그러다 그들은 자신들이 곧 들어가게 될 세계가 복잡하고 권모술수가 난무하다는 것도 모른 채 자신들의 연애 경험담을 소재로 영화를 만들기로 결심했다.

강력한 인상을 주는 영화(마이스페이스 시대에는 어떤 식으로 데이트가 이루어지는지를 최초로 조명한)를 만드는 데만 집중한 두 사람은 지금까지 근 100년 동안 이어져온 영화산업의 관례와 관행들을 모두 무시했다. 이러한 사실은 중요하지 않았다. 그들에게는 자신들이 하는 일이 불가능해 보이지도 않았으며 정말로 확신했다. 그들은 벽에 부딪치자 인터넷과 대중에게 도움을 구했다.

크럼리와 비스의 이야기는 특별한 게 아니다. 주변을 둘러보면 당신 역시 인터넷을 통해 이러한 도움을 구할 수 있다. 인터넷은 평범한 사람들의 작은 행동이 모이면 막강한 권력자 한 사람의 힘보다 더 강할 수 있다는 사실을 입증하고 있다. 이것이 바로 인터넷과 네트워크 경제가 가진 진정한 힘이다. 사람들은 선택과 허용과 통제의 힘을 갖게 되었다. 나는 이러한 힘을 '도량度量'이라고 부르며, 이것은 앞으로 생겨날 시장에 중요한 영향을 미칠 것이다.

풍요의 경제

도량이란 '풍부함 · 비선형성 · 이동성 · 확장성'이라는 요소가 합쳐진 광범위한 존재 상태를 말한다. 도량을 가진 사람들은 세상을 다르게 바라본다. 그들은 다른 기대치와 요구를 갖고 있다. 그들은 어떤 일이나 가능하다고 믿는다. 그들은 계속해서 한계를 극복한다. 그러한 사람들을 고객으로 상대하고 그들보다 더 오래 살아남으려면 그들의 이러한 특성들을 이해해야 한다.

앞서 우리는 네트워크 경제가 제거하고 있는 중개인, 재고, 시간 같은 몇 가지 요소들을 살펴보았다. 그러나 아마도 네트워크 경제가 없애고 있는 가장 중요한 요소는 '결핍'일지 모른다. 실제로 일부 경제학자들은 네트워크 경제가 완전히 새로운 패러다임에 의거해 작동하고 있다는 주장을 편다. 그들은 이것을 '풍요의 경제'라고 부른다.

역사적으로 경제학은 결핍과 비효율성의 관리라는 문제를 다루어왔다. 수요와 공급의 기본 개념은 어떤 특정 시기에 구할 수 있는 것과 원하는 것 사이의 영원한 불균형에 기초를 두고 있다.

그러나 디지털 상품이 존재하는 네트워크 세계 속에서 이러한 수요와 공급 사이의 불균형은 사라졌다. 아니 적어도 시간만 있으면 해결할 수 있는 문제가 되었다. 다시 말해서 디지털 상품들은 재생산에 재화의 투입이 필요하지 않고 밤이나 낮이나 우리가 원하는 아무 때나 구할 수 있다. 무어의 법칙대로 놀라운 기술의 발전은 트랜지스터와 저장과 광대역 통신의 가격을 사실상 제로로 만들었다. 풍요의 경제가 말하는 기본적인 생각은 '모든 걸 할 수 있고 모든 것이 제공되고 마음껏 이용할 수 있고 쓰레기까지도 생산물의 하나로 보는 것'이다.

분명히 이 같은 풍요의 시대에서 비즈니스 모델은 결핍에 기초한 전통적인 비즈니스 모델과는 달라야 한다.

오프라인 세상에서 타워 레코드는 기껏 5만장의 앨범을 전시할 수 있었다. 현재 타워 레코드는 문을 닫았다. 이와 달리 초고속 인터넷을 통해 자유롭게 접속할 수 있는 아이튠즈는 300만개가 넘는 디지털 음악을 제공한다.

그런데 공교롭게도 풍요로움에 익숙해진 고객들은 더 적은 선택이 아닌 더 많은 선택을 원한다. 그리고 이러한 사실은 궁극적으로 모든 비즈니스에 영향을 미친다. 고객은 옳든 그르든 어떠한 방법을 이용해서라도 모든 것을 구할 수 있고, 모든 일이 가능하다는 믿음을 갖게 됐다. 그러나 이러한 풍요로움에는 부작용이 뒤따른다. 모든 사람들이 모든 것이 충족된 세계에 매혹되는 것은 아니다. CNN 소속 저널리스트 제임스 리드비터는 디지털 상품과 물리적 상품 사이의 차이를 염두에 둘 필요가 있다고 주장했다.[1]

첫째, 아마존은 일반적으로 책을 디지털화하지는 않는다. 아마존은 물리적인 책을 팔고 출하한다. 둘째, 임대 선반의 부족 현상에만 초점을 맞쳤다가는 이보다 더 중요한 다른 곳에 있는 부족한 상품을 간과하게 된다. 예를 들어 내가 몇 분 만에 영화 DVD 한 편을 내 아이팟에 구워 넣을 수 있다고 해서 그 영화를 제작하는 데 1억 5,000만 달러의 비용이 든다는 사실이 바뀌지는 않는다. 그 돈의 상당 부분은 배우와 감독과 기술자에게 돌아가는데, 아마도 그들은 세상에서 가장 부족한 재화 중 하나인 '재능'을 소유하고 있을 것이다. 미디어의 디지털화는 이러한 사실에 전혀 영향을 주지 못한다.

이러한 관점에 따르면 결핍의 경제 이후 세대의 사고방식은 '팽창적'이라기보다는 '파괴적'이라고 할 수 있을지 모른다. 무료 디지털 콘텐츠의 추진은 전통적인 가치사슬의 아래위로 비현실적인 압력을 가한다. 닷컴 거품이 터지던 때 고통스럽게 배웠던 것처럼 인터넷은 모든 재화와 용역에 완벽하게 적합한 미디어는 아니다. 이와 마찬가지로 풍요의 경제 역시 모든 시나리오에 적합하지 않을 수 있다. 오히려 혼란만 가중시킬 수도 있다. 바로 우리 손으로 월마트와 같은 물리적인 소매업체가 겨우 생계를 이어가고 있는 콜롬비아 근로자들의 고혈을 짜내거나 칠레의 바나나 경작업자들에게 엄청난 임금 압력을 가하는 사태를 조장할 수도 있다. 이는 장기적으로 실효성이 있는 모델이 아니다.

그러나 마법에 가까운 사고를 하는 이 시대는 편익의 파급효과를 만들어냈다. 당신은 고통스러운 변화를 겪으면서 돌아가고 있는 모든 전통적인 산업에서 새로운 통로를 만들고 있는 '네눈박이 괴물들'을 만나게 됐다. 이제 좋은 생각과 약간의 대담함과 네트워크 효과를 이용할 수 있는 능력만 갖추면 누구나 합법적으로 성공할 수 있는 길이 열렸다. 결과적으로 풍요로운 사고는 인류 역사상 가장 폭발적인 창조의 시대를 만들어내고 있다. 전 세계 모든 곳과 접속할 수 있을 때 무엇이든 가능해질 것이고 당신이 그러한 세상을 만들 수 있다. 구글이 할 수도 있고 유튜브가 할 수도 있고 마이스페이스가 그 일을 해낼 수도 있다.

하이퍼링크로 연결된 세상의 비선형성

개인용 컴퓨터나 휴대폰, 인터넷이 모든 헤드라인을 차지하고 있지만 나는 하이퍼링크가 우리 시대의 가장 중요한 혁신으로 기억될 것이라고 예상한다.

하이퍼링크는 동영상, 글, 음악, 그림, 프로그램, 파일 등의 특정 위치를 지정해서 연결시켜 주는 링크를 말한다. 하이퍼링크를 통해서 우리는 적절한 정보나 아이디어를 찾아 어디든 이동할 수 있다. 하이퍼링크는 의도적인 발견과 우연한 발견의 즐거움을 모두 선사한다. 아무도 하이퍼링크를 통한 탐험이 어떤 결과로 귀결될지 결코 모른다. 하이퍼링크를 한 번 클릭하는 것만으로도 우리는 새로운 모험에 뛰어들게 된다.

하이퍼링크의 연결이 갖는 의미는 무엇인가? 서양인들은 왼쪽에서 오른쪽으로, 위에서 아래로 읽는 법을 배운다. 동양인들은 오른쪽에서 왼쪽으로, 아래에서 위로 읽는 법을 배운다. 어떤 식으로 읽든 간에 아주 오래전부터 우리는 정보를 처음부터 끝까지, 기본적인 것에서 복잡한 것으로, A 지점에서 B와 C 지점으로 순차적으로 처리하는 방법을 훈련받았다. 우리는 필연적으로 선형으로 생각하는 교육을 받아왔다.

하지만 하이퍼링크로 연결된 인터넷의 등장 이후 사람들은 점점 비선형적으로 생각하기 시작했다. 우리의 뇌는 과거 수렵채집, 조립라인, 10진법을 사용하는 시절 때 배웠던 것과는 다른 방식으로 정보를 찾고 처리하도록 재훈련되고 있다. 자연스럽게 이러한 재프로그램 과정은 커뮤니케이션, 일, 세계관 등에도 영향을 미친다. 오늘날 인터넷 사용자들은 한 가지 경로만을 통해 정보를 찾기 보다는 수많은 경로를 통해 자유롭게 항해하는 경향을 보인다. 지나온 경로를 표시하거나 태그를 붙이는 방법으로 새로운 아이디어, 새로운 장소들을 자유롭게 찾을 수 있게 되었다. 이렇게 해서 찾은 것들은 다른 사람들과 더 쉽게 공유할 수 있다.

하이퍼링크는 사람들의 행동을 예측하기 힘들게 한다. 그들의 행동은 비공식적이고 계산적이지가 않다. 이미 실제로 젊은 인터넷의 세계가 이렇게 되고 있다. '검색'의 선형성은 인터넷 세계에 질서를 부여함으로써 야후!나 구글을 부자로 만들었다. 그러나 현재 인터넷에서 강조되는 것은 검색이 아니라 '발견'이다.

발견은 비선형적인 과정이다. 소비자들이 발견하는 사고방식에 적응하게 되면 개념적이면서 보고 말하라는 식의 광고 전략은 붕괴한다. 명품매장에 들어간 온라인 쇼핑객은 몇 번의 클릭으로 자동차를 살 수도 있다. 이제 소비자들은 발견의 힘을 깨닫기 시작하면서 이해할 수 없고 추적하기 어려운 행동 양상을 보여주고 있다.

비선형성은 사람들로 하여금 모호한 것을 더 잘 받아들일 수 있게 했고 실패를 더 잘 인내할 수 있는 문화를 조성했다. 현재 실리콘밸리에서는 실험에 따른 실패가 사회적으로 용인되고 있고 이들의 재기에 대한 믿음이 하나의 문화적 신조로 오랫동안 자리 잡았다. 이곳에서 만약 실패의 자유가 없었다면 현재 우리가 알고 있는 대부분의 브랜드가 지금 살아남아 있지 조차 않았을 것이다.

이러한 사고방식은 시행착오가 중요하며, 꿈만 꾸는 것보다 직접 시도해 보는 것이 중요하다는 믿음으로부터 나온다. 이러한 사례가 주는 메시지는 분명하다. 다가오는 시장은 실패로 인한 처벌이 없을 것이다. 그 반대가 오히려 옳다. 이제 새로운 고객들은 혁신과 비선형적인 시도를 반갑게 받아들일 것이다.

새로운 유목민들

태초부터 인간은 이동에 대한 욕구가 있었다. 비축한 식량을 가지고 위험을 피해서 물이 있는 새로운 장소로 이동하려는 행위는 문명이 생겨나기 이전부터 있었다. 우리 조상들의 마음속 깊은 곳에는 다음 지평선을 지나 뻗어나갈 수 있는 기회를 넓히려는 욕구가 있었다. 인류가 온갖 형태의 운송과 탐험 방법을 시도해 본 이유도 바로 이런 욕구 때문이다. 우리가 제품 크기를 되도록 작게 만들어 이동성이 뛰어나게 하려는 것도 역시 같은 욕구 때문이다. 이 욕구는 '인간의 방랑벽'이 생긴 원인이 되었다.

이동성의 부작용은 집에서나 밖에서 다른 사람과 결별해야 하는 '분리 현상'이다. 아르고선의 선원들에서부터 우주인에 이르기까지 사람들은 이동할 때 무엇 내지는 누군가와 결별해야 했다. 그러한 탐험에는 언제나 온갖 고난과 역경이 뒤따랐다. 최근 등장한 '이동 사슬'의 시대가 시작되었을 때도 역시 마찬가지였다.

휴대폰 보급 속도가 빨라지자 더 작고 휴대가 간편한 컴퓨터를 쓰기 시작했고 이어 블루투스, WiFi, WiMax, GPS 등 몇 가지 기술들을 합쳐진 제품들을 쓰게 되었다. 그리고 이로 인해 더 많은 이동성이 확보됐다. 또한 불과 10년 전에는 상상조차 할 수 없을 수준으로 서로서로 연결되었다.

우리는 역사상 가장 빠른 보급률을 기록하고 있는 휴대폰을 아주 당연하게 생각하는 경향이 있다. 그렇지만 휴대폰이 처음 등장했을 때 많은 사람들이 휴대폰을 부자들만 사용하는 오만하고 추잡한 기술로 간주했다는 기억을 떠올려보면 흥미롭다. 오늘날 휴대폰은 소득이나 연령과 상관없이 모든 사람들에게 필수적인 도구가 된 지 오래다.

휴대폰이 너무나도 빠르게 세계적인 커뮤니케이션 미디어로 부상한 바람에 우리는 휴대폰 혁명의 진정한 의미를 제대로 곱씹어볼 시간도 갖지 못했다. 우리가 알고 있는 사실이라고는 휴대폰이 없었던 세상을 기억하지 못한다는 점과 앞으로도 휴대폰 없는 세상을 상상조차 못한다는 점이다. 게다가 휴대폰은 점점 더 성능과 활용도가 높아지고 있다. 앞으로도 휴대폰에 대한 우리의 의존도는 더욱 커질 전망이다.

그렇다면 이러한 휴대폰의 보편적 확산이 갖는 의미는 무엇일까?

사람들은 이제 예전의 경계와 장벽을 자유롭게 무너뜨리게 됐다. 사무실 근로자들은 더 이상 책상에 앉아서 일할 필요가 없게 됐다. 가족들은 거리로 인해 이별할 필요가 없다. 사람들은 여행을 하면서도 서로 연락한다. 당신은 아침에 셔틀버스를 탄 채 생산적인 일을 할 수 있고, 저녁 퇴근 시간 도중에도 다른 사람들과 협력해서 일할 수 있다. 이제 사람들의 활동 무대가 바뀌고 있다. 우리는 기차를 타고 가다가도 텔레비전을 시청하고, 해안가에 설치한 텐트 속에서도 컨퍼런스콜을 할 수 있다.

그러나 이 시대에는 이와 같은 광범위한 연결의 대가로 사회적인 비용을 지불해야 할 것이다. 일주일 내내 24시간 쉬지 않고 일하려면 인간적인 희생이 뒤따른다. 휴대폰은 자유의 도구일 수도 있지만 '짐'이자 '구속'이 될 수도 있다. 블랙베리 사용자들은 이 전화기가 중독성이 강하다는 걸 꼬집으면서 '크랙베리(코카인 열매)'라고 부르고 있다. 이것은 이동성이 낳는 구속이며, 우리가 이동성의 혁명이 주는 혜택을 환영한다고 해도 그 그림자를 무시할 수는 없다.

노마디즘

소매업체들이 직면한 가장 큰 도전은 움직이는 소비자들의 숫자가 늘어날수록 그들에게 접근해서 관심을 얻어내기가 그만큼 더 힘들어진다는 사실이다. WiMAX 기술이 컴퓨터, 휴대용 멀티미디어 기기, 상호 네트워크 장치 등 많은 가전제품에 사용되고 있다는 사실은 앞으로 또 다른 변화를 예고한다.

WiMAX는 Worldwide Interoperability for Microwave Access의 약자로 광대역 무선 접속 장비의 호환성을 향상시키고 인증하기 위해서 설립된 동명의 비영리 단체의 이름에서 유래하였다. 이것은 건물

밖으로 인터넷 사용 반경을 대폭 넓힐 수 있도록 기존의 무선 랜 기술을 보완한 것이다. 이와 달리 Wireless Local Area Network의 약자인 WiFi는 홈 네트워킹, 휴대폰, 비디오 게임 등에 쓰이는 무선 기술 상표 이름으로, 주로 짧은 거리(핫스팟) 내에서 안정적일 뿐이다. WiMAX를 사용하면 이동 중에도 인터넷 접속이 가능하다. 또 가장 가까운 핫스팟으로부터 최대 200마일 거리에서도 접속할 수가 있다.

WiMAX는 성능 면에서 WiFi와 상대가 되지 않는다. WiMAX는 앞으로 10년 내에 지구 어느 곳에서나 광대역 인터넷 접속을 가능하게 해줄 것이다. 그로 인해 마침내 전기선이 잘리고 언제 어디서나 인터넷을 쓸 수 있게 될 것이다.

■□

룹트의 CEO이자 공동 창업자인 샘 앨트먼에 따르면 휴대폰 사용자들이 상대방에게 가장 자주 묻는 질문은 "어디야?"이다. 20대인 앨트먼은 "우리가 그 질문에 대답할 수 있어서 매우 흥분된다"라고 말했다.[2]

휴대폰 친구찾기 서비스 제공 업체인 룹트는 앨트먼이 스탠포드 대학을 다니는 도중 처음으로 서비스를 시작했다. 이 기술은 원래 미국의 연방통신위원회의 요구에 따라서 휴대폰으로 911 전화를 건 사람들의 위치 추적이 가능하게 할 목적으로 개발되었다. 그런데 룹트가 이 기술을 휴대폰 친구찾기 서비스에 활용한 것이다. 룹트는 휴대폰 사용자의 네트워크 내에 있는 모든 사람들의 위치를 자동으로 갱신하면서 휴대폰 지도에 그래픽으로 위치 정보를 보여 준다. 룹트는 또한

친구가 근처에 와 있을 때도 알려 주는 서비스를 제공한다.[3]

모바일 가상 네트워크 운영자인 힐리오 역시 이와 비슷한 위치 추적 서비스를 제공하고 있으며, 디즈니 모바일과 버라이존 와이어리스와 같은 다른 업체들도 아이들의 위치를 파악하고 싶은 부모들을 위한 위치 추적 서비스를 제공하고 있다.

대규모로 WiMAX에 투자하고 있는 기업은 전화 및 인터넷 서비스 제공업체인 스프린트이다. 스프린트는 새로운 모바일 멀티미디어 애플리케이션을 제공하기 위한 목적으로 범국가적인 무선 광대역 네트워크 개발에 수십억 달러를 투자하고 있다. 또한 스프린트는 룹트와 제휴해 친구찾기 서비스를 제공하는 동시에 기존 스프린트 고객들을 위해 휴대폰 GPS 내비게이션과 가족 위치추적 서비스를 제공하고 있다. 일명 GPS쇼퍼라는 서비스도 개발하고 있다.

GPS쇼퍼는 WiMAX와 GPS와 쇼핑 애플리케이션을 함께 사용한 위치기반 쇼핑정보 서비스이다. 이것은 사용자의 위치를 파악해서 인근의 업소별 상품 정보와 관련 광고를 전송해 준다. 이를 위해 스프린트는 슬리프터닷컴Slifter.com과도 제휴했다. 슬리프터닷컴은 수신자의 허락을 받은 경우에만 광고메일을 발송하는 옵트인 방식의 쇼핑 서비스를 제공하고 있다. 슬리프터닷컴은 8,500만 개의 제품(이미지와 설명을 포함해)에 대한 데이터베이스와 함께 소비자들이 그들이 있는 곳과 가장 가까운 위치에서 원하는 물건을 정확히 찾아낼 수 있도록 도와주는 기술을 갖고 있다. 소비자들은 이러한 ‘모바일 쇼핑 목록’을 기초로 원하는 물건을 직접 찾아낼 수 있다. 또한 소비자들은 모바일 결제 서비스인 페이팔을 이용해서 버튼 몇 번만으로도 쉽게 물건을 살 수 있게 됐다.

보다 자세한 설명 차원에서 이러한 기술들을 모두 합친 시나리오를 제시하자면 다음과 같다. 당신이 사람들로 붐비는 거리를 걸어가고 있다고 상상해 보자. 당신은 서킷 시티의 전자 제품 매장을 지나고 있는데 갑자기 휴대폰이 울리면서 '기종과 관계없이 모든 디지털 카메라 100달러 할인 판매'라는 광고 메시지를 받는다. 보통 때라면 아무리 할인 혜택을 준다고 해도 이런 내용의 광고는 보지 않을 것이다. 그렇지만 당신이 지금 카메라 광고를 받게 된 건 슬리프터닷컴에서 최근 쇼핑 목록에 카메라를 넣어 두었기 때문이다. 이제 당신은 매장에 들어가서 구입만 하면 된다. 정말로 간단하지 않은가?

만일 당신이 갑자기 급한 약속이 생겼는데 이런 광고 메시지가 뜬다면 어떻게 해야 할까? 그때는 모바일 페이팔을 통해 물건을 구매한 다음 나중에 매장에 들러서 가져가면 된다. '장소'는 이제 광고계에서 완전히 새로운 개념이 될 것이 분명하다.

가상 세계의 확장 가능성

존재론적 여행을 떠난 한 남자의 이야기를 읽어 보자.

2007년 1월에 몰로토브 알바라는 한 남자가 캘리포니아 자택에서 사라졌다. 최근 들어 같은 이름을 가진 한 여행객이 올린 것으로 보이는 7개의 비디오 영상물이 인터넷 사이트인 세컨드라이프에 등장했다. 이 영상들에서 몰로토브 알바는 복수의 여신, 사이버펑크 작가, 네오-러다이트 주의자들, 성 노예, 부랑자의 왕, 그리고 몰로토브가 찬연한 새 세상을 찾아 나설

때 그의 안내자 노릇을 해주었던 오할라 잰더에 이르기까지 온갖 사람들과 마주친다.

이렇게 해서 가상인물인 몰로토브 알바의 이야기가 시작한다. 그는 현실 세계의 집을 떠나 가상 세계인 세컨드라이프 안으로 들어간 사람이다. 영화감독인 더글라스 가예튼 Douglas Gayeton이 꾸민 이 프로젝트는 '확장 가능성'에 대한 극단적인 사례이다.

세컨드라이프는 아바타로 이루어진 가상의 세계이다. 실제 사람들을 나타내는 아바타는 디지털 공간 속에서 움직인다. 어떤 면에서 세컨드라이프에 들어간다는 건 새로 태어나서 새로운 정체성을 갖고, 발가벗은 채 무일푼으로 세상에 등장하는 것과 같다. 어떤 사람들에게 세컨드라이프는 변혁적인 성격을 띠기도 한다. 이것은 지금과 다른 무대에서 인생을 살아가는 방법이다. 또 어떤 사람들에게 세컨드라이프는 컴퓨터광들이 오랫동안 갖고 놀았던 복잡한 머드 게임을 단순화한 형태에 불과하다. 또 어떤 사람들은 세컨드라이프는 바보 같은 사이트라면서 무시해 버린다.

심리학자들은 그동안 온라인과 오프라인에서 사람들의 행동 방식이 서로 다르다는 데 주목해 왔다. 그들은 이러한 현상을 '해리성 행동 dissociative behavior'이라 부르면서, 사람들이 해리성 행동을 통해서 무한한 힘과 주변 환경에 대한 통제를 원하는 무의식적인 욕구를 만족시킨다고 설명한다. 실제 세계에서는 불가능하겠지만 온라인상에서는 많은 사람들이 그런 식의 통제가 가능하기 때문이다.

사실상 인터넷은 '심리적인 모라토리엄'을 생산한다. 사람들은 인터넷 세상에서 그들이 실제 삶에서 취하는 것과 다른 '페르소나'를 드러낼 수가 있다. 따라서 실제 세상에서는 온순한 성격을 가진 사람이 온라인에서는 공격적인 사람이 될 수 있다. 또 사무실에서 조용한 사람이 채팅방에서 목소리를 크게 내면서 불쾌한 행동을 할 수 있는 반면, 사무실에서는 만물박사처럼 행동하는 사람이 다른 사람들이 모르게 듣고 배울 수가 있다. 사람들은 이러한 정체성의 변화를 통해서 인터넷에서 새로운 방식으로 자기 자신을 확장하게 되고, 이러한 힘을 얻게 되자 사람들은 인터넷에서는 모든 것이 가능하다는 믿음을 더욱 확고하게 갖게 된다.

텍사스 대학의 폴 채닝 애덤스 교수는 이러한 마음 상태를 '무한한 자아boundless self' 상태라고 부른다.[4] 그는 다음과 같이 말했다. "확장 가능성은 사람들이 신체적 한계에서 벗어남으로써 사회적 · 물리적인 제한을 극복하게 해주고, 아울러 멀리서라도 그들의 개인적인 상황과 사회화 과정에 영향을 주는 사회적 맥락들에도 참여할 수 있게 한다."

이러한 디지털 왕국들을 뭐라 부르건 상관없이, 이 왕국은 비즈니스 환경을 바꿔 놓고 있다. 오늘날 일반적인 MMORPGMassively Multiplayer Online Role Playing Game는 수천 명이 넘는 플레이어들이 동시에 인공적으로 구현된 게임 속 가상현실 세계에 접속해서 각자의 역할을 맡아 참여하는 온라인 네트워크 게임을 말한다. 게이머들은 게임을 하면서 새로운 형태의 집단적 · 협력적 행동을 직관적으로 이해한다. 메이플스토리, 시티오브히어로, 드림로드처럼 인기 있는 게임에 몰리는 10대들은 단순히 게임을 하는 차원을 벗어나 새로운 협력 내지는 공동 구매 방식을 만들고 있다. 그러한 게임 중 하나인 엔트로피아 유니버스는 스스로를 '상호 엔터테인먼트와 거래가 일어나는 가상의 우주'라고 부르면서 게임 내에서 사람들이 일하고 쇼핑하고 가치를 창조하는 가상 경제를 창조하고 있다.

오늘날의 온라인 게임과 가상 세계는 단순히 아이들이 노는 공간이 아니다. 그들은 우리에게 새로운 방식으로 행동하고, 문제를 해결하고, 기회를 창조하고, 상거래를 실행하는 방법들을 가르쳐 주고 있다. 확장 가능성(다중존재감 및 다중인격)의 중요성을 간과할 경우 새로 태동하는 문화의 근본 원인과 다음 세대의 새로운 고객의 세계관을 잘못 읽게 된다. 확장이 가능한 소비자들은 낙관적이기는 하지만 그들을 만족시키기도 매우 어렵다. 궁극적으로 그들의 낙관주의는 당신이 그들의 욕구와 바람을 만족시키거나 아니면 당신이 아닌 다른 누군가가 그렇게 만족시켜줘야만 생기게 된다. 간단히 말해서 이 고객들은 자신들이 주도권을 잡고 있다는 걸 알고 있다.

이제 스스로에게 자문해 보라. 당신은 역사상 가장 예측하기 힘든 소비자들을 어떻게 추적하고 그들과 어떻게 접촉할 것인가? 당신은 누가 고객이고 누가 중간다리이며 누가 미끼인지 어떻게 결정할 것인가? 당신은 고객의 욕구를 만족시키기 위해서 가상 현실과 물리적 현실을 어떻게 활용할 것인가? 당신은 개인적인 경험을 어떻게 현실로 만들 것인가?

풍요로움, 비선형성, 이동성, 확장 가능성은 점프 포인트 이후 세대를 이끄는 원동력이 될 것이다. 새로운 문화를 받아들이고, 그러한 문화에 적응할 수 있는 조직들이 얻게 될 보상은 엄청나겠지만 그렇지 못한 조직들에게 세상은 비참함과 갈등만으로 가득찰 것이다.

매시업 문화

해군에 입대하느니 해적이 되겠다.

스티브 잡스, 애플의 CEO

'회색 화요일'은 적절하게 붙여진 이름으로 드러났다.

로스앤젤레스의 하늘은 하루 종일 회색 공기로 뿌옇다. 그날도 하늘에서는 바람이 불면서 계절성 폭우가 내릴 태세였다. 할리우드의 주요 음반회사인 캐피털 레코드 사무실 안의 분위기도 이처럼 뿌연 날씨와 비슷했다. 그리고 캐피털 레코드의 런던 모회사인 EMI의 분위기나 그곳의 날씨 역시도 이곳보다 화창하지 않았다. 2004년 2월 24일 바로 그 화요일 분위기는 이처럼 어두웠다. 결과적으로 이날은 새로운 문화의 힘이 도래했음을 알려 주는 순간이었다. 모든 사람들은 그 이후로 모든 상황이 지금까지와 180도 달라질 것임을 직감했다. 그리고 그들의 그런 직감은 옳았다.[1]

'회색 화요일'의 의미를 이해하기 위해서 우리는 시간을 6개월 앞으로 돌려서 2003년 후반으로 돌아가 보자. 당시 '데인저 마우스'라는 이름으로도 유명한 브라이언 버튼이란 사실상 무명의 DJ는 그의 집에 있는 음악 스튜디오에서 수 개월에 걸친 작업 끝에 「그레이Grey 앨범」이라는 음반을 발매했다. 앨범은 그룹 비틀즈의 「화이트 앨범」에 힙합 스타인 제이-Z의 「블랙 앨범」에 나온 음성 트랙들을 섞은 '매시업' 앨범이었다.

비틀즈와 제이-Z의 두 앨범을 리믹스하니 새롭고 독특한 제3의 앨범이 창조됐다는 사실은 그리 중요하지 않다. 그보다 버튼이 예술가들의 작품을 보호하기 위해서 만들어 놓은 미국의 저작권법을 몇 가지 어겼다는 사실이 더 중요했다. 버튼이 리믹스 앨범을 팔지 않았고, 그것을 음악 커뮤니티 내에서 공짜로 나눠줄 생각이었다는 사실도 중요하지 않았다. 그의 리믹스 앨범에 실린 음악들은 재빨리 인터넷에 띄워졌고, 사람들은 버튼의 앨범을 무자비할 정도로 다운받기 시작했다.

얼마 지나지 않아서 비틀즈의 앨범 저작권을 갖고 있던 EMI와 캐피털 사람들이 버튼의 매시업 앨범 대한 소문을 듣고 즉시 로스앤젤레스 법률 사무소를 통해서 버튼에게 앨범 판매 중단을 요구하는 내용증명을 보냈다.

버튼은 단순히 음악을 연습하고 있었을 뿐이고 문제가 커지는 걸 원치 않았기 때문에 음반사의 요구를 받아들여서 남은 CD의 유통을 막았다. 그러나 그것으로 사태가 마무리된 것은 아니었다.

버튼이 음반 업계의 소송으로 인해서 괴로움을 당했다는 사실을 알게 된 '다운힐 배틀'이 버튼 대신 소송을 벌였다. 다운힐 배틀은 대형 음반사들의 음반 사업 내 독점을 무너뜨리기 위해서 노력하고 있는 게릴라 집단이다. 그들은 버튼에 대한 탄압에 저항하는 한편, 일부에서 '정보 파시즘info-fascism'이라고 불렀던 문제가 커지고 있는 데 대해 사람들의 경각심을 고취시키고자 2월 24일을 항의 날짜로 정했다. 이것이 바로 '회색 화요일'의 유래이다.

바로 그날 수백 곳의 웹사이트와 블로그는 공동으로 EMI의 법적 탄압에 저항하고자 문제의「그레이 앨범」의 무료 다운로드 운동에 참가했다. 이들이 EMI에 저항한 이 하루 동안에「그레이 앨범」은 약 10만 회나 다운로드되었다. 다운로드가 공짜였다고는 하나 음반 업계 기준으로 봤을 때 이 정도 숫자면「그레이 앨범」은 다운로드 기준으로 올림픽 금메달감이었다.

회색 화요일이 중요한 이유는 이날이 바로 매시업 문화를 음지에서 양지로 불러내면서 공개적으로 문화적인 싸움을 시작한 날이기 때문이다. 싸움에 참가한 사람들이 펼친 저항 운동은 범국가적으로 언론의 주목을 받았다. 이제 대형 음반 업계와 그들의 과도한 저작권 규제에 저항하는 사람들 사이에 싸움이 시작된 것이었다.

매시업 문화는 우리가 자유로운 연설, 표현의 자유, 그리고 지적 재산권의 공정한 활용법을 이해하는 문제에 있어 새로운 갈림길에 서 있다는 것을 의미한다. 이러한 상황은 모든 사업에 광범위한 파장을 미쳤다.

모든 것은 매시업이 가능하다

「그레이 앨범」은 새로운 음악 장르는 아니었다. 매시업은 새로운 음악 장르가 아니다. 또한 그렇다고 그냥 '일시적인 유행'도 아니다. 그리고 버튼/데인저 마우스와 프리랜스 헬레이저, 오시미소, DJ 맥슬리지와 같은 예명을 갖고 그와 같은 시대에 활동하던 이단적 음악가들이 매시업 문화 활성화를 도왔지만 사실 이것은 인터넷의 사고방식과 세계관의 핵심 요소이다.

네트워크의 원칙에 적응한 사람들에게 기술은 정보를 해방시키고 민주화시키는 역할을 한다. 그 정보가 뉴스든, 정치적 소견이든, 디지털 형식의 음악과 예술이든 모두 마찬가지이다. 이러한 믿음을 가진 사람들에게 정보는 공짜여야 한다. 그리고 실제로 사람들이 원하건 원하지 않건 상관없이 정보는 점차 공짜가 되어가고 있다.

오늘날의 '스스로 해결하는DIY·Do-It-Yourself' 사회 속에서 PC와 FL스튜디오, 큐베이스, 프로툴스와 같은 기성 소프트웨어를 갖고 있는 사람이라면 누구나 노래 두 곡 이상을 해체하고, 조작하고, 재구성해서 새로운 뭔가를 창조할 수 있다. 그리고 그들이 그렇게 할 수 있다면 '스스로 해결하는' 사회 분위기가 지속되는 한 계속해서 그렇게 할 것이다.

미국 온라인 잡지 사이트인 살롱닷컴에 올린 글에서 로버타 크루거는 다음과 같이 말했다.[2]

DIY가 유행하는 문화 속에서는 소비자가 생산자이다. 소비자는 기타와 베이스와 드럼 대신에 랩탑Laptop이라는 생산 도구를 갖고 있다. 침실은 스튜디오이며, 이제 공장의 기계들은 나이트클럽에서 벗어나서 수백 만 명의 사람들이 접근할 수 있는 인터넷으로 이동한다. 미디어를 독점하고 있던 조직들이 이런 움직임에 대항하지만, 비록 방송 채널들은 대기업들에 의해서 점령되었어도 집에서 만든 매시업들은 사람들의 디지털 해독제 역할을 할지 모른다.

회색 화요일이 제기한 문제들의 의미는 심각하다. 다운힐 배틀, 힙합 서밋 액션, 펑크보우터와 같은 그룹들은 우리가 정의하는 지적 재산권에서 중요한 '회색 지대'를 정치적으로 문제 삼았다. 그들은 매싱은 개인적인 문제이며 '공정 사용'은 재산권을 규정한 전통적인 규칙에서도 허용하고 있다고 주장한다. 그들은 사람들이 합법적으로 구매한 디지털 정보를 비상업적인 개인적인 용도로 가공할 경우 그것이 과연 불법인지를 묻는다. 그들은 또 DJ가 여러 노래들을 매싱하는 것과 '커버 밴드'가 무대 위에서 리메이크곡들을 연주하는 것 사이의 차이점은 무엇인지 묻는다. 그리고 그들은 궁극적으로 모든 음악은 파생적인 것이라고 주장한다. 또한 매시업은 역사상 음악과 다른 모든 예술에 영향을 준 차용물과 과연 어떤 차이가 있는지를 묻는다.

회색 화요일은 동료 간 파일 공유의 문제도 제기한다. 파일의 공짜 사용을 주장하는 사람들은 사람들이 합법적으로 소유하고 있는 재산의 사용과 처분에 대해서 어떻게 제한을 가할 수 있는지를 묻는다. 그리고 분명 기업이 그 고객들의 행동에 책임을 질 수 있는지도 묻는다. 사실 이 문제는 이미 20년 이전에 해결이 된 것이다.

통상 '베타맥스' 판례로 알려져 있는 미국 소니와 유니버셜 시티 스튜디오 사이에서 벌어진 법정 공방은 1984년에 미국 대법원의 획기적인 저작권 판례로 종결되었다. 대법원은 베타맥스 판례를 통해서 "소비자들이 설사 저작권법 위반 목적으로 사용할 수 있는 제품을 만든다고 해도, 기업은 그 제품의 기술이 충분한 비침해 용도로 사용할 수 있는 한 소비자들이 제품을 만드는 데 대해서 책임을 지울 수 없다"고 판결했다. 오늘날 복사기나 카메라나 라우터나 음악 플레이어를 만드는 애플, 시스코 시스템즈, 휴렛팩커드와 같은 기업들은 이러한 원칙에 따라서 안전하게 사업을 하고 있다.

그러나 이 원칙을 파일 공유 기술에도 적용이 가능한지 여부는 2001년 일어났던 A&M 레코드와 냅스터 사이의 법정 다툼에서 가려졌다. 당시 재판은 음반 업계의 거물인 A&M 레코드와 사람들끼리 서로 개인 파일을 공유할 수 있는 플랫폼을 마련해 준 냅스터라는 소형 인터넷 신생 기업과의 싸움이었다. 냅스터의 소프트웨어를 사용하는 사람들은 그들이 합법적으로 구매했을 수 있는 콘텐츠 파일들을 자신의 컴퓨터에 저장해 놓은 다음에, 다른 냅스터 사용자들이 원할 때 언제라도 그 파일에 접근해서 자신들의 컴퓨터로 다운로드해 갈 수 있게 만들었다. 이 서비스는 당장 큰 인기를 끌었고, 자신들이 갖고 있는 음악을 다른 사람들과 공짜로 공유하는 사람들의 숫자는 수백 만 명을 넘어섰다. 그러자 음반 업계는 그들의 수익에 타격을 입힐 수 있다고 여겨지는 냅스터의 파일 공유 서비스를 폐쇄시키고자 즉각적인 행동에 나섰다.

냅스터는 단순히 중개자 역할을 했을 뿐이지 실제로 어떤 파일이나 저작권법에 걸리는 자료를 갖고 있었던 것은 아니었지만 2001년 2월 미국 고등법원은 냅스터가 실제로 불법 복제와 저작권이 있는 음악들의 이동을 방조하고 있다고 판결했다. 법원은 이어 냅스터가 나중에 합법적인 음악 다운로드 서비스로 다시 탄생할 때까지 서비스의 즉각적인 폐쇄를 명령했다.

대법원까지 갔던 MGM 스튜디오와 그록스터 사이의 재판 결과처럼 이보다 덜 분명한 판례도 있었다. 이 경우 대법원의 판결은 P2P 서비스 회사이자 피고인 그록스터, 카자, 모르페우스의 '고의성' 여부에 초점을 맞췄다. 대법원은 피고들이 고객들을 '유인해서' 불법적인 목적을 가진 서비스를 이용하게 했다는 점을 근거로 피고들에게 유죄를 선언했다. 이번 재판과 베타맥스 재판의 차이가 바로 이 '고의성' 유무였다. 인터넷 커뮤니티에서는 당시 판결을 저작권이 있는 자료 공유를 조장하지 않는 것처럼 보이는 한 파일 공유를 계속 할 수 있다는 의미로 해석했다.

그러나 이보다 덜 모호하면서도 좀 더 불길한 결과가 2006년 5월에 나왔다. 당시 미국영화협회는 스웨덴 정부를 상대로 스톡홀름에 있는 파일 공유 서비스 회사인 파이어리츠베이닷컴을 폐쇄할 것을 요구했다.[3] 스웨덴 경찰 특공대는 완전 무장한 상태로 파이어리츠베이닷컴의 사무실을 급습해서 서버를 압수하고, 잠시 동안 직원들을 구류했다.

창조적 콘텐츠의 공정 사용, 독창성, 소유권에 대한 질문은 새로운 세대의 소비자들을 규정하는 문제들과 관련되어 있으며, 그러한 면에서 「그레이 앨범」과 회색 화요일은 새로운 문화에 대한 중요한 통찰을 제공해 준다. 매시업은 법적 수단으로 해결 내지는 중단될 수 있는 음반 업계만의 문제는 아니다. 점프 포인트 문화 이후 매시업은 문화의 기초 원리이다. 또한 적절한 기술의 등장과 더불어 모든 것이 매시업의 대상이 됐다. 정보를 변형하고, 재구성하고, 재창조할 수 있는 능력은 정보화 시대의 토대이다.

그렇다면 재산권에 대한 정의가 바뀌게 된 원인은 무엇인가? 우리는 또 다시 네트워크로부터 이 질문에 대한 대답을 찾아야 한다. 네트워크는 과거 그 어느 때보다 정보를 더 구하기 쉽고, 더 투명하게 만들어 놓았다. 이러한 위대한 평준화는 신격화를 배제하고 세상을 평평하게 만든다. 이것은 많은 제조 공정과 산업들의 내부 메커니즘을 드러내고, 위계질서와 지휘 및 통제가 가진 힘(혹은 그와 관련된 힘)을

160

약화시킨다.

그 결과, 기존 체제와 권위에 대한 반감이 생기는 것처럼 보이기도 하지만 실제 결과는 그보다 더 미묘하다. 오늘날 소비자들은 어떤 시스템에 대해서 적극적으로 반발하기 위해서 관심이나 시간이나 에너지를 낭비하지 않는다. 그들은 단순히 그들 자신이 권력을 갖고 있다고 생각하고 과거의 족쇄를 무시하기로 결정한다.

앞서 기본적 재산권에 대해 논의하면서 살펴봤지만 네트워크는 정보 공유를 원한다. 노드와 노드 사이의 커뮤니케이션은 네트워크의 본질적 특성의 일부이다. 동료와 동료 사이의 파일 공유를 막기 위한 노력은 네트워크의 본질적 특성과 모순된다. 따라서 누구도 네트워크가 그것의 본질적 특성을 발휘하는 것을 막을 수가 없다.

또 다른 큰 문제는, 집단적 세계 속에서 모호한 저작권과 소유권의 특성이다. 어떤 형식이나 유행을 통해서 소비-생산 주기에 참여하는 사람들의 숫자가 늘어날수록 창조적 작품의 저작권과 소유권에 대해서 분명한 선을 긋기가 그만큼 더 어려워질 것이다. 적어도 소비자들은 그렇다고 생각할 것이다. 결과적으로 사법적인 수단을 동원에서 이처럼 새로 바뀌고 있는 현실을 저지하기 위해서 벌이는 쓸데없는 노력은 무용지물이 되고, 어떤 식으로건 새로운 '시장 수용'이 이루어질 것이다. 이것은 창조적 작품을 공동으로 소유하고 공유하는 새로운 공식·비공식적 메커니즘이 탄생할 수 있음을 의미한다. 앞에서 관심에 대한 대가 지불에 대해서 말했던 것처럼 많은 소비자들은 창조적 과정에 대한 그들의 참여 수준에 부응하는 권리 수준을 기대할 것이다.

이러한 태도는 젊은 사람들의 객기 정도로 무시해 버릴 수 있는 게 아니다. 2003년에 『뉴욕타임즈』와 CBS 뉴스가 공동으로 실시한 설문 조사 결과를 보면 거의 모든 인구 집단에서 파일 공유를 용인할 수 있다는 생각이 있는 것으로 드러났다.[4] 또 30세와 49세 사이의 인터넷 사용자들 가운데 27퍼센트는 이미 실제로 파일을 공유하고 있었다. 리서치 기관인 퓨 인터넷과 아메리칸 라이프 프로젝트가 같은 해에 실시한 또 다른 조사 결과를 보면 50세가 넘은 사람들 가운데서도 12퍼센트가 파일 공유를 하고 있는 것으로 드러났다.[5]

『뉴욕타임즈』는 이 조사 결과에 대해서 다음과 같이 설명했다. "퓨는 조사 결과 음악을 다운로드 받고 있다고 대답한 3,500만 명의 성인들 가운데 2,300만 명은 그들이 자신들의 컴퓨터에 복사해 놓는 파일의 저작권에 대해서 크게 신경 쓰지 않고 있다는 사실을 알아냈다. 다른 사람들이 파일을 복사하도록 하는 2,600만 명의 성인 가운데 1,700만 명은 그들에게 파일에 대한 저작권이 있는지 여부에 대해서 크게 개의치 않았다."

소비자는 또한 생산자가 되고, 사용자는 적극적인 참여자가 되기 때문에 소유권의 경계가 모호해졌다. 정보의 새로운 정치학은 콘텐츠의 소유권자가 다수임을 말해 준다. 새로운 소비자는 텔레비전과 영화와 문학과 우리를 둘러싼 광고 등 어디에서나 콘텐츠의 도용을 목격한다.

예상대로, 그리고 도용을 막기 위한 업계의 노력에도 불구하고 파일 공유와 매시업의 관행은 오히려 더 활성화되면서 다른 여러 영역으로까지 확산되고 있다. 오늘날 사람들은 음악만큼 쉽게 사진과 UCC와 영화를 공유할 수 있다. 이러한 행동 중 일부는 분명히 저작권법을 위반한 사례일 수도 있지만, 저작권법의 위반 여부를 따지기 어려운 복잡한 사례들도 존재한다. 아마추어들의 창작품 속에서 저작권 위반 정도를 따진다는 건 바보 같은 짓일지도 모른다.

많은 대형 영화 제작업체들이 큰 인기를 끌고 있는 파일 공유 서비스인 유튜브를 통해서 만연된 저작권법 위반에 대해서 법적 조치를 취하기 시작했지만, 저작권을 위반할 수 있는 통로는 이미 크게 열려져 있는 상태다. 따라서 유튜브의 파일 공유를 막는 데 성공한다고 해도 수십 개의 다른 업체들이 유튜브의 공백을 메워줄 것이다. 비메오, 아이스팟, 점프컷, 아우어미디어, 데일리모션, 블립닷tv, v쇼셜, 그루퍼, 레버, 비디오에그, 레보 같은 회사들은 이미 저작권이 의심되는 파일들을 포함해서 사용자들이 온라인상에서 비디오를 보거나 공유하거나 편집하거나 게재하기 쉽게 만들어 놓았다. 더 이상 중개 기관들을 통제하여 소비자를 통제하려고 해봤자 싸움에서 이길 수 없다는 생각은 점점 더 커지고 있다.

그러나 음반 업계는 다양한 형식의 구독 및 '디지털 저작권 관리DRM · Digital Rights Management' 방법들을 동원해서 콘텐츠 관리 · 감독을 강화하기 위한 노력을 하고 이번 싸움을 포기하려고 하지 않는다. 이들은 비밀 DRM 소프트웨어를 사용해서 음악 파일을 인코딩함으로써 소비자들이 파일을 변경하거나 공유하지 못하게 막고 있다.

물론 이러한 노력은 국제적인 반발을 일으켰다. '공정 사용'에 대한 탄압으로 여겨지는 이러한 행동을 못하게 소비자들이 저항할 수 있도록 전 세계 곳곳에서 반 DRM 조직들이 우후죽순 등장했다. 이 조직들 중 대표적인 곳들로 무료 소프트웨어 개발과 보급을 위해서 설립된 비영리단체인 프리소프트웨어재단에서 만든 디펙티브바이디자인DefectiveByDesign.org과 디지털프리덤DigitalFreedom.org이 있다. 전자는 모든 제조업체들이 DRM이 가능한 제품들을 시장에 출시하는 데 대해서 더욱 신중을 가하게 만드는 일을 하고 있고, 후자는 예술가들과 혁신가들과 소비자들이 비합리적인 정부의 간섭이나 징벌적 소송을 피해서 디지털 기술을 사용할 수 있는 권리를 보호하는 것을 목표로 삼고 있다.[6]

이보다 더 포괄적인 목표를 가진 대학 주도의 반 DRM 운동은 프리컬처FreeCulture.org가 주도하고 있다.[7] 이 조직은 미국 전역에 지부를 두고 있는 학생 조직이다. 프리컬처는 더 나은 세계를 이루는 데 정보 민주화가 핵심이며, 민주화는 소유권에 대한 기본 권리와 함께 시작한다고 믿고 있다. 프리컬처가 내세운 선언문은 다음과 같다.

우리는 우리가 사는 제품을 실제로 소유하지 못하고 우리가 임대료를 지불하는 한도 내에서 제품에 대한 제한된 사용권만을 얻을 수 있는 디지털 봉건주의의 미래를 철저히 거부한다. 우리는 개인과 사회의 모든 다른 권리마저 짓밟아버릴 정도로 큰 위협이 되고 있는 지금과 같은 지적 재산권의 극단적인 팽창을 저지하고 뒤집어야 한다.

오픈 소스의 뿌리

매시업이 사람들의 이목을 끌기 이전에도 이미 이른바 '지식 상품'의 저작권과 소유권 공유 문제를 둘러싼 싸움이 치열하게 벌어지고 있었다.

이 싸움의 대표적 주자는 '오픈소스이니셔티브OSI · Open Source Initiative'

로, OSI는 유닉스 컴퓨터 운영 시스템과 같은 거대한 기업 소프트웨어 프로그램에 반발하는 집단행동이 벌어지기 시작한 1980년대에 설립됐다. 그때나 지금이나 OSI의 설립 취지는 지적 재산권의 제약이 없거나 지적 재산권이 완화된 소프트웨어, 즉 오픈 소스의 광범위한 보급이다.

오픈 소스는 지식은 공유되어야 하며, 창조적 작품은 집단적 노력을 통해서 개선된다는 철학을 바탕으로 만들어졌다. 다시 말해서 이 철학은 사람들이 소프트웨어를 공유하는 과정을 통해서 소프트웨어의 성능을 개선시킬 수 있는 한 소프트웨어를 자유롭게 사용하고 연구하고 수정하고 재차 유통시키는 것을 허용해야 한다는 것이다.

오픈 소스 소프트웨어 중에서 가장 유명하면서도 많은 발전을 이룬 대표적인 것을 핀란드 기계공학도인 리누스 토발즈가 개발했는데, 그것이 바로 우리가 현재 사용하는 리눅스다. 리눅스는 유닉스와 같은 PC용 운영 시스템으로 출발했다. 리눅스는 그 이후 소프트웨어 업계에서 가장 영향력이 큰 플랫폼 중의 하나로 발전했다. 아이러니하게도 리눅스는 반기업적이면서 반체제적인 정신에 뿌리를 내리고 있지만 현재 기업들이 오픈 소스 제품을 사용해서 비용 등 여러 가지 실질적인 혜택을 누리고자 리눅스를 점점 더 많이 사용하고 있다. 이와 동시에 리눅스와 다른 오픈 소스 플랫폼들의 사용을 촉진하고 중재하기 위해서 전 세계적으로 수천 개의 조직들이 생겨났다.

여기서 중요한 사실은, 오픈 소스 운동이 문화적 차원의 운동이라는 사실이다. 이 운동은 정보는 집단적으로 생산되고, 정보에 이바지한 모든 사람들과 함께 공유될 때 가장 큰 가치가 있다고 주장한다. 이것은 '공짜'와는 다른 문제다. 그렇다. 지식 상품은 일반적으로 공짜여야 한다고 믿는 사람들이 있다. 예를 들어서 프리소프트웨어 집단 내 사람들이 달성하고자 하는 목표는 제한적인 라이선스 조건 하의 독점적 소프트웨어를 모든 사람들이 쓸 수 있는 공짜 소프트웨어로 대체하는 것이다. 그들은 기존 소프트웨어를 훔치는 걸 원하지 않는다. 그 대신 그들은 누구나 쉽게 구할 수 있는 공짜 소프트웨어를 만드는 걸 옹호한다.

반면, 오픈 소스는 최종적으로 더 나은 상품을 만들기 위한 '협력'에 기여해야 할 의무를 전제로 삼고 있다. 다시 말해 오픈 소스에 기여하는 사람만 그것에 접근이 가능하다. 이러한 윤리를 변형한 것이 바로 '공유권'에 대한 생각이다. 이것은 창조적 작품의 전부까지는 아니더라도 적어도 일부는 억압적인 제약으로부터 자유로워야 한다는 믿음을 바탕으로 하고 있다. 이러한 공유권 운동을 주도적으로 펼치고 있는 곳이 크리에이티브 커먼스Creativecommons.org이다.

이곳은 작가, 과학자, 예술가, 교육자들이 만든 창조물을 적어도 일부나마 대중들이 자유롭게 공짜로 쓸 수 있게 해주는 서비스를 제공하는 것을 목표로 한다. 그들의 최종 목표는 '모든 권리가 유보되어 있다All Rights Reserved'거나 '일부 권리가 유보되어 있다Some Rights Reserved'는 저작권 조항을 바꾸는 것이다.

공동체가 생산하는 부

길거리에서 파키스탄 사람을 만나거든 그에게 '주눈'의 노래 중에 좋아하는 노래가 있는지 물어보라.

166

서양에서는 잘 알려진 이름이 아니지만 주눈은 세계에서 가장 많은 앨범을 판매한 록밴드 가운데 하나이다. 이 밴드의 앨범은 지금까지 전 세계적으로 2,500만 장 이상이 팔렸다. 아랍어로 주눈은 '집착'을 의미하는데, 이 밴드에 아주 잘 어울리는 이름이고 할 수 있다. 주눈은 1990년도에 파키스탄 남부 도시인 카라치에서 처음으로 활동을 시작했으며, 남아시아 전역에서 큰 인기를 누렸다. 이 밴드는 일반적인 록 음악과 수피교의 음악을 섞은 퓨전 음악을 연주한다. 이러한 매시업은 '수피록'이라는 새로운 형태의 음악 장르를 창조했다.

주눈을 만든 사람은 파키스탄 의사이자 음악가이며 과거에 배우로도 활동했던 살만 아마드 박사이다. 2007년 7월에 아마드 박사는 아이튠즈와 유사한 매그나튠Magatune에 자신이 만든 모든 음악들을 공개하기로 결심했다. 그는 자신의 결심에 특별한 의미를 부여하고자 자신의 대표적 히트곡 중에 하나인 「냇충이Natchoongi」를 라이선스 하에서 공개했다. 매그나튠은 매시업 웹사이트인 cc믹스터와 제휴를 맺고 팬들이 「냇충이」를 마음대로 리믹스나 매시업해서 만드는 노래 중에 1등을 선발하는 경연 대회를 1개월 동안 후원했다. 경연 대회에서 대상을 수상한 작품은 매그나튠과 음반 계약을 체결하고, 입상작들도 리믹스 앨범으로 만들어져서 공개될 예정이었다.

이러한 사례는 「그레이 앨범」을 둘러싸고 벌어진 혼란과 대조된다. 또한 점프 포인트 세계 이전과 이후 사람들이 갖는 사고방식의 차이점을 잘 보여 준다.

30억 명의 사람들이 직접적으로 교류하고 의사소통하면서 창조할 수 있는 세상을 만들려면 지식 상품들을 관리하기 위한 새로운 방법이 필요하다. 이것이 바로 크리에이티브 커먼스의 창립 목적이다. 이 조직은 다양한 사람들의 창조적 작품들을 최대한 많이 확보하기 위해서 콘텐츠 생산업자들이 다양한 통제 정도에 따라서 그들의 작품에 라이선스를 부여할 수 있게 해 주고 있다.

크리에이티브 커먼스의 웹사이트에는 다음과 같은 설명이 나와 있다. "크리에이티브 커먼스의 라이선스는 여러분 작품의 저작권을 다른 사람들이 어느 정도 범위까지 사용할 수 있는지를 규정할 수 있는 능력을 부여하고 있습니다. 이 능력에는 다른 사람들이 여러분의 작품을 복사하고, 여러분 작품을 변형 내지는 응용해서 작품을 만들고, 동시에 여러분 작품에 기여하거나 여러분의 작품을 통해서 돈을 벌 수 있게 허용하는 권리를 말합니다"

스탠포드 대학의 로렌스 레시그 교수가 2001년에 만든 크레이티브 커먼스는 이 세상에 아이디어는 풍부하며, 집단적 작품들은 강력한 힘과 권한을 갖고 있다는 믿음에 기초를 하고 있다. 레시그 교수는 이로 인해서 서로가 상생할 수 있는 상황이 생길 수 있다고 주장했다. 다시 말해 예술가들은 예술가들대로 궁극적으로 자신의 작품을 통제하면서도 팬들과 직접적인 대화의 장을 열어 두기 때문에 좋고, 사용자들은 사용자들대로 그들 자신을 표현하기 위한 개작을 통해서 독특한 결과를 만들 수 있는 콘텐츠에 더 쉽게 접근할 수 있게 돼서 좋다는 것이다.

이러한 공동체를 옹호하는 사람들은 "풍요로움과 협력의 세계에 대한 대안은 갈등과 창조성의 고갈로 얼룩진 세계"라고 경고한다.

특허법 세계에서 점차 더 뜨거워지고 있는 '상호작용' 을 예로 들어 보자. 지금까지 오랜 기간 동안에 내려졌던 여러 판결과 해석은 많은 사람들이 생각하기에 과도하게 제한적이면서도 과도하게 광범위한 특허 규제들을 생산했다. 어떤 사람들은 심지어 이러한 제약들을 발명가들과 기업들에게 주는 '혁신 세금'이라고 부르기도 했다. 설상가상으로 혁신세 때문에 좌절하거나 놀라는 발명가들이 늘어나면서 이러한 제약이 그들의 발견과 발전 과정을 방해하기까지 이르게 됐다. 그렇다. 나는 나 자신을 비롯해서 예술가와 저자들의 작품이 도매급 도용 행위로부터 보호되어야 한다고 믿고 있다. 그러나 우리는 또한 균형을 잡기 위해서 노력해야 한다고 생각한다. 창조적인 과정은 본질적으로 반복적이며, 심지어 어떤 때는 파생적이기도 하다. 미시건 대학 법과대학 교수로 재직 중인 저작권법 전문가인 제시카 리트먼은 다음과 같이 말했다.

모든 저작권은 앞선 저자들의 작품을 통해서 비옥해진다. 또한 새로운 작품 속에서 울려 퍼지는 예전 작품들의 메아리는 아이디어와 개념을 넘어서 풍부한 표현의 디테일로까지 확대된다. 사실상 저작권은 창조물을 새로운 형태로 변형하고 재구성하는 것이며, 디테일을 여러 가지 다른 모양으로 수정하고 개정하는 것이다. 다른 사람들이 창조한 것과 그들이 그것을 창조하는 방법들은 모든 창조적 미디어의 기초이다. (중략) 이처럼 자신의 작품에 다른 사람들의 작품을 사용하는 것은 저작권 과정의 일부이다.

간단하게 말해서 우리는 모두 우리보다 앞에 활동했던 사람들의 어깨 위에 서 있다. 또한 우리는 창조 과정에서 일부 여지를 허용하지 않으면 창조적 천재의 등장을 가로막을 위험이 있다.

인터넷 주류 밀매점

천재성은 항상 그것을 발휘할 수 있는 길을 찾는다. 어떤 사람들은 엔터테인먼트 업계가 보여 준 강력한 파일 공유 억제 조치들이 일명 '다크넷darknet'의 확산을 초래했다고 믿고 있다. 다크넷은 개인 네트워크로서 일종의 '허가제 온라인 커뮤니티'이다. 따라서 다크넷의 접속은 제한적이기 때문에 비밀번호가 있어야 들어갈 수 있다. 마치 1920년대에 미국에서 금주법이 시행됐을 때 지하 주류 밀매점에 들어가려면 비밀번호를 알아야 하듯이 다크넷에 들어갈 때도 비밀번호가 필요하다.

기술 분야 전문가인 팀 그네텍Tim Gnatek이 『뉴욕타임즈』에 기고한 글에서 다크넷에 대해 다음과 같이 설명했다.[8]

다크넷은 이전의 다른 P2P 사이트인 냅스터, 카자, 그누텔라와 마찬가지로 사용자들이 다른 사람들의 컴퓨터로부터 영화와 음악 같은 디지털 파일들을 검색해서 다운로드 받을 수 있게 한다. 그러나 냅스터와 같은 사이트는 누구에게나 냅스터와 연결되어 있는 수백 만 개의 컴퓨터에 있는 파일을 무제한으로 접속할 수 있게 허용하는 반면, 다크넷은 좀 더 차별적으로 접속을 허용하고 있다. 다크넷에서 사용자들은 다크넷 가입 초대를 받은 사람에 한해서만 접근이 가능하다. 이러한 선별성은 네트워크가 개인 파일이나 해적판 파일 중 어떤 파일의 공유 목적으로 사용되든 간에 더 큰 프라이버시를 약속한다.

호스팅 서비스 업체들은 적어도 공개적으로는 불법적인 파일 공유

를 금지시킴으로써 엔터테인먼트 업계의 미움을 사지 않기 위해서 애
쓰고 있다.

많은 호스팅 서비스 업체들이 음악 다운로드를 제한하거나 음악을
듣는 것만 허용하고 있다. 그들은 또한 집단 회원 가입을 줄이고, 내
부 밀고자를 확보함으로써 '자체 자정 기능'을 강화하고 있다. 그러
나 더 많은 똑똑한 사용자들이 파일 공유의 제약을 교묘하게 회피할
수 있는 많은 방법들을 개발했다. 크락키드, 와레즈, 엑스박스 게임과
같은 서비스들은 집단적으로 해적판 코드 및 크랙 코드를 은밀히 유
통시키고 있다.

다크넷은 스포츠에서부터 시작해서 종교, 정치, 취미에 이르기까지
우리가 상상할 수 있는 모든 분야에서 존재한다. 2006년에 소니가 인
수한 그루퍼는 세계 최대 다크넷 서비스들 중의 하나로서 10만 개가
넘는 사조직을 거느리고 있다. 다크넷 사용자들은 자기들이 직접 다
크넷을 만들거나 공개적으로 등록된 수천 개의 다크넷에 회원 가입을
요청한다.

자신이 직접 다크넷을 만들고 싶은 사람들을 위해서 유·무료 서비
스 제공 회사들이 모여서 프리넷, 웨이스트, DC, 배드블루, 그루브와
같은 다크넷 기술을 제공하고 있다. 영국 프로그래머인 이안 클라크
의 창조적 발명품인 프리넷은 신용이 아닌 암호화 기술을 통해서 사
용자의 익명성을 보호한다.[9] 이것은 중국과 이란과 같은 곳의 반체제
인사들이 정부의 감시를 피해서 서로 연락하고 조직을 만들 때 자주
애호하는 플랫폼이 되었다.

문 앞에 모인 해적들

캐나다의 저작권 인가 기관인 액세스 카피라이트가 예술가들의 권리 확보를 위한 싸움에 매진하는 슈퍼 영웅인 '저작권 선장Captain Copyright'의 모험을 주제로 한 어린이용 인터넷 사이트를 출범시키자 저작권법을 둘러싼 선전 싸움은 더욱 뜨거워졌다. 이러한 운동은 단명하긴 했으나 큰 논란을 불러일으켰다. 이 운동의 목적은 학교를 다니는 아이들에게 디지털 권리와 저작권이 신성하다는 것을 가르치는 것이다. 그러나 대중적 반발이 거세지자 이 운동은 급격히 세력을 잃게 됐다. 이때 결정적인 역할을 한 것이 캐나다 작가이자 프로그래머인 MCM이 발간한 아동용 이야기 책『돼지와 상자the pig and the box』였다.『돼지와 상자』는 디지털 권리를 지나치게 제한적으로 관리하다가 생긴 위험을 그린 근대 우화이다. 이 책의 주인공인 돼지는 안에 넣기만 하면 무엇이나 복사가 가능한 마술 상자를 발견한다. 돼지는 처음에 상자를 숨겨 놓고, 이웃들이 상자를 열 수 없게 통제한다. 돼지는 그러나 이후 자신의 잘못을 자각하고 그와 헛간에서 같이 살고 있는 동료들을 믿고 상자를 공유하기 시작한다. 이 책이 출간 이후 10여 개 언어로 번역되고 소개됐다는 사실은 매시업 문화가 국제적인 성격을 띠고 있음을 보여 주는 증거다.

그렇지만 정보 통제의 정치학은 아이들의 놀이와는 차원이 다르다. 이것은 전 세계적으로 더욱 가열되고 있다. 어떤 사람들에게 폐쇄된 다크넷의 지하 철도 속에서 숨어 지내야 한다는 생각은 저주에 가깝다. 이러한 저작권 반대론자들은 정보가 독점적 업체들에 의해서 과도하게 규제와 통제를 당하고 있다고 믿고 있다. 그들은 이러한 업체

들을 상대로 격렬하게 저항하고 있고, 그들이 벌이는 싸움의 선봉에
서 있는 것이 '해적당 Pirate Party' 라는 범세계적인 정치 단체였다.

　스웨덴 기업가인 리카드 팔크빈지 Rickard Falkvinge가 2006년 1월에 출
범한 이 단체는 현재 미국, 영국, 러시아, 남아프리카공화국, 호주 등
을 비롯해서 20개 국가에 지부를 두고 있다. 해적당이 추구하는 목표
는 저작권법을 근본적으로 개혁하고, 특허 시스템을 제거하며, 해적
물에 대한 시민들의 권리가 존중되게 만드는 것이다. 특히 이 세 번째
목표는 이 단체가 말하는 '감시 상태' 의 출현에 대한 대응 차원에서
마련된 것이다. 해적당은 미국과 영국에서 테러와의 전쟁이 낳은 결
과가 감시 상태라고 믿고 있다.

　해적당이 조직된 2005년, 스웨덴에서는 인터넷 다운로드를 제한하
는 법이 통과됐다. 이 법은 미국에서 시행되는 법과 상당히 유사하게
도 콘텐츠 제공업체들이 다운로드를 하는 사람들을 더 쉽게 기소할
수 있는 길을 열어 주었다. 이 법에 분노한 해적당은 세력을 규합했
고, 2006년 초에 정치 단체로서의 지위를 확립했다. 해적당은 그해에
스웨덴 총선에 나갈 후보들도 준비했다.

　해적당 후보들은 처음으로 참가한 선거에서 3만 4,918표를 얻는 데
성공했다. 스웨덴 의회에서 의석을 확보하는 데 필요한 4퍼센트의 지
지율을 확보하지는 못했지만 해적당은 처음 만들어진 후 불과 9개월
만에 스웨덴에서 10번째로 큰 정당으로 부상하는 데 성공했다. 해적
당은 2009년 유럽 의회 투표와 2010년 스웨덴 총선에서 또 다시 후보
자들을 내세울 계획이다.

　스웨덴 의회에서 의석을 얻는 데는 실패했지만 해적당은 정치권의
분위기와 함께 다른 정당들의 입지를 변화시키는 데 성공했다는 호평

을 광범위하게 받고 있다. 스웨덴의 환경당, 보수당, 좌파당 후보들은 모두 2006년 선거 도중 해적당의 정강政綱과 비슷하게 인터넷 다운로드에 대한 그들의 정강을 바꿨다.[10]

대중이 말할 때

'프로그램이 가능한' 인터넷 시대는 모든 종류의 매시업을 가능하게 만들고 있다. 이런 일은 그 동안 전례가 없었다. 오늘날 인터넷 사용자들은 자신이 원하는 대로 많은 온라인 애플리케이션들을 혼합하고 짝짓고 조작할 수가 있다. 구글과 야후! 등과 같은 기업들은 매시업의 필요성을 이해한 후 사용자들이 '애플리케이션 프로그래밍 인터페이스API·Application Programming Interface'를 골라서 접근할 수 있게 허용하고 있다.

이러한 API 중에 대표적인 것이 바로 지도 기능이다. 사용자들은 구글의 지도 API를 통해서 자신의 웹사이트에 완전한 지도 기능을 첨가할 수가 있다. 사용자들은 또한 원하는 지점의 정보를 첨가하는 방식으로 지도를 임의로 바꿀 수 있다. 이러한 기능은 주택 구입자에게 특정한 지역의 특징을 보여 주고 싶어 하는 온라인 부동산 사이트 사이에서 큰 인기를 끌고 있다.

일반적으로 기업의 리더들은 합리적이며, 좋은 것을 봤을 때 그것이 좋다는 것을 알고 있다. 그래서 바로 '크라우드소싱' 내지는 트렌드와칭Trendwatching.com이 말하는 '크라우드 클라우트'와 같은 형태를 띠는 매시업의 가치를 점점 더 인정하거나 그것을 받아들이고 있는 것이다. 공동 구매에서부터 집단적인 상품 디자인에 이르기까지 크라우드소싱은 다양한 방면에서 대중의 지혜를 적극적으로 활용하고 있다. 이러한 영역에서 두각을 나타내는 기업들로는 크라우드스피리트, 크라우드스톰, 팀바이, 렛스바이잇, 위-매치 등이 있다.

저작권을 둘러싼 갈등을 해소하기 위해서 노력하는 대표적인 기업으로 리걸포스LegalForce.com가 있다. 이 회사는 지적 재산권을 거래하는 시장이다. 주로 발명가, 특허 전문 변호사, 기업인, 라이선스 전문가, 투자자들이 이곳에 모여서 활동한다. 리걸포스는 사용자들이 합법적으로 지적 재산권을 매매하고 라이선스를 딸 수 있게 한다.

광범위한 의미에서 봤을 때 미디어 시민들이 만드는 저널리즘 역시 대중의 지혜와 오픈 소스 운동이 빚어낸 현상이다. 인터넷이 사람들에게 서로 직접적으로 의사소통할 수 있는 힘을 부여한 이후, 뉴스 스크랩 사업이 다양한 보도와 출처로부터 여러 가지 유리한 장점을 얻을 수 있기 때문에 많은 기존의 미디어 업체들은 시민 기자들에게 문호를 개방하고 있다. CNN은 현장에서 시민 기자들이 보내 주는 소식을 취합하기 위해서 '아이-리포터'란 온라인 데스크를 만들었고, 뉴어사인먼트와 와이어드 역시 '어사인먼트 제로'란 프로젝트를 추진하면서 CNN과 같은 조치를 취했다.

그렇지만 모든 사람들이 대중의 지혜를 크게 신뢰하지는 않는다. 대중의 지혜를 비평하는 사람들은 우리가 무지한 대중의 지혜 자체는 아무런 의미가 없다는 것을 망각하고 있다고 우려한다. 다시 말해서 어떤 현안이 있다고 가정했을 때 그것에 대해 아무것도 모르는 사람들의 지혜를 모아 봤자 현안 해결에는 아무런 가치가 없다는 것이다. 또한 어떤 사람들은 시민 미디어와 아마추어 언론인들의 부상이 사실상 우리 문화 수준을 깎아 내리고 있다는 주장을 펴기도 한 다.

인터넷 비평가인 앤드류 킨은 저서 『아마추어 예찬』에서 책, 신문 같은 주류 매체가 아마추어 방송인과 인터넷 절도범들로부터 공격을 받고 있다고 주장했다.[11] 그는 미국의 커뮤니티 사이트인 크레이그스리스트에서부터 위키피디아와 유튜브에 이르기까지 모든 것을 비판하면서 우리가 네트워크의 기술과 세계관을 받아들이려고 애쓰다가 지난 수백 년 동안 이어져 내려온 '제도적 지식'과 공유 가치를 위협에 빠뜨리고 있다고 비평했다. 그는 "우리는 전문가들의 독재 대신 바보들의 독재를 경험하게 될 것이다"라고 주장했다.

정부와 마찬가지로 우리는 우리가 마땅히 얻게 될 문화를 얻는 것처럼 보인다.

부조리한 세상에서 산다는 것

아이의 생일 파티나 사무실 모임에서 당신이 생일 축하 노래를 했는데 그 노래에 대한 사용료를 지불하지 않았다면 여러분은 범죄를 저지른 것이다. 이와 마찬가지로 여러분이 샤워를 하다가 노래를 부르거나, 출퇴근 시간에 운전을 하다가 자동차 밖으로 소리가 들리도록 크게 노래를 틀거나, 일을 하는 도중에 휘파람으로 노래를 부른다면 아마도 당신은 누군가에게 그 노래에 대한 사용료를 지불해야 할 것이다. 그리고 만일 당신이 이런 일들은 사소한 일에 불과하다고 생각한다면, 지금 내가 하는 말을 반드시 한 번 생각해 보기를 바란다.

1893년 패티 힐과 마일드레드 힐 자매가 만든 4줄짜리 소곡인 「생

176

일 축하합니다」 노래에 대한 권리는 현재 워너 뮤직 그룹이 갖고 있다. 워너 측은 일반적으로 우리가 잘 알고 있는 이 노래가 공공장소에서 사용될 때 최대 1만 달러까지 돈을 요구한다.

우리가 매시업 문화와 지적 재산권과 저작권 및 특허권의 미래에 대해서 생각해 볼 때 확신할 수 있는 것 하나는 사회적 갈등이 확대되고 있다는 사실이다. 정보 기술의 발달에 고무된 우리가 언론의 자유와 개인적 자유에 대한 정의를 확대하면 할수록 역시 마찬가지로 그만큼 확대되고 있는 저자와 예술가들의 권리와 계속해서 충돌하게 되고, 그 결과 양측 사이의 갈등은 더욱 더 심화될 것이다. 그리고 음악, 영화, 문화의 전통적인 유통업체들이 개인 기술에 의해서 밀려날수록 그들은 점점 더 냉혹하게 저작권법 준수를 요구할 가능성이 크다.

디스토피아 세상

2007년 발표한 「침범 국가: 저작권법 개혁 및 관행과 법률 사이의 차이」라는 제목의 논문에서 존 테라니언 유타 대학 교수는 거의 모든 창조적인 노력들이 지적 재산권 침해 논란에 휩싸이는 어처구니 없는 디스토피아 세계를 암울하게 그리고 있다.[12] 테라니언은 문제의 논문에서 현재의 저작권법을 자기도 모르게 하루에도 수없이 많이 위반하고 있는 한 가상의 대학교수(그와 다르지 않은)의 일상을 토대로 오늘날 우리 모두가 얼마나 자주 죄책감이 없이 저작권법을 위반하고 있는지를 지적했다.

수업 시간에 시를 크게 읽는 행위에서부터 저작권이 있는 만화 캐릭

터의 문신을 새기는 일, 그리고 식당에서 동료에게 생일축하 노래를
불러 주는 일에 이르기까지 그 교수는 하루에 약 83건의 저작권을 위
반한다. 이를 벌금으로 환산했을 때 교수는 총 1,245만 달러를 내야
한다.

테라니언 교수의 연구 결과 이보다 더 심각한 문제는, 우리가 새로
운 방식으로 창조하고 공유할 수 있게 하는 도구들(매시업 문화의 기
초)이 저작권 준수를 강요하는 환경을 강화하는 데 사용될 수 있을지
도 모른다는 것이다.

그는 논문에서 이와 같이 썼다. "우리의 미디어 경험을 확대하는 바
로 그 기술들이 거의 모든 것에서 지적 재산권법이 적용되는 일종의
'원형 교도소(한 곳에서 내부를 모두 볼 수 있게 만든)'와 유사한 상태로
우리를 가두고 있다" 테라니언 교수는 우리의 자동차 오디오에 장착
된 음성 인식 애플리케이션은 우리가 라디오에서 나오는 음악에 맞춰
서 노래를 부르는 걸 감지해 나중에 노래 사용 청구 메일을 우리 앞으
로 보내게 만들지도 모른다고 주장했다.

그는 "오랫동안 새로운 음악 개발과 유통 업무에서 손을 뗀 음반 업
체들이 이제는 저작권법 감시기관으로 변해서 저작권료 취합 내지는
관련 소송을 통해서만 수익을 내는 미래의 디스토피아 세계를 상상하
는 게 어렵지 않다"라고 덧붙였다.

앞으로 다가올 세계의 매시업

쿠바의 수도 아바나에 있는 몬세라뜨 술집은 미국 소설가 헤밍웨이

가 그곳에서 술을 마셨을 때와 조금도 바뀌지 않은 것 같았다.

친구 마크와 내가 그곳에서 데킬라를 한 잔 마시고 있었을 때 술집 앞문을 통해서 두 명의 손님이 들어왔다. 옛날 학창 시절 입던 저지 셔츠와 펑퍼짐한 바지를 입고, 캔버스화를 신고, 보스턴 레드삭스의 야구 모자를 눌러쓴 두 사람은 뉴욕 브루클린의 '베드스타이'나 로스앤젤레스 동쪽 지역 출신처럼 보였다. 전통이 깊은 밴드 '선Son'이 휴식을 취하는 동안 무대가 비자 그들은 무대 아래 마이크 앞에 대형 휴대용 카세트 라디오를 설치한 후 재생 버튼을 눌렀다.

그러자 쿠바의 전통 민요인 「찬찬」을 힙합 버전으로 멋지게 편곡한 노래가 흘러나왔다. 쿠바의 전설적인 재즈 보컬리스트이자 기타리스트인 콤페이 세군도가 작사한 이 노래는 쿠바 사람들의 심금을 울리면서, 쿠바 음악 문화에서 중요한 위치를 차지하고 있다.

두 사람은 무대 위로 올라와서 이 노래의 합창 부분을 우리에게 낯익은 힙합 백비트와 리듬을 창조적으로 섞어서 랩으로 불렀다. 두 래퍼는 빈민가에서 성공을 꿈꾸는 아마추어가 아니었다. 그들은 쿠바의 활력과 미래에 대해서 모종의 선언을 하고 있었다. 그 결과로 나온 노래는 음악성뿐만 아니라 상징성 면에서 놀랄 만한 수준이었다. 두 래퍼는 가난한 섬나라 국가인 쿠바의 미래에 대한 우려를 한껏 누그러뜨려 주었다.

그들은 손님들로부터 열광적인 박수를 받으면서 공연을 끝냈다. 그들은 나가는 길에 손님들로부터 걷은 돈을 호주머니에 넣은 후 들어왔을 때만큼이나 빠르게 아바나의 어둠 속으로 사라져 버렸다.

이날의 공연이 미국의 제국주의 문화가 쿠바에 침투했다는 걸 보여주는 또 다른 사례라며 냉소적인 시선을 던지는 사람들도 있을지 모른다. 그러나 과연 이 두 젊은 예술가들이 그들의 문화를 피폐화시켰는지 아니면 반대로 개선시켰는지, 그리고 미국의 문화에 어떤 영향을 주었는지 질문해 보는 게 당연할지 모르겠다. 그들이 도시의 힙합 가수의 성공담을 담아 놓은 미국의 신화에 매료됐는가? 아니면 그들은 쿠바의 옛것을 새로운 것과 매시업함으로써 새롭고 활기찬 뭔가를 창조했는가?

미국 문화나 서양 문화가 점프 포인트 이후 세계를 지배할 거란 걱정을 하기 쉽다. 그러나 그것은 '방송 시대Broadcast Era'에나 가질 수 있을 법한 사고방식이다. 네트워크는 그 본래 성격상 동질성이나 헤게모니를 선호하지 않는다. 그렇다. 대형 미디어 시대에 미국 문화는 독점적인 권력의 상징이었다. 그러나 미국은 또한 영화, 텔레비전, 인쇄와 같은 방송 인프라에 투자할 콘텐츠를 더 많이 갖고 있었다. 이와 달리 인터넷은 문화적 대화에 권한을 부여하고, 그러한 권한 부여는 컨버전스와의 조화를 의미한다. 결과적으로 분명 좀 더 흥미로운 세상이 탄생할 것이다. 그리고 이러한 문화적 다원주의를 가로막는 구조적 장벽은 거의 모두 사라진다. 미국 자체가 거대한 하나의 매시업이다. 미국은 미국에 기여하고 있는 사람들만큼이나 다양하고 풍부한 문화의 혼합이다.

이와 마찬가지로 네트워크 시대가 세계적으로 세계의 시장 같은 평범한 문화를 창조할 것을 기대하지 말자. 그보다 우리는 네트워크 세계를 점령하고 있는 30억 명의 사람들 수만큼이나 다양성 면에서 풍부한 이종의 복잡한 문화의 창조를 예상할 수 있다.

경제학자이자 역사가인 에릭 존스는 저서 『문화 통합』에서 문화는 항상 다음과 같은 방식으로 갱신되고 활력을 찾는다고 말했다.[13] "역사적으로 사회와 믿음 시스템과 언어가 서로 접촉하고, 서로 빌리고, 또 서로 가끔씩 통합되는 추세가 점차 더 강해지고 있다"

이러한 의미에서 새로운 경제 뒤에 숨은 문화는 '인수'가 아니라 '통합' 문화일 것이다.

네트워크는 이전의 그 어떤 기술보다 더욱 빨리 문화를 움직이고 있다. 그러나 이런 움직임은 지속적으로 이어진 고리 모양을 띠고 있다. 아이디어는 문화적 제국주의에 사로잡히지 않은 채 새로 생겨난 후 변형된 다음에 다시 새로운 모양으로 돌아온다.

이러한 새로운 현실 속에서 아이디어가 대중에게 잘 어필해야 하는 것은 당연하며, 특히 대중에게 가장 잘 어필하는 아이디어만이 가장 잘 수용될 것이다.

매시업 문화에 의해서 정보를 받아들이는 세계에서 고객들은 모든 일에 참여할 것이다. 판매는 거래가 아니라 교환이 되고, 모든 것은 협상이 가능해진다. 새로운 권력 공유 시스템은 마케터의 꿈이 된다. 다시 말해 고객은 이제 자신의 기호에 맞게 상품을 디자인하는 것을 돕는다. 그러나 공동 생산에 참여하는 고객은 또한 그에 따른 보상을 기대한다.

당신이라면 이처럼 새로운 매시업 사고방식을 어떻게 수용할 것인가? 고객들이 상품이나 가치 명제의 변화를 기대할 때, 고객들이 그들이 사물을 뒤섞을 권한을 갖고 있다고 믿는다면 당신은 그들과 어떻게 커뮤니케이션할 것인가? 당신은 소비자들의 언어와 취향과 욕구상의 차이는 물론이거니와 뒤섞인 그들의 문화에 맞춰서 마케팅 계획들을 어떻게 조정할 것인가?

핵심요약

- 사람들은 이제 콘텐츠의 생산자이자 동시에 콘텐츠의 소비자이다.

- 창조적 과정과 창조적 소유권에 대한 우리의 생각이 바뀌고 있다.

- 오픈 소스와 P2P 파일 공유, 리믹스 미디어 매싱이 문화의 기둥이 되었다.

- 전 세계적으로 재산권에 대한 과도하게 많은 제약이 반발을 일으키고 있다.

신뢰는
새로운 돈이다

믿을 만한 친구의 추천보다
사람에게 더 많은 영향을 주는 것은 없다.

마크 주커벅, 페이스북 CEO

1년에 300일 이상 비가 내리거나 날씨가 흐린 시애틀은 커피 판매점을 열기에 가장 완벽한 도시처럼 보인다.

시애틀에 본사를 두고 있는 스타벅스는 전 세계 36개 국가에 1만 5,000개가 넘는 매장을 둔 세계적인 초대형 브랜드로 성장했으며, 매일 어디선가 5개의 매장을 새로 열고 있다. 1971년에 시애틀의 재래시장에서 처음으로 문을 연 후 전 세계로 진출한 스타벅스는 고객들에게 독특한 경험을 제공하기 위해서 지속적인 노력을 펼쳐왔다. 따라서 스타벅스는 사람들에게 장인이 구운 커피를 파는 곳이자 최고의 커피를 제공하기 위한 열정이 묻어나는 곳, 그리고 사람들이 모여서 사교활동을 하기 좋은 '제3의 장소'로 인식되어 왔다.

다른 모든 위대한 브랜드들과 마찬가지로 스타벅스도 고유한 기업 문화를 개발해 왔다. 스타벅스는 직원들에게 좋은 대우를 해주는 것을 목표로 그들을 잘 훈련시키고 있으며, 좋은 임금과 복지 혜택을 제공하고 있다. 스타벅스 직원들은 그들의 근무 조건과 여건에 매우 만족하는 것처럼 보인다. 스타벅스처럼 성실하고 이상이 있고, 도덕적인 회사로서의 이미지를 쌓기 위해서 노력하고 있는 기업은 많지 않다.

바로 그런 이유로 2006년 8월에 일어난 사건은 많은 사람들에게 실망을 안겨 주었다.

그해 여름, 무더위가 극성을 부리던 어느 날 스타벅스의 마케팅 부서는 신제품 커피 홍보를 위해서 미국 남동부 지역에서 일하고 있는 직원들에게 무료로 아이스 라테를 마실 수 있는 이메일 쿠폰을 발송했다. 그런데 마케팅팀은 원래 8월 23일부터 9월 30일까지 남동부 지역에서만 그 쿠폰을 사용할 수 있게 할 예정이었지만 실수로 쿠폰에 사용 장소에 대한 표시를 하지 않았고, 사용 날짜도 누구나 쉽게 바꿀 수 있게 허술하게 인쇄했다. 마케팅팀은 직원들에게 보낸 이메일에 쿠폰을 친구와 가족이 함께 써도 된다고 했고, 직원들은 실제로 그렇게 했다.

지금까지 이야기를 들으면 누구나 예상할 수 있겠지만(스타벅스의 마케팅팀은 예상하지 못했겠지만) 이 이메일 쿠폰은 바이러스처럼 인터넷을 통해서 급격히 퍼져 나갔다. 이 쿠폰은 남동부 지역 외에 미국의 다른 모든 매장에서 등장하기 시작했다. 남동부 지역 외에서 일하는 직원들은 이 쿠폰에 대해서 사전에 아무런 이야기를 들은 적이 없었기 때문에 더욱 큰 혼란이 일어났다. 불과 몇 주 만에 쿠폰의 사용 건수가 크게 증가하면서 매장들이 크게 곤혹스러워하자 스타벅스는 이번 홍보 행사에 대한 중단 조치에 착수했다. 따라서 전국 스타벅스 매장 카운터에는 다음과 같은 조악한 안내문이 등장하기 시작했다.

당초 스타벅스 커피 무료 교환 쿠폰이 담긴 이메일은 스타벅스 직원들의 친구와 가족들만이 사용할 수 있게 할 목적으로 나눠드린 것이었으나, 불행하게도 원래 의도했던 것과 다른 분들에 의해서 다른 목적으로 사용되고 있습니다. 따라서 유감스럽게도 스타벅스는 지금부터 커피 무료 교환 쿠폰을 더 이상 받지 않기로 하겠습니다.

두말할 필요도 없이 이와 같은 안내문은 사태를 오히려 더 악화시켰다. 또한 문제의 쿠폰에 대해서 그때까지 금시초문이었던 단골 고객들마저 왜 자기들은 무료 교환 쿠폰을 받지 못했는지 의아해 하면서 문제를 제기했다. 또한 카운터 직원들이 진짜인지 가짜인지 모르지만 어쨌든 스타벅스에게 속았다고 느낀 고객들을 설득하느라 안간힘을 썼으나 소용이 없었고, 혼란은 더욱 심화됐다. 스타벅스 안내문과 이를 비꼬는 블로그들이 인터넷 곳곳에 등장하기 시작하면서 이번 소동에 대해서 들어본 적이 없는 사람들까지도 이번 소동을 알게 됐다.[1]

설상가상으로 뉴욕 시의 변호사가 더 이상 스타벅스 쿠폰이 유효하지 않다는 걸 알고 '낙담한' 한 젊은 여성의 주도로 시작된 집단 소송을 맡아 제기하면서 사태는 더욱 악화됐다. 이 소송에서 제기된 피해 배상 금액만 1억 1,400만 달러였다.[2]

원고 측은 소장에서 스타벅스는 고객들과의 계약을 위반했으며 고객들이 쿠폰을 갖고 매장에 와서 쿠폰을 사용할 수 없다는 소리를 들으면 본인 돈으로 음료수를 사먹을 수밖에 없다는 걸 알고 있었기 때문에 부당 이익을 취했다고 주장했다.

이것으로 모든 일이 끝난 게 아니었다. 경쟁 관계에 있는 커피 체인점인 카리부가 하루 동안 못 쓰게 된 스타벅스 쿠폰을 갖고 온 고객들

에게 무료로 음료수를 제공하겠다고 발표하면서 사람들의 주목을 끌었다.[3]

이번 사태를 보고 스타벅스처럼 미디어와 인터넷에 정통한 회사가 어떻게 그러한 실수를 저질렀는지 의구심이 드는 사람도 있을 것이다. 분명히 말해서 회사의 경영진은 쿠폰이 확산되면서 생길지 모를 위험을 미리 예상하고 있어야 했다. 또 분명 누군가가 이런 일이 터졌을 때를 대비해서 '비상 계획'을 세워 놓았어야 했다. 그런데 실은 이와 같은 일이 벌어진 것이 그때가 처음이 아니었다. 쿠폰 사태가 터지기 5년 전에도 비슷한 일이 있었다. 당시에는 워싱턴 D.C. 지역에 공짜 크림 프라푸치노 가짜 쿠폰이 돌아다녔다. 당시에도 스타벅스는 일선 경영진의 미숙한 대응으로 인해서 쓸데없이 많은 사람들로부터 비난을 받았다.

이런 일이 찻잔 속의 태풍에 불과하다고 생각하는 사람도 있을지 모른다. 스타벅스처럼 지명도가 높고 사람들로부터 사랑을 받는 브랜드에게는 이런 일이 주는 상처는 경미한 수준에 불과할 것이란 생각이다. 물론 이런 일은 얼마 전에 엔론과 월드컴에서 터진 초대형 회계 부정 사건들과 비교하면 경미한 것으로 여겨질 수도 있다. 그렇지만 이번 사태는 네트워크 경제의 성격에 대해서 두 가지 중요한 사실을 설명한다. 첫째, 인터넷은 항상 인터넷답게 행동한다는 사실이다. 따라서 당신이 복제되고, 반복되기를 바라는 정보만을 유통시킬 때만 인터넷을 사용해야 한다. 그렇지 않을 경우 정보가 전 세계 구석구석으로 확산될 것이다. 둘째, 오늘날 절대 타협할 수 없는 비즈니스의 기본은 '신뢰'이며, 심지어 조금만 신뢰가 깨지더라도 엄청난 후유증을 초래할 수 있다는 사실이다. 사실상 하루에도 수십 억 차례에 걸쳐서 비개인적이고 익명성을 띤 거래가 일어나는 전 세계의 네트워크 경제 속에서 신뢰는 그 어떤 것보다도 중요하다. 신뢰가 깨지면 위기가 온다.

평판 경제

현재 30억 명의 사람들이 중개인이나 중재인 내지는 정부 대행사 없이도 서로 '직거래'를 하고 있다는 것은 놀라운 일이다. 반면, 이보다 더 기운 빠지는 생각을 할 수도 있을까? 예를 들어 중개인이 없다면 누가 법을 실행하고, 성능을 보장하고, 사기를 벌하겠는가? 이 질문에 대한 대답은 간단하지가 않다.

우리가 현재 하고 있는 세계무역은 오랜 역사를 거쳐서 이룩된 산물이다. 무역은 카탈후유크와 제리코 및 문명이 태동할 때 있었던 도시들처럼 고대 장소에서 만들어진 시스템으로써, 지난 수백 만 년의 역사를 통해 파란만장한 사건을 겪으면서 발전했다. 이러한 과정은 더디고 힘들게 진행됐으며, 심지어 격렬하기도 했지만 심각한 지리적 차이에도 불구하고 놀랄 만큼 지속적이면서 결속력 있는 비즈니스 문화를 창조하였다. 계약에서부터 경쟁에 이르기까지 모든 것과 관련된 규칙과 협약들은 일반적으로 모든 참가자들에 의해서 준수되고 있다. 또한 결과적으로 전반적인 사업 환경은 매일 일어나는 수십 억 건의 개인 비즈니스 거래에 '승수' 역할을 한다.

산업혁명이 일어난 후 지난 250년 동안 이러한 힘들은 1인당 부, 전반적인 건강, 수명 등에 전례가 없는 도약을 이루면서 인류 사회 전반에 놀랄 만큼 많은 영향을 미쳤다. 그러는 동안에 이러한 힘들은 선진 세계가 수십 년 동안 지속된 정체 상태에서 벗어나서 지속적인 발전 패턴을 밟을 수 있게 해주었다.

이러한 세계적인 경제 시스템은 강력하면서 탄력적이고 적응력이 강하다. 또한 전쟁과 공황을 극복할 수 있으며, 극복할 때마다 더욱 더 강해지기도 한다. 그러나 이러한 경제 시스템은 점프 포인트의 네트워크 시대와 같은 도전에 직면해 본 적이 없다. 따라서 우리는 역사상 아주 취약한 단계에 접어들고 있다. 지금은 과거의 제도와 조직과 정관定款이 도전 대상이 되고, 심지어는 이러한 것들이 네트워크의 성격에 의해서 파괴될 수도 있는 시기이다. 그 이후 생기는 세계는 경제학자들이 말하는 '환경적' 그리고 '행동적' 차원에서 불확실성으로 가득 찬 세계가 될 것이다. 간단히 말해서 우리는 누구를, 그리고 무엇을 믿어야 할지 모른다.

한 가지 문제는, 직접적이고 무한한 커뮤니케이션과 무역이 이루어지는 세계에서 정부와 기업의 역할은 축소될 수밖에 없다는 것이다. 세계무역기구와 협정이 존재하지만 세계적으로 사람과 사람 사이에서 벌어지는 교환은 규제가 어려워질 것이다. 궁극적으로 '자체 자정 기능'이 필수적이다. 또한 상호 신뢰와 존중을 바탕으로 하는 진정으로 세계적인 교환 미디어의 발전이 장려되고, 그것에 보상하는 메커니즘도 요구될 것이다.

그렇다면 정말로 신뢰 중심적이고 평판에 기초한 시스템이 가능할까? 이 질문에 대한 대답은 "그렇다"이다. 그러나 이런 시스템이 어떤 식으로 작동하는지 알아보기 위해서는 지금으로부터 1,000년 전으로 거슬러 올라가야 한다.

마그리비의 트레이더들

당신이 오늘날 바그다드가 혼란스럽다고 생각한다면 10세기의 바그다드를 본 후 생각이 달라질 것이다. 압바스 왕조의 몰락과 파티마 왕조의 부흥 사이의 정치적 공백 기간 동안에 바그다드는 엄청난 혼란에 휩싸였다. 그렇지만 당시 바그다드는 지브롤타에서 소아시아에 이르는 지중해 지역을 관통해서 활발하게 교역을 펼쳐 나갔다. 이곳은 정치적으로는 혼란스러웠지만 민간 상인들의 세력은 날로 확장되고 있었고 교역이 위태로워지는 것을 원하지 않았다. 상인들은 주로 정부의 간섭으로부터 벗어나서 존재할 수 있는 시스템을 만들기 위해서 '마그리비 트레이더Maghribi Traders'라는 연맹을 결성했다.

스탠포드 대학의 애브너 그레이프 교수는 한 평생을 마그리비 트레이더를 연구하면서 보냈다. 그는 자신의 저서 『제도와 근대 경제로 가는 길: 중세 교역으로부터 배우는 교훈』에서 마그리비 트레이더는 오직 신뢰를 바탕으로 복잡한 국제 교역 시스템을 세웠다는 걸 보여 준다.[4] 그는 이러한 교역 시스템을 '다원적인 평판 메커니즘multilateral reputational mechanism'이라고 불렀다.

그레이프 교수에 따르면 상호 혜택을 주는 중세 마그리비 사회는 사람들이 합리적이며 자신이 최대한의 이익을 얻고자 행동한다는 원칙을 기초로 작동했다. 중동과 유럽 사이의 양념과 직물 교역은 채산성이 아주 높았기 때문에 교역에 참여하고자 하는 인센티브가 아주 컸다. 따라서 일단 사람들이 마그리비 트레이더에 들어온 이상 그곳에 계속해서 남아 있고 싶게 만들 요인들이 풍부했다. 놀랍게도 이 시스템은 거리와 문화적 차이에도 불구하고 기본적으로 '악수'를 바탕으로 작동했다.

마그리비 트레이더는 사업상의 분쟁으로 인한 법정 다툼을 벌이기 위해서 써야 하는 비용과 시간(부패하고 공정치 못한 판사들의 판결은 물론이거니와) 낭비를 피하기 위해서 성문화되지 않은 정의 양식을 만들었는데, 이것은 아주 효과가 좋았다. 그들은 양식이 효과를 발휘하고, 사람들이 그것에 순종하게 만들기 위해서 속임수를 쓰고 신용이 불량한 사람들은 즉시 모욕을 주고 추방시켰다. 오늘날 말로 하자면 그런 사람들은 아예 마그리비 트레이더의 근처에 발도 붙이지 못하게 만들었다. 그 결과 다른 사람들로부터 보복을 당하고 기피 대상이 될지 모른다는 두려움은 훌륭한 자기 강화적 메커니즘 역할을 했다.

이처럼 다른 사람들에게 피해를 주면 기피 대상으로 낙인이 찍힐지 모른다는 두려움은 소규모 마을과 메노파 신도와 암만파 신도처럼 긴밀한 유대 관계를 가진 커뮤니티를 만들어서 활동하는 제한된 집단의 트레이더에게는 아주 좋은 효과를 낸다. 그러나 이러한 메커니즘이 과연 인터넷 시대에도 적용될 수 있을까?

신뢰를 규정하기

호주의 학자 로저 클라크는 신뢰를 다음과 같이 간단하게 정의한 바 있다. "신뢰는 한쪽이 다른 쪽의 행동을 믿고 그것에 의지하는 행위이다."[5]

사진이나 문서나 비디오를 쉽게 조작하고 위조할 수 있는 시대에 살고 있는 우리들은 우리 자신의 눈조차 믿을 수 없을 때가 많다. 기업들의 경우 스타벅스 사태는 그들에게 많은 경각심을 일깨워 주는 사례이다. 스타벅스는 그때 쿠폰이 문제가 됐더라도 신용을 지키고, 쿠폰 사용을 허가했어야 한다.

고객들의 입장에서는 과연 누구를 믿을 수 있을 수 있는지가 늘 의문이다. 그리고 과연 누구를 믿느냐 하는 질문은 앞으로 다가올 점프 포인트 이후에 생길 시장에서 중요한 힘이 될 것이다. 앞으로는 기술이나 편의성이나 가격 이상으로 신뢰가 차별화 요소이자 새로운 시대의 교환 수단이 될 것이다. 똑똑한 기업들은 그들이 활동하는 분야에서 '가장 신뢰받는' 출처나 전문가나 문제 해결자가 되려는 목표를 추구할 것이다. 그리고 기업들은 소비자들로부터 신뢰를 잃지 않으려고 많은 돈을 들여서 그들의 신뢰성을 개발하고 보호하기 위해서 노력할 것이다.

신뢰는 상거래의 엔진

신뢰는 30억 명의 사람들로 이루어진 네트워크 경제에서 특히 중요하다. 네트워크 경제에서는 서로 얼굴을 맞대는 일도 없고, 서로 잘 아는 사람들끼리 교류하는 일도 거의 없다. 신뢰는 네트워크란 커다란 기계의 윤활유 역할을 한다.

워싱턴 대학의 바트야 프리드먼 교수는 이렇게 말했다. "신뢰는 우리가 우리의 약점을 다른 사람들에게 드러낼 수 있게 하는 대신에 다른 사람들을 더 자세하게 알 수 있게 해 준다. 사람들 사이에 신뢰의 여건이 조성되면 협력이 쉬워지고, 상호 배려의 골이 깊어진다. 또한 해로운 일이 일어나는 걸 막기 위해서 낭비될지 모르는 신체적, 감정적, 경제적인 자원이 건설적인 목표를 위해서 쓰일 수 있다"[6]

다시 말해서 사람들 사이에 신뢰가 생길 경우 사람들은 방어적이고 냉소적이면서 잘못된 일보다 창조적이며 관용적이고 권위적인 일에 많은 역량을 기울일 수가 있다.

또한 신뢰는 무엇보다도 경제성장의 토대라는 사실이 이미 입증되었다. 경제학자인 폴 자크와 스티븐 낵은 37개 지역을 대상으로 연구를 실시한 결과, 특정 지역 내에서 경제성장과 신뢰 수준 사이의 직접적인 대응 관계를 찾아내는 성과를 거두었다.[7] 신뢰 수준을 높이는 데 기여하는 요소들로는 국가의 법적·규제적 환경, 사회적 기준, 거래에 참여한 사람들의 성실성, 1인당 소득, 소득의 불균형, 그리고 사회적, 윤리적, 언어적인 동질성 등이었다.

두 사람은 연구 결과, 노르웨이(국민의 65퍼센트가 상대방을 신뢰하고 있다)처럼 신뢰 수준이 높은 국가들과 브라질(3퍼센트만이 상대방을 신뢰하고 있다) 같은 신뢰 수준이 낮은 국가들을 찾아냈다. 모든 사례에서 신뢰 수준이 가장 높은 국가들의 1인당 국민소득과 국내총생산이 가장 높았다. 자크는 이 결과에 대해서 "신뢰가 거래 비용을 낮춰주기 때문에 높은 신뢰가 유지되는 사회는 그렇지 않은 사회에 비해서 더 나은 경제적 성과를 실현하고 있다"라고 설명했다.

경제학자인 케네스 애로우는 다음과 같이 말했다. "거의 모든 상거래는 그 안에 신뢰란 요소를 포함하고 있으며, 그동안 이루어진 그 어떤 상거래도 마찬가지다. 경제적으로 낙후된 국가들의 경우 상거래에서 상호 신뢰가 부족한 국가였다는 주장은 개연성이 있다"[8]

신뢰를 측정하는 중요한 지표는 '평판'이다. 평판은 과거의 행동을 기초로 해서 미래의 행동을 예측하는 방법이다. 이것은 신뢰도를 측정하는 데 필수적인 척도다. 우리는 일상생활 속에서 직관적으로 평판을 측정한다.

우리가 가족을 돌봐 줄 의사를 선택할 때는 개인의 평판을 중시하고, 우리가 가입할 사회 네트워크를 결정할 때는 집단의 평판을 중시하며, 우리가 어떤 식기세척기를 살지 정할 때는 브랜드의 평판을 중시한다. 사실상 어떤 기업들에게 평판은 거래되는 물건이다.

이 말을 좀 더 자세히 설명하기 위해서 이베이를 예로 들어 보겠다. 수백 만 명의 익명의 사람들이 이베이에서 매일 거래를 한다. 만일 그들이 사기를 당할 가능성이 있는데도 이베이에 어떤 제도적인 보완장치가 마련되어 있지 않다고 생각하면 이베이에서 거래를 할 사람은 아무도 없을 것이다. 사실상 이베이는 이러한 경매 거래에서 중재자 역할을 할 뿐이며 제품 가격과 설명이 정확한지, 그리고 매수자나 매도자의 신용이 확실한지 등에 대해서는 보장하지 않는다. 그 대신 마그리비 트레이더들과 마찬가지로 이베이는 평판 피드백 시스템을 통해서 부정한 트레이더들의 색출을 돕고 있다.

다시 말해서 이베이 회원들은 거래가 끝날 때마다 거래 파트너에 대한 피드백과 만족도를 사이트에 올리도록 권유받는다. 매수자와 매도자 사이에 거래가 성공적으로 성사될 경우 양쪽으로부터 모두 긍정적인 피드백을 받게 된다. 그렇지만 한 쪽이 공정한 거래를 하지 않았거나 매매를 지연시키는 행위를 한 거래의 경우는 부정적인 피드백을 받게 된다. 이베이는 이러한 피드백들을 모두 모아서 향후 다른 회원들과 거래를 하려는 모든 사람들이 볼 수 있게 투명하게 공개한다. 이러한 식으로 소비자들은 어떤 판매자가 믿을 만하고, 또 어떤 판매자가 믿을 수 없는지를 결정할 수 있게 된다.

이베이에서 운용 중인 평판 시스템은 합리적인 사람들이 상대방의 불성실로 인해 피해를 당할까봐 두려워하는 충성도가 높은 커뮤니티에서 강제로 행동을 규제하는 역할을 한다. 다만 이러한 평판 시스템은 충성도가 낮은 커뮤니티나 사악한 사람들이 평판을 교묘하게 이용해서 한 건을 하고 사라지고 튀려고 하는 경우 큰 효과를 내지 못한다. 그리고 평판 시스템도 다른 시스템과 마찬가지로 완벽하지는 않다. 예를 들어서 지난 10년 동안 이베이의 평판 시스템을 조작하는 사람들 때문에 문제가 된 사례는 매우 많았다. 다른 사람들을 시켜서 가짜로 긍정적인 피드백을 쓰게 한 사람들도 있었고, 오랫동안 좋은 평판을 유지하다가 마지막에 엄청난 사기 행각을 저지르고 사라진 사람도 있었다.

경쟁 우위로서의 신뢰

나는 몇 년 전에 소프트웨어 제조업체인 인튜이트의 존경받는 창업자이자 회장인 스콧 쿡과 함께 한담을 나누면서 앉아 있었다. 그때 그는 내게 인튜이트의 차별화 요소가 무엇이라고 생각하는지 물었다.

인튜이트는 개인과 중소기업용 금융 소프트웨어 부문에서 퀵큰, 퀵북스, 터보택스와 같은 소프트웨어로 1위 자리를 지키고 있는 기업이다. 나는 쿡 회장이 시장 점유율이나 전환 비용과 같은 대답을 기대하고 있을지 모른다는 생각을 했는데, 나는 그보다는 '신뢰'라고 대답했다.

실제로 당신이 사람들의 돈과 생활을 다루는 사업에서 고객들로부터 얻은 신뢰보다 더 중요한 것은 있을 수 없다. 아울러 나는 쿡 회장에게 인튜이트는 지금까지 얻었던 신뢰를 바탕으로 새로운 하부 금융 시장과 사업에 진출할 수 있는 유리한 고지에 서 있다고 설명했다. 이 회사는 다행스럽게도 온라인 은행 업무와 건강 및 의료 기록 관리 업무처럼 절대적인 신뢰가 필수적인 분야로 사업을 확장하고 있는 상태였다.

지금 생각해도 인튜이트가 개인 재무가 아닌 더 낯선 분야에서 업계 선두였더라도 나의 대답은 똑같았을 것이다. 사실상 인터넷 시대에 당신이 어떤 사업에 종사하고 있든지 상관없이 신뢰가 가장 중요하기 때문이다.

오늘날의 소비자들은 더 이상 인터넷을 신비롭거나 마술과 같은 무엇으로 생각하지 않는다. 인터넷은 단순히 모든 컴퓨터(혹은 정보 기기나 전화)가 세상의 다른 모든 컴퓨터와 연결하게 해 주는 유틸리티에 불과하다.

사람들 사이의 교류가 이루어지는 이와 같은 위대한 인터넷이 가진 한 가지 부작용은 우리가 너무나 큰 네트워크 속에서 접속하다가 보니 필연적으로 친구는 물론이거니와 낯선 사람들을 상대할 수밖에 없기 때문에 생긴다. 사람들이 그들의 컴퓨터 뒤에 숨는 게 가능해졌다. 사람들은 자신의 신분을 드러내지 않기 위해서 아바타 같은 분신이나 가명이나 심지어 가짜 신분을 만들 수 있다. 그러나 이것은 어느 정도만 효과가 있다. 사람들이 커뮤니티에 가입해서 활동하는 여러 가지 이유들 중에 하나는 인간적 차원에서 연결되고 관계를 맺고 싶어서다. 인터넷은 커뮤니티를 만드는 것을 선호한다. 사람들이 그것을 선호하기 때문이다. 그런데 커뮤니티 안에서 사람들은 익명으로 활동하기가 어렵다.

자신의 신원을 밝히지 않는 것은 물론이거니와 커뮤니티에 전혀 기여를 하지 않는 커뮤니티 회원들과 방문객들은 '잠복자lurker'나 '사회적 무임승차자social freeloader'라고 불린다. 그리고 그들은 조롱과 경멸의 대상이 된다. 잠복자는 신뢰할 수 없는 사람이다. 또한 당신이 커뮤니케이션을 할 때 상대가 누구인지 볼 수 없거나 당신이 물건을 살 때 매도자가 누구인지 알 수 없다면 온갖 새로운 관계 규칙들이 요구될 것이다. 바로 이런 이유로 새로운 소비자는 모든 면에서 공개 시스템과 신원 확인, 사용자 평가 등급, 솔직함, 신뢰 등과 같은 투명성을 선호한다.

인터넷은 투명성을 허용하는 동시에 투명성을 요구한다. 인터넷이 허용하는 정보에 공개적인 접근이 가능한 이상 일반 사람들은 더 많은 것들의 내부적인 작동 메커니즘의 비밀에 대해서 잘 알고 있다. 새로운 소비자들은 정보가 그들의 태생적 권리라고 믿고 있다. 그들은 그러한 권리를 포기하려고 하지 않을 것이다. 한편, 거래 매체로써의 인터넷은 신뢰에 기초한 시스템 없이는 지속적으로 유지될 수가 없다.

P2P 컴퓨터 전문가인 토드 선드스테드는 이렇게 말한 적이 있다. "모든 사람들이 다른 사람들을 알고 있는 소규모 네트워크에서 신뢰를 쌓기는 쉽다. 소규모 네트워크에서 모든 사람들은 실명을 사용할 것이며, 이곳에서는 실제 세계에서 작동하는 것과 동일한 사회적 힘에 의해서 신뢰가 유지될 수 있다. 그러나 일반적인 사회의 힘이 더 이상 효력을 발휘하지 못할 정도로 네트워크의 규모가 큰 곳에서는 신뢰를 유지하기가 쉽지 않다. 네트워크의 정확한 크기는 분명 가입

자의 수에 따라서 달라지겠지만, 네트워크에서 활동하는 사람들이 더 이상 기존에 알고 있는 사람들과만 교류를 할 수 있을 것이란 기대를 하기 어렵다는 생각이 들기 시작할 때 일반적으로 신뢰 문제로 인한 그들의 고통이 커진다."[9]

예를 들어 이베이와 같은 기업은 그것의 사용자들이 이베이 시스템을 확실하게 믿지 못할 경우 생존하기 어려울 것이다. 우리는 이베이에서 물건을 살 때 생명부지의 사람으로부터 그 물건을 사게 된다. 만일 우리가 사기를 당할 것이라거나 그럴 가능성이 있다고 생각한다면 이베이에서 거래하려고 하지 않을지도 모른다. 그러나 우리는 이베이를 경매의 중재자로서 뿐만 아니라 사용자 커뮤니티 그 자체로서도 신뢰한다. 이베이의 커뮤니티는 자체 자정 기능을 갖고 있기 때문에 속임수와 사기를 걸러낼 수 있다. 판매자와 구매자가 직접 각자의 평판을 쌓는다. 그리고 평판은 이베이에서 사람을 부르는 초대장이자 사람들과 계속해서 거래를 하게 해 주는 접착제이다. 분명히 말해서 사기꾼이 한 번 사기를 치고 내뺄 수 있을지도 모르지만 이베이 시스템은 사기꾼을 신속하게 사람들에게 알리고 이베이로부터 몰아낼 것이다.

기업들을 상대로 사업 자문을 하는 자마이스 카스치오는 신뢰와 평판 관리 문제를 상당히 중요하게 생각한다. 그는 네트워크 경제는 본래 나쁜 평판을 용인하지 않는다고 말한다.[10]

전통적인 비즈니스 커뮤니케이션 모델은 오랫동안 기업이 다수의 소비자들을 대상으로 광고를 하는 것이었기 때문에 기업과 소비자들 사이에 분명 불평등이 존재했다. 다시 말해서 이러한 모델에서 기업은 메시지와 이미지를 조작하는 것이 비교적 쉬웠기 때문에 소비자들은 지명도를 보고 브랜드를 신뢰를 할 수밖에 없었다. 어떤 사람들에게나 기업만큼 방송 미디어에 접근할 수 있는 능력이 없었기 때문에 기업이 주는 메시지를 거부할 수 있는 소비자들의 능력은 제한적이었다. 따라서 고객들의 신뢰를 어긴 기업들의 이야기가 확산될 수는 있었지만 일반 소비자들과 기업들 사이에 이러한 힘의 불균형 때문에 아주 심각한 일이 아니라면 그와 같이 확산되는 경우는 별로 많지 않았다.

그러나 인터넷이 이러한 힘의 역학을 뒤집어 놓았다. 이제 개인도 다국적기업만큼이나 인터넷 문화와 커뮤니티에서 쉽게 두각을 나타낼 수 있게 되었다. 논란의 여지가 있긴 하지만, 지난 수십 년 동안 기업의 웹사이트나 메시지를 접하면서 전통적인 광고에 극도로 의심을 많이 품었던 개인들이 기업보다 더 사람들에게 설득력을 지닐 수 있게 됐다. 이러한 효과는 새롭게 등장한 온라인의 사회적 필터링 효과에 의해서 더욱 커진다. 이제 인터넷에서(특히 블로그 세계에서) 적극적으로 활동하는 사람들은 서로 협력해서 온라인상에 등장하고 있는 엄청난 양의 정보를 가려내고 있기 때문이다.

카스치오는 새로운 세계 경제는 메트로폴리스보다는 조그만 마을과 같은 모습을 띨 것이라고 주장한다.

누가 나쁜 짓을 저질렀다는 소식이 하룻밤 만에 퍼지고, 그로 인한 후유증이 오래가는 사회가 생겨날 것이다. 이처럼 사람들끼리 긴밀한 관계를 유지하는 사회는 우리에게도 낯설지 않다. 바로 소규모 마을에서 볼 수 있는 전형적인 삶이기 때문이다. 그렇다면 이런 조그만 사회에서 할 수 있는 최악의 행동은 무엇일까? 바로 속이거나 거짓말을 해서 이웃의 신뢰를 져버리는 행동이다. 그러한 행동을 했을 경우 즉각적이고 강력한 반응이 온다.

이런 봉변을 당하지 않는 방법은 간단하다. 고객, 파트너, 종업원, 주주 등과 같은 이해당사자들을 위해서 소규모 도시 이웃들에게 어울리는 방식으로 행동해야 한다. 남을 학대하거나 기만하는 행위는 즉시 적발되어 관심을 끌게 될 것이다. 투명성(개방성, 정직, 명확한 행동)은 신뢰성을 높이고 (숨길 게 하나도 없기 때문에), 불투명성은 이웃들(온라인상에 있는 모든 사람이 해당)이 여러분을 의심하고 싶게 만들 뿐이다.

배신은 즉각적인 관계의 종결을 의미한다. 신뢰를 어기는 행위가 누적되면 종국에는 신뢰에 금이 갈 것이다. 배신은 일반적으로 신뢰가 파탄이 나는 상태다. 신뢰를 어기는 행위는 아주 어렵기는 하지만 가끔은 복구가 가능할 때도 있다. 예를 들어 당신의 회사가 은행으로부터 많은 신뢰를 받고 좋은 평판을 얻고 있다면, 당신 회사가 100퍼센트 완벽한 것은 아닐지라도 은행으로부터 괜한 의심을 사지는 않을 것이다. 그러나 당신 회사가 만일 그러한 신뢰를 무너뜨릴 경우, 예를 들어 은행 계좌에 돈을 채워 넣지는 않고 계속해서 인출만 한다면 당신 회사에 대한 은행의 신뢰에는 큰 금이 갈 것이다.

베스트 바이를 예로 들어 보자.[11] 2006년에 세계 최대의 인터넷 소매 업체인 베스트 바이가 이중 가격 제도를 운용해서 고객들을 속였다는 소문이 인터넷에 떠돌기 시작했다. 분명 베스트 바이는 외부에서 접근이 가능한 일반 인터넷 사이트와 매장 내 가격을 점검하는 데 사용하는 또 다른 사이트를 운용하고 있었다.

문제는 이 두 사이트가 같은 항목에 대해서 다른 가격을 매기고 있었다는 데서 시작됐다. 따라서 당신이 온라인에서 어떤 제품을 찾다가 베스트 바이에서 팔리는 가격이 좋다는 걸 알아낸 다음에 베스트 바이 매장으로 직접 물건을 사러 가면 물건 값이 인터넷에 나와 있는 것보다 더 비쌌던 것이다. 이때 여러분은 당연히 판매 사원에게 인터넷 사이트를 확인해 달라는 요청을 하게 된다. 종종 판매 사원은 인터넷 사이트에서 확인한 다음에 자기들이 더 높은 가격에 물건을 팔고 있다는 것을 깨닫게 된다. 얼마 후 고객들이 이런 사실을 알게 됐고, 소문은 급속히 확산됐다.

실은 베스트 바이는 두 개의 사이트를 운용하고 있었다. 그 중 하나는 주류 인터넷용이었고, 다른 하나는 판매 담당자들의 포털용이었다. 이렇게 두 가지 사이트를 운용한 이유와 두 사이트 사이에 분명한 가격 차이가 생긴 이유에 악의적인 동기가 개입된 것은 아니다. 베스트 바이 역시 다른 많은 대형 소매 업체들처럼 매장의 영업 성과나 재고 수준에 따라서 지역별 가격 차이를 유지하고 있었다. 베스트 바이는 또한 온라인에서만 파는 제품에 다른 가격을 매기고 있었다. 적어도 이론적으로만 봤을 때 고객이 요구하기만 하면 회사 정책상 제품 목록에서 가장 좋은 조건의 가격과 같은 가격으로 일반 매장에서 물건을 살 수 있었다(만일 그 고객이 같은 물건이 온라인에서는 더 좋은 가격으로 팔리고 있다는 사실을 알기만 한다면).

따라서 분명히 말해서 베스트 바이가 의도적으로 비윤리적인 행위를 저지른 적은 없었다. 그런데 정말로 중요한 문제는 베스트 바이가 너무나 오랫동안 고객들을 푸대접했다는 불만이 인터넷과 블로그에 돌아다녔고, 그로 인해서 고객들은 이 회사를 믿을 수 없다는 선입견을 갖게 되었다는 사실이다. 이와 같은 사고가 새로 생길 때마다 이 회사의 부정적인 이미지는 더욱 더 공고해질 뿐이었다.

지금으로부터 몇 년 전만 해도 베스트 바이 같은 상황에 처한 회사는 PR이나 광고 프로그램을 신중하게 운용함으로써 베스트 바이와 같은 곤란에 빠지지 않고 자사 브랜드를 잘 홍보할 수 있었다. 그렇지만 현재의 소비자들은 눈에 띄는 새로운 광고 캠페인과 몇 차례의 대폭적인 할인 조치는 쉽게 잊어버리지만 신뢰의 위반은 잊어버리지 않는다.

오늘날 소비자들이 겪은 끔찍한 이야기와 고민들은 영구히 남는다. 그리고 심지어 인터넷을 통해서 더욱 확대되기도 한다. 다른 어떤 회사와 마찬가지로 베스트 바이도 실수를 저지르거나 오해를 살 수도 있다. 그러나 신뢰가 낮은 상태에서는 신뢰와 관련된 새로운 소식들이 소비자들의 반감만 가중시킬 뿐이다.

토론 집단은 물론이거니와 심지어 모든 블로그들이 지속적으로 그릇된 행동을 하는 회사들을 공공연히 비판하는 데 열을 올리고 있다. 무엇보다도 그레이프 교수의 말을 빌리자면 '다원적인 평판 메커니즘'을 제공하는 기업들의 숫자가 증가하고 있다. 이피니언스, 트러스티드 오피니언과 같은 회사들은 소비자들에게 최악의 신뢰 위반 기업들에 대한 이야기를 공유하고, 그들을 공공연히 비판하고, 심지어 그들을 피하거나 그들의 상품을 보이콧하는 방법까지 알려 주고 있다. 사람들이 이런 악덕 기업들에 대해서 주의를 기울인다는 것은 말할 필요조차 없다.

다국적 홍보회사인 에델만 퍼브릭 릴레이션스의 조사 결과에 따르면 사람들 중 80퍼센트는 기업의 신뢰에 의심이 갈 때 그 기업으로부터 제품이나 서비스를 구매하는 것을 중단한다.[12] 이뿐만이 아니다.

사람들은 대부분 자신이 속았던 경험을 친구와 동료들에게 퍼뜨린다. 에델만의 조사 결과, 어떤 한 회사에 대해서 신뢰를 잃은 사람들 가운데 33퍼센트 이상이 인터넷에서 공공연히 그 회사에 대해서 부정적인 이야기를 퍼뜨렸다.

똑똑한 기업들은 네트워크 시대에서 신뢰의 가치와 평판의 힘에 대해서 잘 알고 있다. 기업의 재무제표에 미치는 신뢰의 영향이 워낙 크기 때문에 ALO의 부회장인 테드 레온시스는 2003년에 '최고신뢰담당자CTO·Chief Trust Officer'라는 자리를 만들기도 했다. 오늘날 CTO는 보안과 권한 문제들은 물론이거니와 성과의 신뢰성과 고객 만족도 문제 등 광범위한 범위의 문제를 감독한다.

결론적으로 말해서 점프 포인트 이후 경제에서는 어떤 산업에서나 가장 신뢰를 받는 기업이 결과적으로 경쟁사들을 누르고 승리할 것이다.

소설가 윌리엄 깁슨은 『뉴욕타임즈』에 실린 「오세아니아로 가는 길」이라는 독창적인 제목의 기사에서 다음과 같이 경고한 바 있다.[13]

유출과 블로그, 증거 발췌와 링크 발견의 시대에 '진실들'은 자연스럽게건 강제로건 언젠가는 밝혀질 것이다. 내가 모든 외교관, 정치인, 기업 리더들의 주의를 환기시키고 싶은 것은 바로 미래가 궁극적으로 그들을 찾아낼 것이라는 사실이다. 투명성이란 상상조차 할 수 없었던 도구를 휘두르는 미래는, 우리와 함께 움직일 것이다. 그리고 궁극적으로 우리가 어떤 일을 했다는 걸 세상에 밝혀낼 것이다.

그러나 나는 여기서 '진실'이라고 하지 않고 '진실들'이라고 복수형 명사로 표현했다. 그 이유는 정보가 새롭게 갖게 된 편재성이라는 성격의 이

면은 투명하다기보다는 지극히 정신이 없어 보일 수 있기 때문이다. 정보
로부터 패턴들을 추출하는 데 사용되는 도구의 숫자와 도구가 가진 힘과
상관없이 의미에 대한 어떤 느낌도 문맥에 따라 좌우된다. 그래서 어떤 문
제를 지지하느냐에 따라서 정보에 대한 해석이 서로 달라진다. 따라서 정
보의 투명성 시대는 어쩔 수 없이 정신이 없을 정도로 많은 시각에 둘러싸
일 것이다. 그런 시각들 중에는 잘못된 정보와 부족한 정보, 공작설, 그리
고 일상적인 광기의 산물인 것도 많다. 우리는 우리 주변에서 돌아가는 일
들을 좀 더 빨리 알 수 있을지 모르지만, 그렇다고 해서 우리가 그런 일들
에 서슴없이 공감하지는 않는다.

우리는 누구를 믿을 수 있을까?

에델만이 실시한 8번째 연례 신뢰 조사 결과를 보면 전 세계적으로
신뢰에 대해서 아주 흥미로운 사실들이 몇 가지 드러난다.[14]

에델만이 2007년에 전 세계 수백 명의 오피니언 리더들의 의견을
취합한 결과 정부와 미디어 같은 전통적인 기관들에 대한 그들의 신
뢰는 줄어들기 시작했다. 개발도상국가에서는 정부와 미디어에 대
한 신뢰보다 기업과 기술에 대한 신뢰가 사실상 더 높았다. 그러나
조사 결과 중에서 가장 흥미로운 것들 중 하나는, 정보의 출처로서
전문가들에 대한 신뢰가 줄어들었다는 사실이다. 가장 신뢰를 인정
받는 정보의 출처는 '당신과 같은 사람'이 꼽혔다. 이는 네트워크 시
대에 P2P 커뮤니케이션이 가진 힘을 다시 한 번 드러내는 결과로 평
가된다.

영화감독 장 뤽 고다르가 한 명언 중에 "사진은 사실이다. 그리고 영화는 1초에 24번 사실이다"라는 말이 있다. 그런데 안타깝게도 오늘날 이 말은 더 이상 옳지 않다.

2006년 여름에 레바논은 또 다시 화염에 휩싸였다. 레바논에서 일어난 전투를 취재하던 사람들 중에 아드난 하즈라는 뉴스 통신사 로이터의 베테랑 사진기자가 있었다. 하즈는 오랫동안 중동 지역 내 위험한 곳들을 누비면서 중요한 사건들을 취재했다. 하즈가 찍은 사진들을 편집부에 보내면 로이터는 즉시 그의 사진들을 서비스했다.

그러나 그가 베이루트에서 보내온 폭격기 공습 장면을 담은 사진 중에 뭔가 이상한 게 있었다. 그 사진에서는 폭탄이 베이루트에 떨어진 곳에서 연기 기둥 두 개가 보였다. 문제는, 하나의 연기 기둥만이 진짜였다는 사실이다. 하즈와 같이 현장에서 취재를 하던 다른 기자들이 즉시 이 문제를 지적했고, 그 중 몇몇 기자들은 다양한 블로그들을 통해서 하즈가 찍은 사진이 가짜로 추측된다는 글을 올렸다. 이와 같은 의문이 제기되자 로이터는 진상 조사에 착수했고, 하즈가 포토샵을 이용해서 사진을 조작했다는 사실을 알아냈다.

조사 과정 중에 또 다른 조작 사진도 발견됐다. 이것은 섬광이 추가된 F16 전투기 사진이었다. 그 후로 세 번째 조작 사진이 발견됐다. 이 사진은 전 세계로 송출된 사진이었는데, 이스라엘의 항공 폭격으로 인해서 파괴된 것으로 보이는 집에서 숨진 소녀를 들고 가던 군인의 모습이 담겨져 있는 사진이었다. 그러나 실제로 이것은 헤즈볼라의 홍보 전문가가 조작한 사진이었다. 로이터는 하즈를 즉시 해고했고, 900여 장이 넘는 그의 사진들을 데이터베이스에서 삭제했다. 그러나 로이터는 신뢰에 큰 피해를 입었다.

언론기관을 신뢰하지 못하는 사람들이 늘어나면서 블로그와 같은 자체 제작 미디어를 통해서나, 혹은 전통적인 미디어를 통해서나 뉴스 기사를 작성해서 알리는 시민 저널리즘이 인기를 끌고 있다. 시민 저널리즘이 가진 한 가지 매력은 그것의 편재성이다. 다시 말해서 어떤 일이 벌어졌을 때 그 장소에 가장 가까이 있는 시민이 누구나 실시간으로 그 일을 보도할 수 있다.

편재성이 가진 효과는 정말로 대단하다. 전 세계 최대 언론사조차 우리 시민들만큼 많은 곳을 돌아다니면서 뉴스를 취재할 수가 없기 때문이다. 또한 이제부터는 환경에 의해서 선입견을 갖지 않는 뉴스의 출현도 기대된다. 우리는 일반 사람들이 하는 보도가 적어도 어느 정도 신뢰성이 있을 것으로 느낄 수 있다. 그런 뉴스는 전문 기자들의 뉴스처럼 잘 꾸미지는 않더라도 진실성으로 이 문제를 극복할 것이다.

그러나 우리가 시민 저널리즘과 '위-TV we-TV'의 인기를 바라보면서 권위가 있는 것이 항상 믿을만한 것은 아니라는 문제에 직면해야 한다. 우리가 중개인과 문지기를 없앤 것은 축하하더라도 그로 인해서 엄격함과 감시도 함께 사라졌다는 것을 인정해야 한다. 신뢰는 뉴스 수집에 필수적이다. 그 이유는 뉴스는 객관적이고 어느 한쪽에 편향되지 않아야 한다는 것을 조건으로 해야 하기 때문이다. 그러나 적어도 지금까지 시민 기자들은 전문 기자들과 같은 기준을 지키지 않고 있다. 인정하건데 그들은 저널리즘의 원칙과 윤리에 대한 교육을 받지도 않았고, 제대로 기사를 쓰는 연습도 하지 않았다(또한 종종 이러한 사실을 그들은 자랑스럽게 말하기도 한다). 그들은 이메일, 카메라, 전화기와 같은 보도 장비들을 갖고 있지만 전문 기자들과 같은 교육을 받았거나 그들만큼 좋은 판단을 내리지 못한다. 그러나 우리가 무엇보다도 로이터의 사례에서 볼 수 있듯이 최고의 전문가들조차 속을 수 있고, 사건들을 연출할 수 있으며, 디지털 정보를 조작할 수가 있다.

네트워크를 통해서 자유롭게 정보가 움직이도록 만드는 역학, 우리가 쉽게 정보 콘텐츠를 만들고 수정하게 하는 기술, 개인들이 강력하고 군중들이 모든 것을 안다는 윤리는 전문 저널리즘과 시민 저널리즘을 구분하는 힘이다. 개인들에게 정보 확산의 권한을 준다고 해서 무조건 좋은 결과를 얻는 것은 아니다. 또한 기술은 그들에게 나아갈 방향을 가르쳐 주는 나침반이 아니라 그들의 행동을 조장하는 촉매제일 뿐이다. 그렇지만 본질적으로 신뢰는 우리가 갖고 있는 모든 것이다. 신뢰가 사라질 때 우리도 사라진다.

우리가 믿는 네트워크 속에서?

정보와 가치가 '수평적으로' 교환되는 네트워크의 독특한 특성을 고려해 보고, 전 세계 네트워크에 대한 정부의 감시가 쉽지 않다는 점도 고려해 봤을 때, 과연 네트워크에서 '신뢰 인프라'를 구축하는 것이 가능할까란 의문이 드는 것도 사실이다.

폴린 라트나싱암 교수는 우리는 신뢰 인프라를 구축할 수도 있으며 또한 구축하고 있다고 생각한다. 신뢰와 전자상거래 분야의 대표적인 권위자인 라트나싱암 교수는 기술이 위의 의문에 대해 일정 부분 대답을 할 수 있다고 생각한다.[15] 그녀는 기술 도입으로 인해서 가능해진 '구조적인 안전망'이 지금까지 네트워크 경제에 신뢰를 불어넣는데 반드시 필요한 '엄격함'을 첨가했고, 앞으로도 계속해서 그럴 수 있을 것이라고 믿고 있다. 그녀는 이러한 구조적인 안전망이 환경적 확실성을 창조했고, 그로 인해서 우리의 안전지대도 늘어났다고 생각한다.

암호와 방화벽과 기타 프라이버시 보호 수단들이 덧붙여지고, 암호 인증과 로그인 방법이 적용되고, 거래 확인과 인증, 디지털 서명, 차후 확인 프로토콜이 생기면서 사람들은 점차 시스템의 안전성을 믿게 됐다는 것이다. 그리고 실제로 시스템이 정직하지 못한 사람들이 다른 사람들을 속일 경우 감시와 처벌과 대중적 비난을 피하기 어렵게 만들자 새로운 행동들이 습득되고 있다. 이제 우리는 점차 새로운 세계적 성장의 시대에 맞는 견제와 균형이 갖춰진 새로운 시스템의 토대를 쌓고 있는 중이다.

극단적인 신뢰

30억 명의 사람들이 서로 직거래가 가능할 때 가장 엄격한 구조적인 안전망조차 모든 문제들을 예상하거나 중재하거나 해결하지는 못할 것이다. 따라서 또 다른 무엇이 요구되며, 이 무엇은 똑똑한 기업들에게 새로운 기회를 창조해 준다. 10세기 마그리비의 장거리 트레이더들처럼 전 세계의 교역이 스스로의 무게를 견디지 못하고 붕괴하지 않게 만들기 위해서는 자체 자정기능을 갖춘 평판 있는 시스템이 도입되어야 한다.

이처럼 바람직한 새로운 사업 환경을 지칭하기 위해서 최근에 많이 사용되는 문구가 바로 '극단적인 신뢰radical trust'이다. 이것은 안전망이 갖추어져 있지만 거래 당사자들이 서로에게 좋은 신뢰를 유지할 경우 얻게 될 커다란 혜택에 대해서 충분히 깨닫고 있는 상태를 의미한다.

고객들은 그들이 신뢰할 수 있기를 바란다. 신뢰는 의사 결정에 있어 의심과 복잡함과 쓸모없는 낭비를 없앤다. 오늘날 고객들로부터 신뢰를 얻는 첫 번째 열쇠는 그들이 먼저 우리를 믿게 만드는 것이다. 그들은 자신들이 거래의 내부 메커니즘을 직접 보고, 심지어 참여할 수 있게 되기를 바란다. 어떤 브랜드가 그동안 가려졌던 거래의 내부 메커니즘을 고객들에게 더 많이 공개하면 할수록 고객들로부터 더 많은 신뢰를 받게 된다.

여기서 또 다시 점프 포인트의 역설이 제기된다. 다시 말해서 통제가 덜할수록 더 많은 신뢰를 얻게 되는 것이다. 이제 많은 생산자와 마케터들에게는 고객들을 암묵적으로 신뢰하는 것이 마치 이단적인 명제처럼 느껴지고 있다.

사회 미디어 전략가이자 컨설턴트인 콜린 도우마는 자신의 웹사이트인 래디컬 트러스트에서 시장에서 새로 생겨난 신뢰에 대해 다음과 같이 설명하고 있다.[16]

마케터들은 미래에 브랜드를 세우기 위해서 소비자들이 다음과 같은 성향을 띤다는 사실을 극단적으로 믿어야 한다.

소비자 신뢰를 확보하는 새로운 방법들

금지 사항	권장 사항
한계	접근
제약	자유
감시	표현
기회	기회
검열	공통점
복종	파트너십
창조	존중
조직적 구조	조직적 혼란

❶ 소비자들은 자신의 욕구를 스스로 결정할 준비가 아주 잘되어 있으며, 자신이 갖고 있는 장비를 잘 활용하며, 자신의 욕구를 충족시킬 준비도 잘되어 있다.

❷ 소비자들은 일방적인 정보 전달보다는 쌍방향 커뮤니케이션을 좋아한다.

❸ 소비자들은 표현의 자유를 요구하지만 종종 어떤 표현이 허락되는지를 알려 주는 지침을 요구할 때도 있다.

❹ 소비자들은 그 지침에서 어긋나지 않으며, 커뮤니티가 속한 집단적 그룹이 용인하는 범위 내에서 커뮤니티를 자율적으로 규제할 것이다.

❺ 소비자들은 그들의 자유로운 표현을 막는 브랜드와는 인연을 끊고, 그러한 표현을 허용하는 브랜드와 손을 잡을 것이다.

❻ (가장 어려운 문제) 소비자들은 사람이며, 사람은 본질적으로 선하다.

당신은 업계에서 존경받는가?

이것은 중요한 문제이다.

수십 억 명의 낯선 사람들이 매년 수십 조 달러의 거래를 하고 있는 풍요로움과 선택의 세계에서 신뢰는 유일하게 중요한 거래의 척도가 되었다. 당신은 여러분 기업을 업계에서 어떻게 가장 신뢰를 받는 기업으로 만들겠는가? 당신은 소비자들이 당신 회사를 궁극적으로 신뢰할 수 있게 신뢰성과 투명함을 어떻게 활용할 것인가? 당신은 소비자들의 충성심과 장기적인 기여를 얻기 위해서 투명하고 참여적인 시스템의 힘을 어떻게 이용할 것인가?

핵심요약

- 신뢰는 점프 포인트 시대에 거래되는 실제 '통화'다.
- 소비자와 투자자, 종업원 등 이해관계자들은 모든 거래에서 투명성과 개방성을 요구한다.
- 다원적인 평판 메커니즘은 매우 강력한 힘을 가질 것이다.
- 선도적 기업들은 신뢰성을 경쟁 무기로 전환시키면서 신뢰의 수준을 새로운 차원으로 끌어올릴 것이다.
- 신뢰도가 높은 경제는 성장할 것이며, 신뢰도가 낮은 경제는 뒤쳐질 것이다.

PART 03

판데노믹스의 세계

미래는 현재에도 있다.
단지 널리 알려지지 않았을 뿐.
월리엄 깁슨

마지막으로 3부에서는 점프 포인트로 단절된 이후의 세상에 대해서 살펴보겠다. 3부에서는 앞으로 다가올 점프 포인트의 조기수용자들과 조기공격자들로부터 우리가 미래에 대해서 무엇을 배울 수 있는지 알아본다. 그들이 오늘 하고 있는 일을 우리는 모두 내일 하게 될 것이다. 우리는 그 세상을 판데노믹스의 세계라고 불렀다.

먼저 우리는 일명 '거품 세대'라고 불리는 상호 연결된 초대형 고객 집단을 통해서 점프 포인트 이후의 고객에 대해서 미리 살펴볼 것이다. 그들은 현재 성인기로 접어들고 있으며, 모든 시장의 미래를 보여 주는 '창문' 역할을 한다.

다음으로 우리는 이미 점프 포인트의 단절 현상을 이해하고, 그러한 단절 현상을 이용해서 온라인 커뮤니티들에서부터 주요한 소비자 브랜드에 이르기까지 고도로 차별화된 고성장 사업을 창조하고 있는 기업들을 살펴볼 것이다. 끝으로 우리는 이러한 모든 퍼즐 조각들이 한데 모여서 어떻게 점프 포인트 이후 우리 모두가 살고, 일하고, 놀 수 있는 무대를 만들어 줄지 살펴볼 것이다.

점프 포인트 이후의 세상은 많은 면에서 우리가 현재 살고 있는 세상과 닮았지만 그 세상은 급진적인 변화를 경험할 것이다. 점프 포인트 이후의 세상은 새롭고도 낯선 시장 공간이 될 것이며, 그곳에서는 정말로 다채로운 틈새상품이 생기거나, 때로는 특이한 재품들이 매매될 것이며, 관심에 대한 대가에서부터 가상의 달러에 이르기까지 새롭고 독특한 형태의 가치들이 교환될 것이다. 점프 포인트 이후 세상은 많은 기회와 큰 위험을 제공할 것이다. 또한 그곳에서는 커다란 새로운 부가 창조되겠지만 그 부는 지금과 다르게 분배될 것이다. 또한 그곳은 초고속으로 돌아가며, 전 세계적으로 장기적이고 일시적인 유행과 여러 가지 거래들이 순식간에 일어나는 것처럼 보일 것이다.

그러나 우리가 가장 준비를 소홀히 하는 점프 포인트의 한 가지 특성(실제로 역사상 모든 점프 포인트들의 특성)은 그것이 우리의 사고방식마저 바꿔 놓을지 모른다는 것이다. 점프 포인트 이후의 시간과 공간과 지리와 관계는 모두 그 이전과 다를 것이다. 그리고 그와 같은 변화는 아무리 충분히 빨리 준비하기 시작해도 이르지 않다.

거품 세대

귀퉁이가 중심을 녹인다.
스토우 보이드, 정보 기술 분야 전문가

샌프란시스코의 헤이즈 밸리는 최첨단 부티크, 흰색 리넨으로 치장한 식당, 최신 유행 제품을 파는 식당, 새로 지어진 콘도, 빅토리아 시대에 지어진 화려한 색상의 주택들과 그에 못지않게 화려한 거리 사람들, 공영주택, 그리고 과거 거친 이웃들이 모여 살았던 곳임을 간간히 짐작하게 하는 흔적들이 절묘하게 혼재되어 있는 지역이다. 이곳은 자유분방한 스타일과 우아한 스타일을 거의 완벽하면서도 무제한적으로 뒤섞어 놓았다. 또한 두말할 필요도 없이 이곳은 서로 연결된 새로운 세대의 기업들과 직원들을 끌어모으고 있다.

헤이즈 밸리에서 둥지를 튼 기업 중에 '리액티'라는 신생기업이 있다. 리액티는 고전적 의미로는 아니더라도 스스로를 모바일 커뮤니케이션 회사로 지칭한다. 리액티는 정말로 다채로운 문화를 갖고 있으며, 패션과 기술을 혼합해서 새로운 길거리 미디어를 만들었는데, 그것이 바로 '소비자 주도로 제작된 티셔츠'이다.

이 티셔츠의 제작 원리를 설명하자면 이렇다. 고객들이 리액티의 웹 사이트를 방문해서 날염용捺染用 구호와 그 구호를 새길 티셔츠를 디자인한다. 고객이 고를 수 있는 구호로는 스포츠팀과 밴드 구호에서부터 대통령 후보자 구호와 자기 홍보성 구호까지 종류는 다양하다.

고객들은 이렇게 해서 구호를 고른 다음에 티셔츠에 인쇄될 핵심어를 선택한다. 그 다음에 리액티의 데이터베이스에도 남겨질 문자 메시지를 준비한다.

이렇게 하는 목적은 무엇일까? 고객이 밖에서 그가 직접 제작한 티셔츠를 입고 다니고 있는데, 어떤 사람이 그에 대해서 관심을 갖게 됐다고 치자. 그렇다면 티셔츠를 입고 있는 사람에 대해서 더 많은 정보를 얻고 싶은 사람은 티셔츠에 적혀 있는 리액티의 단축 번호인 41411로 티셔츠에 인쇄된 핵심어와 함께 문자 메시지를 보내면 된다. 그렇게 하면 그는 티셔츠를 입은 사람이 보관했던 문자 메시지를 받게 된다. 이것은 새롭고도 놀라운 소비 세대인 '거품 세대'에 적합한 새로운 자기표현 방식이자 사람을 사귀는 새로운 방법이다.

인구학자들은 거품 세대를 밀레니엄 세대, 부메랑 세대, 에코 세대 등 몇 가지 다른 이름으로 부르기도 한다. 그런데 나는 그들이 닷컴 거품이 터진 이후에 성인이 됐다는 점에서 그들을 '거품 세대'라고 부르는 걸 선호한다.[1] 사실상 닷컴 거품이 폭발한 이후 닷컴 열풍은 가라앉았고 이에 대한 언론과 금융시장의 관심도 줄어들었지만 거품 세대는 계속해서 인터넷 기술 개발을 위해서 노력하면서 그것을 자기 것으로 만들고 있다. 다른 세대에 속한 사람들이 그들의 이러한 노력에 주목하기 시작했을 무렵에 일명 웹 2.0 시대가 본격적으로 펼쳐졌고, 인터넷 시대의 새로운 장이 열렸다.

이러한 거품 세대의 노력에 힘입어 우리는 이제 가까운 미래에 우리의 비즈니스가 어떤 식으로 전개될지를 대략적으로나마 가늠할 수 있게 됐다. 이번 장에서는 거품 세대가 현재 시장에서 중요한 역할을 할 뿐만 아니라, 무엇보다도 그들이 점프 포인트 이후 생겨날 모든 시장을 주도적으로 이끌 선구자라는 점에서 그들에게 영향을 주는 주요한 사회적, 감정적, 문화적 동인들에 대해서 살펴볼 것이다. 내가 이렇게 하는 목적은 우리가 거품 세대 같은 조기수용자들의 생각과 행동과 활동을 통해서 점프 포인트로 인한 대규모 단절(관심에 대한 가치, 시간 변화, 풍요로운 사고, 매시업 문화, 그리고 신뢰의 중시) 현상이 점프 포인트 이후의 세계 시장에 어떻게 영향을 줄지를 보여 주기 위해서이다.

1조 달러의 우위 분야

거품 세대는 13세에서부터 25세까지 연령대의 사람들로 이루어져 있다. 그들은 일명 여피족으로 불렸던 사람들의 아들과 딸들이지만, 좀 더 정확하게 말해서 그들은 인터넷 시대에 태어난 아이들을 말한다.

거품 세대는 인터넷과 함께 성장했고, 인터넷이 없는 세상을 상상조차 하지 못한다. 그들의 세계는 사회 미디어, 모바일 마케팅, P2P 플랫폼, 비트토렌트, 블로그, 비디오로그, 팟캐스트, RSS, SMS, IMS, 텍스팅, GPS, 비디오 공유, 사진 스크랩의 세계이다. 그들의 문화, 관습, 취향, 욕구는 그들이 이러한 기술들을 어떻게 사용하느냐에 따라서 좌우되었다. 그들은 찍은 후 바로 확인할 수 없는 사진을 찍지 않는다. 또한 메뉴가 없는 텔레비전을 보지 않는다. 유료 전화기를 사용하지도 않는다. 그 대신 그들은 인터넷에서 접하는 것에 대해서는 무엇이건 편안하게 느끼면서 인스턴트 메시징을 통해서 의사소통하며, 온라인에서 행복하게 쇼핑을 하고, 친구와 가족들과 접촉하고 동료들과 더 생산적으로 일할 수 있게 도와주는 협력 도구들을 사용한다.

그들 중 다수는 전통적인 기업에서 일자리를 찾지 않을 것이다.

거품 세대에 속한 사람들은 본래 진취적이며 세속적이고, 물질적이며 기술 추구적이고 미래에 대해서 낙관적이다. 그리고 그들은 재산 증식에 뛰어나다. 미국 인구통계국이 조사한 결과 미국 내 거품 세대의 소비자들이 가진 재산만 약 1조 달러가 된다.[2]

거품 세대는 무엇보다도 정말로 최초로 세계화된 세대라고 부를 수 있다. 공통된 기술을 쉽고, 직관적으로 사용해서 서로 연결되어 있는 전 세계 거품 세대 사람들은 그들과 같은 나라에 있는 다른 세대의 사람들보다 그들끼리 더 많은 유사점을 갖고 있다. 그들은 쉽게 정보를 교환하고, 빠르고 불연속적인 변화를 불편해 하지 않고, 정보는 공짜고 공개적이며 투명해야 한다는 신조를 갖고 있는 일종의 기술 계급에 속한다.

그리고 바로 이 점이 거품 세대를 다른 세대들과 구분해주는 중요한 차이점이다. 그들을 인구학적 차원에서 생각해봤을 때 '기술 인류technographic'라고 부를 수 있다. 그래서 그들은 단순히 출생 환경보다는 문화에 의해서 더욱 결속되는 집단이다.

남아프리카 출신 미래학자인 그래메 코드링톤은 이렇게 말했다.

"비인습적인 가정환경, 다문화적 교류의 증가, 다른 국가로부터 나온 정보의 접근성 확대, 그리고 세계화는 과거 그 어떤 세대보다도 '차이'에 대해서 훨씬 더 관용적인 세대를 탄생시켰다. 그들은 '차이'를 두려워하지 않고 모두가 각자의 의견에 대해서 권리를 갖는다. 이 세대 사람들 중 아무도 개인적인 믿음을 다른 누군가에게 강요할 권리를 갖고 있지 않으며, 자신이 믿고 있는 걸로 인해서 다른 사람들로부터 조롱을 받지 않는다."[3]

알록달록하게 염색한 머리, 문신, 피어싱, 특이한 문화와 음식에 대한 대담한 노출 등은 모두 거품 세대가 성장하면서 보여 준 다양성의 상징들이다. 인권과 성차별 철폐를 부르짖었던 부모들 밑에서 자란 이들은 편견을 거부하고, 다른 사람들의 외모, 경험, 개인적 기호 등을 놀라우리만큼 잘 받아들이고 있다. 정치과학 교수인 마이클 크라이자넥은 "그들(거품 세대)은 동성애자들끼리의 결혼이나 인종 간 관계에 대해서 특별한 문제를 느끼지 못한다. 그들은 마리화나 복용에 대해서도 거부감을 갖지 않으며, 그들의 성의식은 부모들을 놀라게 만든다. 그들은 친구들의 사생활에 대해서 왈가왈부하지 않으며, 낙태 같은 문제가 왜 오늘날 뜨거운 이슈가 되는지 이해하지 못한다."[4]

객관적으로 봤을 때 이 세대는 이전 세대에 비해서 훨씬 더 수동적이며(컴퓨터 스크린 앞에서 오랫동안 앉아 있기 때문에 생긴 결과다), 역사의식이나 사회의식이 부족하고, 사회적 명분에서부터 시작해서 관계, 제도, 그리고 관심에 이르기까지 그 어느 것에도 깊이 있게 몰두할 수 있는 능력도 없다. 거품 세대는 빠르고, 현명하며, 거의 초인간적이라고 할 수 있을 정도로 쉽게 기술을 받아들이지만, 종종 끔찍할 정도로 깊이가 없다. 우리가 거품 세대를 뭐라고 부르건 상관없이 이 새롭게 연결된 소비자들은 점프 포인트 경제의 선구자 역할을 한다. 다시 말해서 그들은 조만간 시장의 주류가 어떤 모습을 띨지를 먼저 보여 주는 조기 수용자들이다. 우리가 그들을 자극하고 그들을 만족시키는 것이 무엇인지 이해한다면 남들보다 앞서 미래를 시작할 수 있을 것이다.

거품 세대의 세계관

거품 세대는 이전 세대와 상당히 다른 세계관을 갖고 있다. 인터넷은 이 세대에 속한 사람들에게 모든 것이 과거보다 더 빠르고, 더 싸고, 더 잘 될 수 있으며, 아무도 시간과 공간의 제약에 의해서 혼자 남겨지지 않으며, 아무도 텔레비전과 라디오와 인쇄 매체의 단선적인 사고방식의 노예가 되지 않는다고 가르쳐 주면서 이 세대의 사고방식을 이전 세대와 다르게 만들었다.

인터넷은 또한 이 세대에게 집단적 지혜의 활용성과 집단적 행동의 힘에 대해서 강한 인상을 남겨 주었다. 인터넷은 또한 이 세대에게 전례가 없는 수준의 통제력을 부여하였다. 다시 말해서 인터넷은 한 사람의 개인조차 강력한 영향력을 휘두를 수 있으며, 그 개인이 기관 못지않은 힘을 갖고 있고 개인이 모여서 만든 커뮤니티는 기관보다 심지어 더 큰 힘을 발휘한다는 것을 알려 주었다.

거품 세대에 속한 사람은 다음과 같은 특징을 갖고 있다.

- 텔레비전을 시청하거나 상업용 라디오를 청취하는 시간이 많지 않다.
- 광고를 참지 않는다. 그리고 그럴 필요도 없다.

218

- 이동성이 매우 강하다.
- 좀처럼 이메일을 사용하지 않는다. 너무 늦기 때문이다.
- 다른 사람들과 어울리는 걸 좋아하면서도 개인 프라이버시를 옹호한다.
- 과도하게 호화롭고 과도하게 많이 생산된 콘텐츠와 메시지를 거부한다.

간단히 말해서 그들은 우리처럼 미디어에 의존하지 않고(적어도 우리와 같은 방식으로 미디어에 의존하지 않는다), 방해를 받는 걸 좋아하지 않고, 밤을 새워서 텔레비전을 보거나 라디오를 듣지 않는다. 그리고 이들은 자신의 활동 공간이 침해당하는 걸 싫어하고, 쏟아지는 광고에 등을 돌린다. 그렇다면 이러한 새로운 소비자들은 어떤 성향을 갖고 있는 걸까?

❶ 물건을 의도적으로 찾아서 사기보다는 그것을 우연히 '발견' 하는 걸 좋아한다.
❷ 물건을 살 때 '알파 소비자들' 을 따라서 산다. 알파 소비자들은 그들이 존경하는 사람들, 즉 유명 인사들이다.
❸ 수동적인 구매가 아니라 적극적인 참여와 상호작용을 원한다.
❹ 자신만의 어떤 테두리를 정해 놓고, 그 테두리를 벗어나는 광고에는 등을 돌린다.
❺ 대량 광고를 '잡음' 으로 생각한다. 따라서 그들에게 광고를 쏟아부어 봤자 소용이 없다.

당신이 제너럴 모터스나 프록터앤드갬블이나 나이키에서 일한다면 예전처럼 '억지로 강요하는 식' 으로 물건을 강매할 때 거품 세대는 당신의 물건을 사지 않을 것이다. 그러나 그들이 자기 방식대로 당신의 제품을 발견하게 되면 그들은 당신을 그들의 삶에 초대할지도 모른다. 다음과 같은 문제들을 생각해 보자.

그들은 당신의 말을 경청하지 않을 것이다

그리고 당신이 그들의 관심을 빼앗으려고 애써 봤자 그들은 당신을 피할 것이다. 서로 연결된 젊은 소비자들은 텔레비전을 많이 시청하지도 않고, 상업용 라디오를 청취하지도 않으며, 신문(아니면 어떤 식의 자료건)도 읽는 법이 없다. 또한 일상생활 속에 밀려드는 광고의 홍수 속에서 그들은 광고를 가려내는 법을 배웠다. 그들은 분명 온라인에서 주로 활동한다. 2007년에 미디어 리서치 기관인 그룬월드가 거품 세대에 속하는 사람들을 상대로 실시한 조사 결과 텔레비전과 인터넷을 켜 놓고 여러 가지 일을 동시에 수행할 때 주로 어디에 더 많이 신경을 쓰느냐는 질문에 대해서 인터넷에 더 많이 신경을 쓴다고 대답한 사람들의 수가 더 많았다.[5]

IBM의 미디어·엔터테인먼트 전략 및 변화 정책 분야 총책임자인 솔 버만은 이렇게 말했다.[6] "인터넷이 점점 더 소비자들의 주요 엔터테인먼트 도구가 되어가고 있다. 18세에서 34세 사이의 소비자들 사이에서 텔레비전은 점점 휴대폰과 PC에 밀리고 있다. 모바일 커뮤니케이션이 전통적인 유선전화를 대체했던 것처럼 케이블과 위성TV 서비스 업체들 역시 중요한 콘텐츠 제공자로서의 자리를 내놓아야 할지 모를 운명해 처해 있다"

아울러 기업들은 거품 세대만을 직접적으로 겨냥해서 다년 간 집중적으로 마케팅을 펼쳤지만, 이들 세대 사람들은 오히려 그들에게 물건을 팔려고, 그들을 회유하려고 애쓰는 기업들에 대해서 아주 나쁜 인상만을 갖게 되었다. 그래서 그들은 최첨단 유행과 젊은 이미지로 포장된 광고를 기회주의적이고 작위적인 광고로 받아들이곤 한다. 따라서 전통적인 미디어를 통해서 이들에게 접근하는 노력은 허사가 되어버릴 때가 종종 있다.

그들은 당신이 누군지 모른다

당신이 그들이 신뢰하는 집단으로 편입되지 못했다면 그들은 당신을 '침입자' 로 간주할 것이다. 거품 세대에 속하는 소비자들은 쇼핑을 사교 활동으로 간주한다. 따라서 그들은 다른 친구들로부터 가장 많은 영향을 받는다. 그들은 전통적인 미디어로부터 영향을 덜 받고, 대신 친구들이 주는 정보에 의존한다. 아마도 당신이 하는 사기 광고나 간섭 광고는 믿을 만하거나 존경받는 출처로부터 나온 것은 아니기 때문에 그들은 당신을 무시할 것이다.

그들은 당신에게 집중하지 않을 것이다

거품 세대의 사람들에게 엄청난 양의 정보가 쏟아지고 있지만 그들에게는 관심을 쏟을 시간이 부족하다. 따라서 당신이 그들에게 구매에 나서고 싶은 동기를 부여하는 데 필요한 적절한 말을 찾아내기는 쉽지 않을 것이다. 거품 세대의 사람들은 우선 광고에 의해서 현혹당하는 걸 좋아하지 않는다. 즉 그들 눈에 초점이 벗어난 광고는 '잡음' 에 불과하다. 새로운 행동 광고의 과학을 이해하는 마케터들은 드물다. 또한 대부분의 마케터들은 그 많은 잡음을 뚫고 효과적으로 전파될 광고를 제대로 만들지도 못한다.

그들은 당신을 믿지 않을 것이다

그런데 네트워크 경제에서 신뢰의 중요성은 재차 거론할 여지가 없다. 신뢰는 새로운 돈이며, '법정 통화'이며, 사회 미디어의 화폐이다. 당신이 오늘부터 신뢰를 쌓기 시작한다면 내년 이맘 때 쯤에 신뢰를 받는 제품과 서비스 제공 회사로 발돋움할 수 있을지도 모른다.

그들은 당신에게 적극적으로 협력하지 않을 것이다

당신이 그들에게 요청하지 않기 때문이다. 그리고 바로 이 점이 문제다. 새로운 소비자는 커뮤니티와 네트워크와 브랜드에 가입되어 있다. 당신은 그들이 직접 당신에게 찾아와 물건을 사주기를 바라지만 그들은 더 큰 무엇의 일부가 되고 싶어 한다. 따라서 당신은 그들에게 구매를 강요하지 못하고, 그들은 당신에게 적극적으로 협력하지 않을 것이다. 이것은 아주 간단한 이치다.

거품 세대 뒤에 놓인 6가지 문화적 힘

다음에 나오는 차트가 보여 주듯이 거품 세대는 네트워크 문화가 만든 최초의 집단이다. 베이비 붐 세대에 태어난 그들의 부모와 달리 관심, 시간, 개인적인 힘, 개인적인 부, 그리고 신뢰에 대해서 그들이 갖는 관심은 주로 정보 기술과 네트워크와 그들과의 관계를 통해서 만들어진다. 그러나 정확히 무엇이 그들에게 영향을 주는 걸까?

나는 많은 인터뷰와 연구와 조사를 통해서 거품 세대에게 영향을 주는 문화적 힘을 6개로 줄였다. 나는 이 힘들이 거품 세대를 만드는

베이비 붐 세대 vs 거품 세대[7]

	베이비 붐 세대	거품 세대
일	경력	캠페인
정치	양극화	다극화
사회	계급	네트워크
가족	핵가족	탈 핵가족화
세계관	국가	커뮤니티
미디어	기업	시민
문화	단일	다양
환경	개발적	지속적
정신	교조적	불가사의적
결혼	평생 1부 1처제	연속단혼
시간	단선적	하이퍼텍스트적

중요한 요인이라고 생각한다. 특히 이 힘들은 가끔은 이해하기 힘든 거품 세대들의 태도와 외모와 소비 행태를 이해하는 데도 도움이 된다. 또한 지금 그들에게 물건을 팔려고 하거나 그들의 다음 행보를 예상하고 싶은 사람이라면 누구나 이 힘을 이해하고 있어야 한다. 이와 같은 다양한 문화적 동력들은 다양한 변화를 겪으면서 새로운 시대의 규칙들을 창조한다. 이들 거품 세대들을 고객으로 확보할 수 있느냐 여부는 여러분이 이러한 필수적인 힘을 개발하고, 변화하는 규칙을 이해할 수 있는 능력을 갖고 있느냐 여부에 따라서 달라질 것이다.

거품 세대를 움직이는 6가지 문화적인 힘은 다음과 같다. 그것은 ①즉시성 ②불안감 ③소속감 ④신뢰성 ⑤개인주의 ⑥우월성이다.

즉시성

거품 세대는 이미 '영원한 현재'에 살고 있다. 그들은 '지금 이 순간', 즉 순간적 커뮤니케이션, 순간적 대답, 순간적 감사는 정상적이라고 믿는다. 인터넷은 이러한 즉시성을 표현하는 수단이다. 휴대폰 역시 마찬가지다. 인터넷은 결코 잠들지 않는다. 또한 휴대폰도 항상 여러분과 함께 있다. 새로운 소비자들은 의사소통과 상호교류와 실시간적인 삶을 원한다. 아니, 그러한 삶을 요구한다.

예를 들어 당신의 친구와 대화를 하려면 어떻게 하면 될까? 그들에게 문자 메시지를 보내면 된다. 사람들 틈바구니 속에서 그들을 잃어버렸으면 어떻게 해야 하는가? 위치 추적 장치를 이용해서 그들의 위치를 찾아보면 된다.

초소형 블로그인 트위터는 순간적이면서 지속적인 커뮤니케이션을 구현하고 있다. 블로그 복음주의자인 애닐 대쉬는 트위터에 대해서 이렇게 말했다. "트위터는 당신이 친구들에게 SMS나 IM처럼 아주 간단한 인터넷 인터페이스를 통해서 자신의 상태를 알려 주는 메시지를 보낼 수 있게 도와주는 간단한 서비스이다. 이 메시지는 어떤 커뮤니케이션 수단들을 통해서든 여러분의 상태를 알고자 하는 누구에게나 전송될 수 있다."[8]

무엇보다도 방송이 사라진 세계에서 대중 미디어가 더 이상 공통적 경험을 전달하지 못할 때 트위터, 블린, 파운스, 자잉글, 3잼, 룹트, 핑거, 닷지벨 등에서 서비스하는 기술은 우리가 친구들과 지속적으로 가까운 거리에서 연락을 취할 수 있게 도와준다.

거품 세대의 소비자는 더 빠른 자체 시계에 따라서 움직인다. 이것은 완전히 새로운 생체리듬이다. 이 새로운 소비자는 '지금' 살고 있다. 그리고 이 '지금'은 반드시 잡아서 타야 하는, 빠르게 움직이는 기차에 비유할 수 있다. 그들의 부모와 조부모들이 인내가 미덕인 시대에서 성장했다면 거품 세대는 어떤 것이든 기다릴 수 없는 시대에서 자랐다. 그들에게는 모든 것이 너무 늦고, 모든 일은 더 빠르게 처리할 수 있다. 그렇다면 당신의 비즈니스에서 거품 세대의 머릿속에 담겨져 있는 즉시성이 갖는 의미는 무엇일까? 무엇보다도 당신이 하는 모든 일의 속도가 더 빨라져야 할지 모른다. 꾸물거리거나 뭔가를 거쳐서 가게 만드는 행위는 금물이다. 한마디로 모든 과정으로부터 쓸데없는 '공기'를 빼내야 한다.

실제로 모든 거래 시간을 획기적으로 줄이기 위해서 모든 비즈니스 과정에 극단적이고 혁신적인 생각을 도입해야 한다. 거품 세대의 소비자들을 만족시키기 위해서는 제품 개발, 제조, 유통, 그리고 전달 속도가 어제보다 10배는 더 빨라져야 한다.

당신은 충분히 빠른가? 당신은 더 빨라질 수 있는가? 만일 당신이 그럴 수 없다면 다른 누군가가 그럴 것이다. 소비자들이 영원한 지금에 대해서 점점 더 의식하게 되는 점프 포인트에서 지속적으로 반복되는 비즈니스의 주제는 시간의 감소 내지는 시간의 변화가 될 것이다.

불안감

모바일 연결성과 인스턴트 메시징, 텍스팅, 그리고 초소형 블로그들 사이에서 새로 연결된 소비자들끼리의 연결이 단절되는 법은 좀처럼 없다. 그러나 소비자들은 왜 이렇게 순간적으로, 그리고 지속적으로 연결되고, 공유하고, 표현하려고 하는가? 왜 '공존감'과 신뢰와 함께 커뮤니티가 그토록 중요한가?

이 질문에 대한 대답을 찾기 위해서 거품 세대의 기본적인 주변 여건을 생각해 보자. 그들은 기본적으로 '집단적인 불안감'의 상태에 살고 있다. 거품 세대는 지속적인 위협을 받으면서 살고 있는 것이다.

분명히 말해서 거품 세대는 불안한 시기에 성인이 된 세대다. 사회과학자인 진 트웬지는 사회문화적 분노를 주도하는 세 가지 힘이 담겨진 지도를 그렸다. 그 세 가지 힘은 바로 ①전방위적 위협(환경의 위협이 커지면서 불안감이 높아지는 상태) ②경제적 여건(경제 여건이 악화되면서 불안감이 높아지는 상태) ③사회적 연결성(사회적 유대 관계가 약화되면서 불안감이 높아지는 상태)이다.[9]

이러한 기준에 의거해 봤을 때 거품 세대는 불행하게도 3중고에 시달리고 있다.

닷컴 경제 거품이 터지면서 전 세계 경제를 침체로 몰아넣었고, 이후 9.11 사태라는 초대형 사건(케네디 전 대통령 암살 사건과 일본의 진주만 공격에 버금가는 충격을 주었다)과 미국의 테러와의 전쟁이 일어나던 때에 거품 세대는 성인으로 성장했고, 그들이 속한 핵가족과 커뮤니티는 극도로 다른 여러 가지 기준들을 합친 매시업 공간이 되었다. 공항에서 자행되는 알몸 수색에서부터 인류를 멸종 위험으로 몰아넣고 있는 전 세계 온난화의 위협 속에서 느끼는 '복합적 불안감'은 거품 세대로 하여금 '나의 공간, 나의 얼굴, 나의 장소'를 찾고, 친구와 네트워크에 즉각적으로 의존하고 싶은 충동을 느끼게 만들었다. 그들이 보이는 이런 의존적 성향은 자신의 삶에 존재감을 부여하기 위한

226

표현이다. 집단은 그들의 존재감 의미를 집단적으로 드러내는 불빛 역할을 하고 있다.

홍콩에서 활동하고 있는 컨설턴트 토미 아호넨과 그의 파트너인 앨런 무어는 이렇게 말했다. "연결된 시대 Connected Age 에 가장 눈에 띄는 한 가지 변화는 우리가 갑자기 우리의 동료들, 우리의 친구들, 우리의 가족들과 영원토록 접근하는 게 가능해졌다는 사실이다.[10] 우리는 우리가 신뢰하는 사람들과 '생명줄 lifeline'로 연결되어 살 수 있게 됐다. 예전에는 특정 시점에만 존재했던 우리의 커뮤니티들이 이제 영원히 존재하게 됐다. 우리는 더 이상 혼자가 아니다. 연결된 시대에 사는 현대인들은 정보와 도움과 지원을 구하기 위해서 커뮤니티에 의지할 수 있게 됐다. 우리는 새로운 방식으로 검색하고 공유하고 교류하는 법을 배운다."

이 말은 왜 현재 상위 25개 온라인 사회 커뮤니티들이 10억 명의 회원들을 거느리고 있으며, 왜 웹 2.0의 많은 부분이 동료 간 친구 간의 공유와 관련되어 있는지를 설명해 준다.

개인주의와 불안감의 교차점에는 아무리 세속적이면서 사소한 일이더라도 인생에서 일어나는 일들을 친구와 가족과 함께 공유할 필요성이 존재한다. 마이스페이스, 페이스북, 하이5 외에도 수많은 특별한 커뮤니티들은 변화하는 세상 속에서 중심을 잡게 하는 무게중심 역할을 하지만(나를 알면 나에게 합류하라), 플리커에서 사진이나 유튜브에서 비디오, 혹은 무들에서 시를 공유하는 행위는 또 다른 차원에서 우리의 삶을 확인하는 방법이다. 즉, 이런 공유 활동에 참가한다는 건 "내 인생에 일어난 일이 중요하다"는 것을 표현하는 행동이다.

불확실한 세상에서 자신의 인생에서 일어난 일들을 남들로부터 인

정받고 싶은 욕구는 다음과 같이 수십 개의 미디어 공유 사이트의 출
현을 낳았다.

> **사진 공유:** Flickr, Fotolog, ImageShack, Parazz, Photobucker, Pickel,
> Shutterfly, Tabblo, Zooomr.
>
> **비디오 공유:** Vimeo, Eyespot, Jumpcut, Ourmedia, DailyMotion,
> Blip.tv, vSocial, Grouper, Revver, VideoEgg, Revo.
>
> **기타 디지털 콘텐츠와 디지털 가공물 사이트:** Ma.gnolia, Furl, del.icio.us,
> BlinkList, Clipmarks, Blummy, Listal, Diigo, Blue Dot, 43 Places,
> Stylehive, CiteULike.

특히 위의 세 번째 범주에 속한 사이트는 개인이 그들의 사회 네트
워크 속에서 지식을 공유할 수 있게 한다. 이처럼 사람이 생산하는
'폭소노미forksonomy'가 모든 사람들의 인생이 중요하다는 생각을 더욱
공고히 한다.

생을 마감한 다음에도 우리의 삶은 잊혀지지 않는다. 프리랜서 문
화 평론가인 제이미 피어트라스가 살롱닷컴에서 썼던 것처럼 마이데
스스페이스MyDeathSpace.com는 사회 미디어 시대의 기록과 최후의 전투
를 알리는 부음기사가 되고 있다.[11] "어떤 사람이 죽으면 그의 마이스
페이스 페이지와 그 안에 정리되어 있는 사진, 블로그, 비디오와 여타
디지털 자료들은 사실상 죽은 사람을 기리는 성지가 된다. 여기에선
죽은 사람이 10대 때 경험했던 소소한 일들, 딜레마, 존재론적 위기
등이 모두 깔끔한 문장으로 정리되어 등장한다"

그렇지만 안타깝게도 이러한 즉각적이면서도 영원히 존재하는 위

228

기감이 낳은 부작용이 바로 단기적인 사고이다. 늘 불안해 하는 거품 세대들은 "우리는 내일 당장 죽을지 모르기 때문에 오늘을 제대로 살아야 한다"라고 생각하는데, 이러한 생각은 거품 세대가 보이는 실용주의적이고, 적극적이면서, 대담하고 단기적인 충동의 원인이다. 많은 거품 세대들이 그들이 소속된 커뮤니티에 도발적인 사진과 자기고백적 문구들을 올리는 이유가 바로 이런 근시안적인 사고 때문이다. 그들은 그러한 게시물들이 나중에 그들을 괴롭힐지 모른다는 생각을 하면서 게시물들을 올리는 것 같지는 않다. 그들은 그런 일이 벌어질지 전혀 확신하지 못한다.

소속감

분명히 말해서 이러한 불안감은 일반적으로 거품 세대가 기술을 사용하는 방법에 영향을 미쳤다. 사회 미디어 사이트가 고속 성장을 하고 있다는 사실로도 알 수 있듯이 거품 세대는 커뮤니티 건립, 인간적 관계, 그리고 신뢰성을 바탕으로 그들의 불안감을 해소한다. 다시 말해서 그들은 어딘가에 소속되는 걸 원한다.

그렇기 때문에 거품 세대들은 자신들이 쳐 놓은 울타리 밖에 있는 사람들과 사물들에 대해서 경계하고 주의하는 경향을 나타낸다. 마케터인 여러분이 이런 특성을 보이는 거품 세대를 상대로 좋은 마케팅을 하려면 먼저 당신 자신이 누구인지부터 파악하는 게 좋다. 당신은 그들의 친구 커뮤니티의 일원인가? 당신은 당신이 가진 것을 그들과 기꺼이 공유할 것인가? 당신은 그들이 당신을 필요로 할 때 그들 곁에 가 있을 것인가?

당신이 사기 행각을 벌이는 마케터라면 그들의 커뮤니티로 들어가지 못할 것이다. 당신이 엉터리 마케터라면 그들은 당신을 두 번 다시 쳐다보지 않을 것이다. 당신이 그들에게 뭔가를 선사하지 못할 경우 그들은 당신을 다시 초대하지 않을 것이다.

지금으로부터 10년 전에 로버트 퍼트남 하버드 대학교 정치학과 교수는 저서 『혼자 볼링하기』에서 사회적 고립과 약화된 커뮤니티의 단절에 의해서 더욱 더 가난해진 세상을 적나라하게 묘사했다. 그러나 이러한 세상은 차세대 소비자들에게는 해당되지 않는다. 거품 세대는 혼자서 볼링을 하는 일이 없을 것이기 때문이다. 그보다 서로 연결된 여러분의 새로운 고객들은 서슴없이 친구들을 사귀고, 전 세계에 두루 많은 친구들을 갖고, 가상과 현실 속에서 그들과 어울리고, 항상 친구들이 어디에 있는지 궁금해 하고, 자신의 소소한 일상생활들(특히 쇼핑과 관련된)을 친구들과 공유하는 걸 좋아한다.

블로그 전문가인 옴 말리크에 따르면 커뮤니티에 소속되고자 하는 경향은 거품 세대의 뿌리 깊은 특성이다.[12] 그는 잡지 『비즈니스 2.0』에 다음과 같이 적었다. "파리의 카페나 봄베이의 찻집이나 맨해튼의 싱글 전용 술집이나 어디서건 사람들은 장소에 구애받지 않고 함께 모여서 이야기하고 의사소통하고 교류하고자 하는 강렬한 욕구를 보여 준다. 우리의 유전자는 그런 식으로 코드화되어 있다. 항상 접속되어 있고, 그 어느 때보다 긴밀하게 연결된 사회인 인터넷 커뮤니티로 달려가면서 우리는 인터넷상에서도 이러한 오프라인의 관계를 모방하고 싶어 한다"

다수가 참가해서 벌이는 온라인 게임은 집단적 상호작용이 인터넷으로 이동해서 펼쳐지고 있으며, 우리를 새로운 어딘가로 인도해 줄 것임을 보여 주는 좋은 사례이다. 앞에서도 설명했듯이 메이플스토리, 시티오브히어로, 드림로드, 점프게이트, 프리프처럼 인기 있는 사이트에는 전 세계에서 동시에 수천 명의 사람들이 한꺼번에 접속해서 게임을 한다. 닌텐도, 플레이스테이션, 마이크로소프트의 엑스박스 온라인 사이트들도 역시 마찬가지다. 이것은 우리가 과거에 경험하지 못했던 규모의 집단적 경험이다. 이러한 협력적인 게임 환경은 다음 세대 사람들에게 일하는 법, 문제를 푸는 법, 그리고 심지어 함께 쇼핑을 하는 법까지 가르쳐 주고 있다.

그렇다면 왜 거품 세대는 친구를 사귀는 데 그렇게 능숙한 것일까? 우리가 살펴봤던 것처럼 우선 거품 세대가 자라난 불안한 시기는 그들로 하여금 소속감을 느끼는 곳을 찾아다니게 만들었다. 친구들과 함께 있으면 안정감을 느끼기 때문이다. 그러나 이 외에 또 다른 이유가 있다. 앞서 설명했던 것처럼 거품 세대들의 개방성과 다양성의 수용 수준은 전례가 없을 정도다. 그들은 또한 친구들과 유대 관계를 쉽게 형성하는 세계관을 갖고 있다.

그렇다면 온라인에서 새로운 친구를 사귀는 것보다 더 좋은 일은 무엇이 있을까? 바로 오프라인에서 친구들을 만나는 일이다. 수많은 새로운 인터넷 서비스 업체들은 지금 사람들이 온라인에서 맺은 인연을 실제 세계까지 이어갈 수 있게 도와주고 있다. 그리고 이것은 아주 중요한 사실을 시사한다. 즉, 새롭게 연결된 소비자는 기술 뒤에 숨어 있는 것이 아니라 기술을 네트워킹과 사회화 과정의 자연스런 일부로 간주하고 있다는 것이다.

미트업닷컴meetup.com은 가장 활동적인 오프라인 커뮤니티 사이트중의 하나이다. 이 사이트는 사람들이 비슷한 취미를 가진 사람들을 쉽게 찾아서 연락할 수 있게 해 주는 서비스를 제공한다. 사람들의 관심 주제는 애완동물에서부터 취미, 전문적인 발전, 종교, 보육 등에 이르기까지 다양하다. 비슷한 생각을 가진 사람들끼리 모여서 그룹이 결성되면 이 그룹은 인근 커피숍이나 도서관이나 술집이나 애견 공원 등과 같은 장소를 정해 오프라인 모임을 가질 수 있다. 그러한 모임은 네트워크 세대가 가진 최고의 정신을 드러낸다. 다시 말해서 인터넷은 그 어느 때보다 더 쉽게 기호가 비슷한 사람들을 찾아낼 수 있게 도와주며, 또한 가까운 곳에 사는 사람들끼리 오프라인 모임 일정을 정하고, 커뮤니케이션을 하고, 모임의 구체적인 성격을 그려볼 수 있게 도와준다.

물론 이처럼 항상 연결돼서 사는 생활에도 부작용이 따른다. 오늘날 연결되어 있는 젊은 소비자들은 좀처럼 혼자서 활동하지 않기 때문에 간혹 네트워크에서 벗어나 있기라도 하면 힘들어한다. 언뜻 소름이 끼치는 말 같이 들릴지 모르지만 연결은 그들에게 하나의 생존 전략일지 모른다. 당신이 새로운 소비자들을 추적하고, 좇고, 찾아낼 수 있는 여러 가지 방법들을 생각해 보면 알겠지만 소비자들은 앞으로 인접함에 대한 새로운 인내 내지는 개인 사생활에 대한 새로운 정의를 요구할 것이다. 조만간 소비자들은 GPS 태그와 CC TV와 메일의 이동성과 늘 '온on' 상태로 있는 휴대폰으로부터 구속 내지는 간섭받지 않는 시간을 갖기가 불가능해질 것이다.

새로운 소비자들은 이미 새로운 현실을 받아들이는 법을 배우고 있다. 그들은 이미 자신들의 모든 움직임과 클릭과 다운로드 행위가 정부나 그들이 좋아하는 브랜드 회사 등 다른 누군가에 의해서 추적을 당하고 있다는 걸 알고 있다. 그들의 나머지 인생도 이와 다를 바가 없을 것이다.

지속적인 존재감은 누구나 언제라도 접촉이 가능하다는 믿음을 창조했다. 이는 다시 말해서 친구건 가족이건 동료건 누구나 각자 연결된 소비자의 인생 속에서 지속적인 존재가 된다는 걸 의미한다. 언제나 가능한 접속은 새로운 형태의 사회적 행동을 창조한다. 이것은 일과 놀이, 공공과 개인적 삶, 그리고 온라인과 오프라인의 관계 사이의 구분을 모호하게 만든다.

신뢰성

거품 세대는 투명한 것을 좋아하고 인공적인 것을 혐오한다. 거품 세대는 광고주와 정치인과 증오 집단에 의해서 주류 미디어가 조작되는 걸 직접 목격했으며, 그들이 이렇게 목격한 것을 좋아하지 않는다. 결과적으로 새로운 거품 세대의 고객들은 신뢰성과 '본질적인 진실'을 크게 경계한다. 즉 그들은 헤밍웨이가 말한 '내장형 감지기built-in(B.S.) detector'를 갖고 있다. 그들은 주요 브랜드를 아주 불신하며, 공공연히 그들을 겨냥한 광고 행위에 분개하고 전반적으로 사기 마케팅에 시달리는 걸 원하지 않는다.

신뢰성은 현실적이지만 완벽하지는 않다. 이것은 관심의 부재를 뚫고 믿음을 부르는 요인이다. 『패스트 컴패니』 잡지에서 편집자인 빌 브린은 이렇게 썼다.[13]

쏟아지는 판매 광고에 질린 소비자들은 진실하고 진정하다고 느끼는 브랜드 쪽으로 기울고 있다. 이처럼 믿을 만한 걸 찾고자 하는 노력은 우리 주변 어디에서나 전개되고 있다. 수백 만 명의 사람들이 유기농 음식과 같은 특화된 제품에 끌리는 게 한 가지 사례다. 사람들이 BMW 미니가 주는 부담 없는 즐거움에 반응하는 것도 같은 이유다. 사람들은 미니를 보면서 죄의식 없는 성생활을 하고 있는 것 같은 기분을 느낀다. 마케터들은 이런 현상을 개성과 독립성을 존중하는 '나' 중심적인 구매자 집단 속에서 목격할 것이다. 그들은 애플이 아이맥과 아이팟을 통해서 똑똑하게 교육을 시킨 사람들이다.

새로운 소비자들은 주류 미디어가 그들에게 믿을 만한 메시지나 최신의 패션 정보를 전달해줄 걸로 믿지 않는다. 그러나 그들은 「더 데일리 쇼」와 「더 콜버트 리포트」와 같은 새로운 '가짜' 판매점들을 믿는다. 그 이유는 그곳들이 신뢰감을 주기 때문이다. 그리고 그들은 기업의 패션 전문가가 그들에게 어떤 패션이 유행이고, 어떤 패션이 유행이 아닌지 말해주는 걸 원하지 않는다. 이메일, IMS, 문자, 숍캐스트 등에 익숙한 거품 세대 소비자들은 빛의 속도로 새롭게 부상하는 트렌드를 감지할 수 있다. 아울러 새로운 트렌드를 바이러스처럼 확산시킬 수 있는 그들의 능력은 고도로 시간 응축적인 라이프사이클 속에서 유행을 단기간 내 퍼뜨리고, 키우고, 없애버릴 것이다.

결과적으로 가장 빠르게 움직이는 제조업체들과 소매업체들마저 그들에게 상당한 부담감을 느낄 수밖에 없게 된다. 갭이 의류 재고를 8주나 9주에 한 번씩 천천히 교체하거나, 타깃이 펑키한 브랜드들과 대형 틈새시장 공략을 시험하거나, 노키아가 1년에 2~3차례 정도씩만 휴대폰 신제품을 선보일 수 있었던 곳에서 이제 새로 생겨나는 현실은 모든 것의 속도 증대를 요구한다. 소비자들은 매월이 아니라 매주, 매주가 아니라 매일도 길다고 생각하며, '지금'도 충분히 빠르지 않다고 생각할지 모른다. 새로 연결된 소비자들에게는 어떤 것도 충분히 빠르지 않다. 그리고 신뢰성은 무엇보다도 '반응성'과 연관될 것이다. 앞으로 10억 명의 생산자들이 네트워크 경제에 합류할 경우 신뢰할 수 있다는 이유 때문에 토착인들이 만든 패션과 음악이 광범위하게 받아들여지는 현상이 목격될 것이다. 세네갈의 오케스트라 바오밥과 시에라리온의 레퓨지 올 스타스와 같은 음악 밴드들의 높은 인기는 실제로 토착 밴드들이 새로운 소비자들에게 어필하고 있다는 것을 보여 주는 증거다.

정보 기술 분야 전문가인 스토우 보이드는 이렇게 말했다. "신뢰성은 열정과 개방성과 권위와 밀접하게 관련되어 있다. 내 경험상, 신뢰성은 열정적인 1인칭 참여와 인내로부터 파생된다."[14] 즉, 거품 세대에게는 실제 사람들과 실제 생활의 이야기들이 중요하다는 것이다.

오늘날 인기를 끄는 브랜드들은 높은 신뢰를 받고 있다. 이러한 브랜드들은 소비자들에게 쿨에이드를 마시라고 요구하지 않는다. 그들은 소비자들이 그것을 마시도록 초청할 뿐이다. 소위 시민 마케팅으로 불리는 이러한 트렌드가 최근 인기를 끌고 있다. 그 이유는 새롭게 연결된 소비자는 동료 소비자들이 신뢰하는 제품에 가장 잘 호응하기 때문이다. 아무리 똑똑하게 잘 만든 선전이라도 효과를 내지 못할 때가 많다. 그 이유는 새로운 소비자는 단순히 공허한 약속과 과장된 주장과 인공적으로 꾸민 것 같은 광고나 유행을 믿지 않기 때문이다.

이에 대응하는 차원에서 메르세데스-벤츠에서부터 컨버스에 이르기까지 똑똑한 기업들은 자사 브랜드를 좋아하는 소비자들이 각자 개인별 취향에 맞는 광고를 직접 만들 수 있는 기회를 부여하고 있다. 그리고 미니쿠퍼와 스타벅스처럼 특히 인기가 높은 브랜드들은 회사의 소유자가 직접 운영하는 팬 블로그를 운용하고 있다.

이런 노력에는 위험이 수반되지는 않는 걸까? 물론 많은 브랜드 커뮤니티들은 제품의 장단점에 대해서 공개적으로 논의한다. 이러한 논의 가운데 일부는 부도덕하면서 시끄럽다. 그러나 똑똑한 마케터들에게 고객들과의 모든 대화는 유용하다. 소비자들이 내놓는 좋은 의견들은 제품을 파는 데 도움이 되고, 듣기 싫은 의견(그것이 신뢰할만하고, 그것에 귀를 기울일 수 있다면) 역시 제품 개선에 도움이 되기 때문이다.

무엇보다 좋은 점은 사용자가 참여하는 마케팅은 확산될 가능성이 아주 높다는 점이다. 여러분이 3장에 나왔던 바이러스의 움직임과 소문 확산 사이의 관계를 기억한다면 네트워크 속에서 활동하는 사람들이 정보를 다른 사람들에게 전달하기 위해선 그러고 싶다는 동기를 개인적으로 느껴야 한다. 그런데 소비자가 직접 해주는 광고보다 더 믿을만한 건 없다.

이제 소비자들은 DIY 활동들을 통해서 돈도 번다. 최근 비디오 공유 업계에 주파라는 기업이 진입했다. 이 회사는 사용자가 만든 광고의 수준을 한 단계 높여 준다. 주파에서 브랜드들이 제품 정보, 타깃 고객, 특정 브랜드의 특성에 대한 광고 브리핑을 제공하면, 사용자들은 자기가 직접 광고를 창조한다. 이렇게 만들어진 광고는 주파 커뮤니티에 게재되며, 이곳의 회원들은 마음에 드는 광고를 투표로 선정한다. 투표 결과가 집계된 다음에 가장 많은 지지를 받은 비디오에게 현금이 부상으로 수여된다.

바이러스성 비디오 광고의 효과는 어떨까? 조사회사인 퓨 인터넷과 아메리칸 라이프 프로젝트가 2007년 공동으로 실시한 연구 결과, 전체 온라인 비디오 시청자들 가운데 절반이 넘는 57퍼센트는 그들이 찾아낸 비디오를 다른 사람들과 링크를 시켜 놓았으며, 4명 중 3명, 즉 75퍼센트는 다른 사람들이 그들에게 보내온 비디오를 볼 수 있는 링크를 받는다고 대답했다.[15]

다시 한 번 신뢰성은 위조하기 어렵다는 점을 강조해야겠다. 아울러 청중들을 속이려고 노력해봤자 신뢰만을 깨뜨리고, 그들의 불신, 그리고 심지어는 분개만을 조장할 뿐이다. 「론리걸15」라는 제목의 비디오 시리즈는 불명예스러운 신뢰 위반의 사례로 기록된다. 브리라는 이름을 가진 한 10대 소녀의 사생활을 비디오 일기 형식으로 꾸며서 보여 준 이 시리즈는 많은 사람들로부터 높은 호응을 불러일으켰다. 사람들은 브리의 비디오 일기를 사실인양 오인했지만 실제로 그것은 몇 사람의 크리에이티브 아티스트의 신참 직원들에 의해서 조직된 오락물로 드러났다. 이 프로젝트의 진실이 밝혀지자 많은 팬들은 분노하면서 크리에이티브 아티스트에 비난을 퍼부었다.

이와 같은 사례가 주는 교훈은 다음과 같다. 당신이 사람들을 바보로 만들고 그들을 이겼다고 기대할 수는 없다. 당신은 더 이상 속임수를 감출 수가 없다. 소비자들이 결과적으로 모두 알게 될 것이기 때문이다. 그리고 당신은 소비자들이 당신을 용서해 줄 것으로 기대해서도 안 된다. 그들은 절대 그렇게 하지 않을 것이다.

개인주의

거품 세대는 매우 개인주의적이다. 그런데 오해하면 안 될 게 하나 있다. 거품 세대는 또 다른 '미 제너레이션Me Generation'이 아니라는 사실이다. 거품 세대의 개인주의는 확실히 19세기 미국의 시인이자 목사인 랄프 왈도 에머슨이 내세웠던 자립적 개인주의에 더 가깝다.

거품 세대는 자기 확신이 강하고 독립적이며 동시에 커뮤니티에 대한 관심이 매우 높다. 그들은 천부적인 팀 플레이어이며, 쉽게 협력하고, 집단 간 상호작용과 의사결정에 가치를 둔다. 그들이 행복하게(그리고 공공연하게) 자신의 개성을 칭찬하는 한편 다른 사람들과 같은 목소리를 내는 것도 두려워하지 않는다. 사실 그들은 군중이 개인보다 더 똑똑하다고 생각한다.

'몬테소리식 교육법'에 따라서 키워진 사람들답게 거품 세대는 모든 사람들은 특별하며(워비곤 호수 효과), 특별히 그들만을 위해서 제작된 제품과 서비스를 받아야 한다고 믿는 경향을 보인다. 그들은 그들에게 특별히 맞춰져서 만들어진 제품과 서비스를 좋아한다. 그렇지만 그들이 살고 있는 풍요의 시대를 살아가는 게 힘들거나 어렵지 않다. 컨설팅 회사인 액센츄어의 컨설턴트인 앨리슨 물러는 이렇게 말했다. "이러한 쇼핑객들에게 개인화는 상당히 큰 가치가 있을지 모른다. 개인화는 과도하게 많은 마케팅 메시지와 제품과 선택 중에서 그들이 각기 자신의 욕구와 기호에 가장 적절한 것에만 초점을 맞출 수 있게 해주기 때문이다."

내 인생은 내가 꾸민다

점프 포인트의 세계에서 고객은 옳으며, 또한 고객은 책임을 진다. 이 세계에서는 모든 것을 얻을 수 있으며, 모든 것은 협상과 조정이 가능하고, 고객에 맞춰서 제작하는 것도 가능하다. "한 가지 크기로 모두에게 맞춘다"라는 말은 이 세계에서 통하지 않는다.

극단적인 경우 이러한 믿음은 새로운 사업 모델로 이어진다. 이제 고객이 제품을 디자인하고, 제품의 개발에서부터 운송에 이르기까지 생산의 모든 면을 관리한다. 또한 새로운 고객은 전지전능한 사고를 바탕으로 이러한 힘의 망투를 즐겁게 받아들인다.

1세대 전만 해도 소비자들은 자신이 직접 세척력이 우수한 세탁비누를 만들 수 있다는 생각을 할 수 없었다. 사정이 이러하다 보니 그들이 성능이 우수한 자동차나 컴퓨터를 만드는 건 꿈도 꾸지 못했다. 그런데 오늘날 새로운 세대의 고객들은 그들이 내릴 수 있는 결정대로 되지 못한다는 걸 상상조차하지 못한다. 왜 안 된다는 말인가? 새로운 세대의 소비자들은 티보로 자기만의 텔레비전 방송국을 만들고, 아이팟으로 자기만의 라디오 방송국을 만들면서 성장했다. 그런데 자기만의 음료수나 캔디, 자동차를 만들지 못할 이유가 무엇이란 말인가?

미국의 음료수 회사인 존스 소다는 디지털 기술을 사용해서 고객들이 음료수 사진을 직접 올리고, 라벨을 만들고, 좋아하는 향을 고르고, 음료수를 담을 상자를 직접 제작할 수 있게 해주었다. M&M은 고객들이 특별한 유행 색상과 메시지를 마음대로 정할 수 있게 해준다. 하인즈는 고객들이 취향에 맞게 자기만의 양념을 만들 수 있게 해준다. 크리넥스도 고객이 사진과 설명을 보내면, 고객을 위한 맞춤형 티슈 상자를 만들어 준다. 마이트윈은 고객이나 고객의 아이와 똑같은 모습을 한 인형을 만들어 준다. 반스는 고객이 원하는 스니커스 신발을 디자인할 수 있게 해 준다. 그리고 자동차 판매 회사인 브리티시 로버에 따르면 모든 미니쿠퍼의 99퍼센트는 고객 각자에 맞춰서 디자인됐다.

개인의 기호에 따라서 기술, 문화, 경제학을 마음대로 바꿀 수 있는 세상이 된 지금 우리는 거품 세대 소비자들이 손대는 시장마다 모두 이런 추세가 유지되게 만들 것으로 예상할 수 있겠다.

우월성

거품 세대는 강력하고, 자신이 강력하다는 것을 알고 있다. 자율권, 선택, 그리고 자유(풍요로움)는 이 세대 안에서 권력에 대한 기대감을 창조했다(그렇지만 아이러니하게도 이들은 테러리즘과 지구 온난화와 같은 더 큰 세상에서 일어나는 일에 대해서는 자신이 아무런 일도 할 수 없다고 생각한다). 거품 세대의 소비자들은 모든 이야기가 늘 개방되어 있고, 모든 불들이 항상 켜져 있으며, 모든 것들을 언제나 구할 수(그것도 개인에 맞춰서 만든 것들을) 있는 거대한 풍요로운 세상에 살고 있다. 그리고 그들은 항상 자유롭게 돌아다닌다. 그들에게 불가능이란 없다.

풍요로움, 편리성, 그리고 운신의 자유를 얻게 되자 궁극적으로 사람들의 사고방식과 기대치가 다시 조정된다. 아마존닷컴은 100만 권의 책들을 팔고 있고, 모든 녹음이 가능한 노래들은 온라인에서 다운로드를 받을 수 있는 파일 형태로 존재한다. 그리고 당신이 초등학교 4학년 때 잃어버렸던 포켓몬 카드도 이제 이베이에서 구할 수가 있다. 반면 '오프라인 매장'들은 온라인보다 제공하는 선택, 시간, 경험의 종류가 더 적다. 모든 것에 대한 기준이 새롭게 정해진 이상 이제 되돌리기는 어렵다.

이동성은 풍요로움이 선사하는 또 다른 자유이다. 그리고 거품 세대 소비자들은 장소와 거리에 얽매이지 않는다. 휴대폰, 휴대용 인터넷, GPS, 라디오 주파수 기술 등의 출현은 거품 세대에게 공간을 자유롭게 이동하고, 그러면서도 동시에 접속되어 있는 상태를 유지할 수 있는 사치를 선사했다. 어떤 면에서 이러한 자유는 회피적인 소비자를 생산하기도 한다. 그러나 다른 한편으로는 이러한 자유는 장소를 정해서 하는 홍보를 극도로 효과적으로 만든다.

거품 세대는 과거의 시간 법칙에 굴복하지 않는다. 심지어 이 세대는 시계를 차지도 않는다. 당신의 새로운 소비자는 임의적으로 정해진 일정을 따르는 걸 좋아하지 않고, 또 그래야 할 필요성조차 느끼지 못한다. 디지털 비디오 녹화 기술이 등장하자 시청자들은 프로그램을 녹화해서 자기가 원하는 시간에 언제나 그것을 다시 돌려볼 수 있게 됐다. 따라서 예전에 자주 쓰였던 '황금시간대'나 '출퇴근 시간'과 같은 말들이 더 이상 의미가 없게 됐다. 다운로드가 가능한 개봉 영화가 출현하면서 무성영화가 출연했을 때보다 영화를 보는 방법이 더욱 획기적으로 바뀌었다.

거품 세대에게 단선적인 사고는 조롱거리이다. 거품 세대는 정부 같은 구태의연한 계급 시스템과 회사와 같은 고루한 대형 기관들에 대해서 회의를 품는다. 이러한 조직들이 단선적인 사고를 하는 사람들에 의해서 지배되고 있다고 생각하기 때문이다. 거품 세대의 소비자들은 2분법적 사고를 거부한다. 따라서 옳지 않으면 그르다는 식의 흑백논리는 그들에게 좀처럼 통하지 않는다. 그들은 인생에서 사람과 사물은 종종 모호하면서도 변화무쌍하고 복잡하다고 생각한다.

이러한 집단에 속한 사람들에게 올바른 선택이나 제품이나 일자리를 찾는 일은 단순하거나 고독한 일이 아니다. 이러한 시각은 그들의 사고 과정과 논리 흐름, 그리고 의사결정 과정이 독특하다는 걸 보여준다. 그들은 모호함과 예상치 못한 결과 그리고 이중성을 수용한다. 그리고 그들은 외부로부터 들어오는 정보를 좋아하고, 그런 정보를 적극적으로 물색한다.

거품 세대의 비선형적 사고는 예상하기 어려운 소비자 행동을 창조하고, 전통적인 사업 모델과 가치 명제와 유통 채널을 시험대에 올린다. 이제 판매주기는 결코 과거와 같지 않을 것이다. 또한 새로운 소비자들은 본래부터 일방적이고 독재적인 사고를 신뢰하지 않는다. 그들은 과거의 기업들, 지배광들, 고지식한 사람들, 그리고 집요한 사람들이 활동하는 세계를 기피한다.

그리고 거품 세대는 공통적인 시각과 가치를 갖고 있음에도 불구하고 획일적이고 융통성이 없는 소비 집단이 아니다. 거품 세대 소비자들은 그들 각자의 차이점과 다른 사람들의 다양성을 자연스러운 태생적인 권리로서 받아들인다. 이러한 태도는 그들 세대의 미디어에 의해서 한층 더 강화된다. 텔레비전은 획일성을 초래했지만 인터넷은 다양성을 초래하고 있다.

그러나 이처럼 제한이 없을 것 같은 세계에도 문제가 존재한다. 이

242

러한 세계는 경험적으로 공허함을 초래할 수가 있다. 거품 세대는 항상 새로운 즐거움에 포위되어 있어야 한다. 거품 세대는 쉽게 지루해하고 산만해지며, 항상 다양성과 자극을 갈구한다. 그들은 인생이 새로운 경험들로 가득 차 있는데 그것들을 모두 맛보는 게 왜 안 되는지 이해하지 못한다.

그러나 이러한 끊임없는 탐욕은 불만족과 막연한 정신적 기근으로 이어질 수 있다. 그리고 무한대로 얻을 수는 있어도 그에 따라 너무나 많은 선택을 해야 하는 문제가 뒤따른다. 이렇게 '많음'이 주는 부작용은 정보 과부화와 똑같은 부정적인 효과를 낸다. 2025년에 40세가 되는 거품 세대는 너무나 많은 비디오, 너무나 많은 포르노, 너무나 많은 온라인 게임, 너무나 많은 대화, 그리고 궁극적으로 너무나 많고 많은 경험에 포위돼서 녹초가 되어버릴 것이다.

거품 세대 소비자들은 그들이 살고 있는 세상에 대해서 많은 기대를 하고 있다. 그들은 정보에 쉽게 접근할 수 있게 되다보니 정말로 많은 힘과 권한을 갖게 되었다. 그들의 세계는 선택과 영역과 정복의 세계이다. 그들에게는 경험이 전부이며, 그들은 모든 것을 시도해보기를 원한다. 그러나 그들의 낙관적인 시각에는 어두운 부작용이 뒤따른다. 그들이 벌이는 비현실적인 기대를 충족시키기 위한 시도는 만족할 수 없는 악순환을 초래할 수 있다. 그리고 선택할 수 있는 게 너무나 많다는 것은 선택할 수 있는 게 너무나 적을 때만큼이나 사람을 지치게 만든다.

마케터들은 이러한 모순적인 힘들이 쌓여서 만들어진 커다란 벽들 사이에 갇히지 않도록 주의해야 한다.

『타임』지는 2007년에 온라인 커뮤니티의 폭발적인 성장과 영향력을 감안해서 올해의 인물로 '당신You'을 선정했다. 다음은 『타임』지 기사 중 일부다.[16]

이것은 과거에는 목격하지 못한 규모로 일어나고 있는 커뮤니티와의 협력에 대한 이야기다. 이것은 광대한 지식의 집합소인 위키피디아, 수백 만 명의 사람들로 이루어진 네트워크인 유튜브, 그리고 온라인 메트로폴리스인 마이스페이스에 대한 이야기다. 이것은 소수로부터 힘을 얻어내고, 아무것도 아닌 일을 위해서 서로 협력하는 다수와 그런 행동이 어떻게 세상과 세상이 바뀌는 방식을 변화시키는지에 대한 이야기이다.

'당신' 커뮤니티 중에서 가장 모험적이면서 우월한 그룹은 기술의 한계와 새로운 개척자들을 조사하는 그룹인데, 그 그룹이 바로 이 책에서 '거품 세대'라고 불리는 디지털 토착민들이다. 앞으로 계속해서 살펴보겠지만 곧 다가올 점프 포인트 시대의 중요한 주제인 관심의 가치, 시간 이동, 풍요로운 사고, 매시업 문화, 신뢰 존중 등은 지금 거품 세대의 조기수용자들의 태도와 전망과 행동을 통해서 실행되고 있다. 매싱하고 다양한 일을 동시에 할 수 있는 그들의 능력과 신뢰할 수 없고 간섭적인 마케팅에 대한 그들의 불만은 관심의 가치에 대한 그들의 자각 수준이 높아졌음을 보여 준다. 항상 접속 상태를 유지하고, 즉각적으로 커뮤니케이션하고 감사를 받고자 하는 그들의 강박적 충동은 그들에게 구미에 맞게 시간을 조절할 수 있는 능력을 갖게 했다. 과거의 모델과 중개인들과 유행을 퍼뜨리는 사람들을 거부하는 대신 집단적 쇼핑과 크라우드소싱과 새로운 협력적인 활동을 선호하는 그들의 태도는 그들이 개인과 개인들로 이루어진 그룹이 함께 활동함으로써 생기는 힘을 크게 신뢰하고 있다는 것을 보여 주는 증거다. 그들의 매시업 문화(비선형적 사고와 비전통적인 시각과 새로운 추정에 대한 개방성)는 그들이 주변의 세계를 다시 정하고, 섞는 방법을 통해서 분명히 드러난다. 그리고 그들이 커뮤니티를 쉽게 구축하는 성향을 보이는 것과 달리 그들은 커뮤니티 가입을 누구에게 허용할 것이고, 누구를 믿고 누구를 믿지 못할지는 신중하게 결정한다.

핵심요약

- 당신의 새로운 고객의 선구자가 이곳에 와 있다. 그들의 말을 신중하게 경청하라.
- 거품 세대는 가능하다면 언제나 전통적인 미디어를 피한다.
- 거품 세대는 네트워크의 풍부한 논리만을 알고 있다.
- 거품 세대가 한계에 대해 느끼는 불만과 초조함은 곧 모든 사람들에 의해서 공유될 것이다.
- 거품 세대는 당신의 상품보다 친구들을 더 중요하게 생각한다. 다만 예외가 있다면 그들의 친구들이 당신의 상품을 만들 때이다.
- 쇼핑은 사회적 이벤트이다. 그것을 집단이 즐길 수 있게 재미있게 만들어라.

성장을 향한
점프 포인트

모든 진실은 일단 밝혀지기만 하면 이해하기가 쉽다.
문제는 진실을 조작하는 것이다.
가이 가와사키

'노라스Norrath'는 지금까지 당신이 가봤던 곳과는 전혀 다른 곳이다. 노라스는 기존에 알려진 6개 대륙들과 당시이 들어 본 적이 없는 미지의 지역들로 이루어진 놀랍고도 다양한 장소이다. 이곳은 건조한 평야와 안개 낀 협곡, 그리고 얼음으로 뒤덮인 산으로 이루어진 환상적인 장소이다. 그렇지만 온갖 종류의 생물들과 짐승들과 강도들이 살고 있는 노라스는 위험하면서도 무자비한 장소이기도 하다.

그러나 매일 약 6만 명의 사람들이 일과 탐험과 싸움을 하러 이곳을 방문하는 것으로 추산되고 있다. 노라스의 방문객들 중에는 냉정한 베테랑들이 있다. 이들은 위대한 승리와 정복을 꿈꾸는 노련한 전사들이다. 그러나 제대로 장비를 갖추지 않은 사람들도 이곳을 적지 않게 방문한다. 그들은 강력한 전사들의 칼받이(혹은 야생 동물들의 먹잇감)가 될 때가 종종 있다.

노라스에서의 삶은 생존의 문제와 직결된다. 이곳에서는 '몹(이동하는 대상이란 mobile object를 줄인 단어)'이라는 이름으로 불리는 전투 괴물들이 백금 조각들(이곳의 화폐)을 사냥하는 한편, 다른 사람들과 힘을 합쳐서 서로에게 혜택을 주고 서로를 보호해 줄 길드를 형성한다.

지금 정도면 여러분도 눈치를 챘겠지만 노라스는 가상의 행성이다. 이곳은 온라인 게임인 에버퀘스트에 나오는 가상의 우주 중심이다. 이곳은 온라인 게이머들을 위한, 그리고 온라인 게이머들이 만든 종합적 세계이다. 이 세계가 가상의 세계일지 모르지만 노라스가 허구는 아니다. 많은 면에서 노라스는 지구상에서의 삶의 모습을 그대로 재현해놓고 있다. 다시 말해서 이곳에는 생과 사와 경쟁과 커뮤니티 구축과 관련된 문제들이 가득하다.

다른 많은 온라인 게임 세상처럼 노라스는 지독한 머드플레이션 때문에 고통을 받는다. 머드플레이션이란 예전에 가치가 있었던 지역과 도구와 사물의 가치가 급격히 줄어드는 걸 말한다. 머드플레이션은 순식간에 일어날 수 있다. 머드플레이션이 일어날 경우 한순간에 수익성이 높은 철광산이나 전략적 무기나 신성한 문화유물의 가치가 날아가 버릴 수도 있다. 그리고 과거에 게이머들을 부유하고 강력하게 만들었던 게 눈 깜짝할 사이에 무가치하게 변하기도 한다.

점프 포인트 이후의 세대에는 이처럼 아주 극적이거나 눈에 잘 띄는 변화가 일어나지는 않을지 모르지만 어느 정도는 머드플레이션의 성격을 보일 것이다. 그곳에서는 상황이 바뀌면 제품과 서비스가 종종 빠른 시간 내에 가치를 잃을 것이며, 또 어떤 사업들은 약점을 드러낼 것이다. 그러나 똑똑한 기업들과 눈치 빠른 경영자들은 머드플레이션이 오는 신호를 사전에 간파하고, 가치를 다른 곳으로 돌리기 위한 결정적인 조치를 취할 것이다. 또한 차익거래자처럼 그들은 그러한 과정 중에 시장 점유율을 늘리거나 새로운 시장을 확보할 것이다.

이처럼 '틈새 공략' 은 점프 포인트가 주는 기회이다. 불연속적인 시대에 필요한 것은 다른 사람들보다 먼저 미묘한 환경 변화를 감지하고 먼저 공격하는 것이다.

모든 점프 포인트 때마다 구태의연한 이야기들이 등장했다. 그것은 바로 변화의 물결을 거부해서 변화를 놓쳐 버리는 기존 기업들의 이야기다. 과거를 돌이켜 봤을 때 당신은 증기 엔진을 곧 사라져 버릴 일시적인 유행으로 간주하는 쾌속 범선 제작자나 트랜지스터가 부적절하다면서 무시해 버린 진공관 제작자, 또는 의회에 위성 라디오 관련 법안을 폐기할 것을 요구하는 방송업자들을 항상 만날 수 있다.

오늘날 우리 시대의 구태의연한 기업들은 불법적인 디지털 저작권 위반을 꼬투리 삼아서 아이들과 할머니들을 고발하는 시대에 뒤떨어진 콘텐츠 제공업자들이다. 또한 고도로 맞춤화된 세상 속에서 여전히 한 가지 제품으로 모든 사람들에게 맞추려고 안간힘을 쓰는 융통성이 없는 제조업자들이다.

점프 포인트 시대에 과거를 지키는 건 거의 항상 무능한 기업들뿐이다. 어떤 모멘텀이 임계점에 도달했을 때 그것을 뒤바꿀 수는 없다. 우리가 그 임계점에 도달하는 속도를 늦출 수 있을지는 몰라도, 그것을 완전히 중단시킬 수는 없는 것이다.

또한 그러한 모멘텀은 빠르게 형성이 된다. 다음 점프 포인트는 더 이상 무시할 수 없는 쉬운 변화로 자신의 모습을 드러내고 있다. 예를 들면 다음과 같다.

- 개인용 컴퓨터와 커뮤니케이션 기술의 결합으로 사람들이 중개인 없이 서로 직접 연결할 수 있는 세계적인 네트워크가 창조됐다. 중개업자들에게는 아주 어려운 시간이다.

- 정보의 과부하에 압도된 소비자들은 일상생활 속에서 그들의 관심을 끌고자 경쟁하는 많은 정보들 중에서 옥석을 가려내기 위해서 노력한다. 억지로 사람들의 관심을 훔치는 광고주에게는 좋지 않은 시기다.

- 사람들은 언제 뭘 하거나, 뭘 사거나, 뭘 봐야할지 지시해 주는 사람을 원하지 않는다. 융통성이 없거나 시간에 쫓기는 기업들에게는 불행한 시간이다.

- 사람들은 쓰거나 즐기거나 이용하거나 저장하거나 재산을 공유하는 방법에 대해서 제약을 받기를 원하지 않는다. 정보에 대한 권리를 좌지우지하려고 애써 봤자 소용이 없다.

- 소비자들은 균형을 바꾸고, 비율을 뒤집고, 시장의 과거 규칙을 없앨 수 있는 자신들의 힘에 대해서 잘 알고 있다. 소비자가 인상을 받고 감정을 표현할 수 있는 메커니즘을 제공하라. 그렇지 못하다면 집에 가라.

- 사람들은 정부나 대기업이나 정당을 믿지 않는다. 그들은 본질적으로 다른 사람들과 확실한 것만을 믿는다. 이것은 신뢰성이 없거나 변덕스럽거나 엉터리 조직에게 위험한 시기다. 특히 당신의 조직이 대형 기존 기업이라면 더욱 그렇다.

점프 포인트의 10가지 진실

지금까지 당신이 해서는 안 되는 일들에 대해서 설명했다.

그러나 우리에게 정말로 필요로 한 것은 당신이 지금과 같은 새로운 점프 포인트의 세계에서 성공하기 위해서 해야 할 일과 관련된 몇 가지 기본 규칙들이다. 그리고 그런 규칙들을 위해서 우리는 점프 포인트 시대의 새로운 시장에 대한 기본적인 사실들을 약간이나마 이해하고 있어야 한다.

우리가 가장 먼저 해야 할 일은 이미 세상에 존재하는 기술이 우리에게 어떤 의미를 가지며, 조기수용자들이 그러한 기술에 어떤 식으로 반응하고 있고, 조기공격자들 중 일부가 지금과 같은 변화를 이용하기 위해서 어떤 일을 하고 있는지 생각해 보는 것이다.

먼저 점프 포인트는 우리에게 모든 것에 대해서 질문할 수 있는 라이선스, 현재의 합의안과 수용 안을 다시 협상할 수 있는 기회, 새로운 프로젝트들을 상상할 수 있는 자유 등을 부여한다. 예를 들어 우리가 예술가의 작품을 존중한다는 게 정말로 그가 예술품으로부터 엄청난 돈을 벌 수 있는 본질적인 권리를 갖고 있다는 걸 의미하는 것일까? 우리는 래퍼인 '50센트'를 좋아하고, 그의 음악 작품을 존경할지 모른다. 그러나 그가 영원히 돈을 찍어낼 수 있는 권한을 부여받았다고 어디에 적혀 있단 말인가?

반면 50센트가 그의 창작품의 유일하고 완전한 소유자라는 걸 우리가 믿는다면 그는 전화 호출음에서부터 샘플링과 매시업에 이르기까지 그의 작품들을 모든 방면에서 사용하면서 수익을 올릴 수 있는 권한을 갖고 있는 게 아닐까?

다시 말해서 예전의 규칙은 더 이상 소용이 없고, 테이블은 정돈이 끝났고, 우리는 처음부터 모든 것을 다시 생각해볼 수 있는 기회를 얻었다.

음악, 텔레비전, 출판, 라디오, 신문과 그 밖에 수백 가지 다른 산업들에서 이러한 혁신적인 구조 조정은 이미 시작됐다. 그리고 이러한 사실은 결코 놀랄 만한 일이 못된다. 오래된 기존 방식들은 종종 트렌드가 분명해지기 훨씬 전부터 더 이상 소용이 없어지곤 한다. 이제 시간이 지나면서 소규모로 지각하기 어려울 정도로 우리의 기본적인 믿음과 태도가 진화되면서 새롭고 충족되지 않은 욕구를 창조하는 동시에 새로운 진실을 드러낸다.

다음은 이와 관련된 몇 가지 진실들이다.

1. 당신은 네트워크와 싸울 수 없다

이 책의 1부에서 지적했던 것처럼 네트워크는 불변이며, 예상할 수 있는 방식으로 움직인다. 당신의 고객들에게 더 가까이 다가가고, 그들의 신뢰를 얻고, 그들을 당신 편으로 만들고, 당신의 사업을 성장시키기 위해서 네트워크의 특성과 행동들을 이용하라.

오늘날 비즈니스 리더들은 네트워크의 작동 방식을 바꾸려는 시도가 얼마나 무모하면서도 터무니없는 짓인지를 인정해야 한다. 즉 저자이자 편집자인 스튜어트 브랜드의 말을 빌리자면 "정보가 자유롭게 되기를 원한다는 걸" 알아야 한다.[1] 또한 모든 콘텐츠는 대중의 콘텐츠라는 사실을 받아들여야 한다. 다시 말해 정보가 당신의 손을 떠나자마자 공유되고 수정되고 가치가 훼손된다는 걸 인정해야 한다.

놀랍게도 많은 기업들은 지난 20년 가까이 네트워크를 사용하고 있으면서도 네트워크의 힘을 거부하려고 노력하고 있으며, 혹은 네트워크의 자유분방한 성격을 무시하고 자기 마음대로 네트워크를 움직이려고 노력하고 있다.

콘텐츠에 대해 다음과 같이 대조적인 두 가지 관점을 생각해보자.

첫째, 2007년 『와이어드』 잡지가 실은 '주스트'에 대한 기사다.[2] 주스트는 스카이프와 카자의 창립자인 니클라스 젠스트롬과 야누스 프리스가 새로 설립한 무료 인터넷 TV회사이다.

비전: 이종의 P2P 플랫폼에서 구동되는 보편적인 텔레비전, 수백 만 대의 정교하게 네트워크화된 PC들이 전통적인 비디오 서버들을 만나서 성능이 강화됐다. 플레이어 애플리케이션을 다운로드받은 시청자들에게는 공짜다. 강력한 암호 때문에 콘텐츠 소유자들이 좋아한다. 또한 항상 선호되어 왔던 미디어를 선별 공략할 수 있다는 점에서 광고주들도 좋아한다. 모든 사람들이 승자가 됐다!

이제 이 기사를 이보다 3개월 전에 나왔던 CNET 뉴스 서비스에 실린 기사와 비교해보자.

로열 필립스 일렉트로닉스의 신제품은 텔레비전 시청자들이 광고 방송 도중에 채널을 돌리거나 DVR 콘텐츠를 시청하면서 과거의 광고들을 빠르게 돌리지 못하게 막고 있다. 시청자들은 방송사에게 돈을 지불한 다음에야 비로소 이런 고정 채널로부터 벗어날 수 있게 된다. 이 고정 채널은 프로그램별로 정해지며, 시청자들은 각 프로그램이 시작할 때 볼지 안 볼지를 결정한다.

이 두 가지 서로 대조적인 시각에 대해서 이야기해 보자! 하나는 무료이고 개방적인 텔레비전을 말하고 있는 반면, 다른 하나는 지시하고 통제하는 텔레비전을 말하고 있다. 과연 어떤 텔레비전이 이길까 추측해 보면 어떨까?

법률 비용과 연구개발비와 소프트웨어 코드 비용 사이에서 네트워크의 작동 방식을 통제하고, 관리하기 위해서 기업 경영자들은 막대한 돈을 사용하고 있다. 궁극적으로 이러한 돈(그리고 주주 가치)은 네트워크가 자연스럽게 행동하는 방식을 이해하고 그러한 자연스러운 네트워크의 특징들을 활용하는 데 쓰는 게 훨씬 더 나을 것이다.

예를 들어 우리가 앞에서 배웠던 스카이프와 폰, 트레드리스 같은 기업들은 네트워크가 가진 기본적인 바이러스적 성격(고객은 두 명의 다른 고객들 사이를 이어주는 가장 가까운 선이다)을 이해하고 있기 때문에 전 세계적으로 급속한 성장을 거두었다. 당신의 고객들이 당신의 제품이나 메시지에 확실한 관심을 보였다면 이제 당신은 네트워크를 통해 급속히 성장하는 일만 남았다.

그렇다면 고객이 당신의 제품이나 서비스 메시지를 무료로 전파 내지는 확산시켜 주고 싶다는 생각을 하게 될 때는 언제일까?

■ 당신의 제품이나 서비스가 고객들을 크게 놀랄만한 인상을 주었을 때.
■ 고객들이 다른 동료들보다 먼저 당신의 제품이나 서비스를 찾아내게 되었을 때.
■ 당신의 제품이나 서비스를 사용하는 사람들이 늘수록 고객들이 개인적으로 그러한 제품이나 서비스를 더 유용하게 활용할 수 있게 될 때. 즉 네트워크 효과가 생길 때.

따라서 다운로드가 된 후 바이러스처럼 확산되는 이상적인 애플리케이션은 독특하고 사용하기 쉽고 사람들이 전파하기 쉽다는 특징을 갖고 있다. 이런 애플리케이션은 또한 그것을 다운받는 사람들 모두에게 혜택을 주거나 결속감을 창조한다. 오늘날 이처럼 다운 후 바이러스처럼 퍼지는 애플리케이션의 대표적인 예로 '위젯'이 있다.[3]

위젯은 프로그래밍 지식이 많지 않아도 웹사이트나 블로그에 올리고 가동할 수 있는 휴대용 코드 블록을 말한다. 위젯을 쓰면 웹사이트의 기능이 강화된다. 인기 있는 위젯은 주로 콘텐츠를 관리하고 수정하고, 재미있는 방법으로 친구에게 접근하거나 사이트를 방문한 사람들이 게임을 할 수 있게 해주는 기능을 갖춘 것들이다. 위젯은 사이트에 한 번 들어온 사람들이 계속 오랫동안 머물게 해주기 때문에 사람들 사이에서 인기가 높다.

위젯을 만드는 사람들은 당신이 그들이 만든 이 무료 애플리케이션을 다른 사람들에게 전파시켜 주기를 바란다. 그 이유는 그들은 당신에게 가치를 선사했기 때문이다. 또 그들은 당신이 홈페이지의 아이템을 전파시키기 쉽게 만들어줬고, 그들이 사람들이 서로 연락해서 접속하게 만들 이야기 거리를 만들어줬기 때문이다. 위젯 제작자들은 어떻게 해서 돈을 버는 걸까? 그들은 광고나 스폰서십을 팔거나 그들 제품의 프리미엄급 판매용 버전을 홍보한다. 이것은 네트워크의 기본적인 진실이자 네트워크를 이용해서 사업을 성장시키고 싶은 모든 사람들이 알아두어야 할 중요한 교훈이다.

2. 소셜 커뮤니티는 새로운 시장이다

네트워크는 사람들이 원하는 다른 사람들과 자유롭게 연락을 취해서 모일 수 있게 만든다. 사람들은 공통의 기호를 공유하고, 친목을 도모할 목적을 새로운 커뮤니티를 만든다.

이것은 우리가 거주할 장소나 직업을 선택하거나 브랜드 제품을 구매하는 것과는 차원이 다른 일이다. 커뮤니티 등 그룹의 결성은 매우 강력한 사회적 활동이며, 회원 각자의 자유 의지에 따라서 만들어진 그룹이라도 회원들 간에 단합과 충성심이 대단할 때가 많다. 그리고 같은 생각을 갖고 있으면서 본인이 원해서 함께 모인 사람들로 이루어진 커뮤니티는 마케터의 꿈이다.

2007년 실시된 소셜 네트워크 사이트인 폭스 인터랙티브 미디어의 연구 결과에 따르면 15세부터 34세까지의 미국인들 가운데 10명 중 7명은 온라인 사회 커뮤니티 활동에 적극적이다.[4] 그러나 이러한 경향은 결코 거품 세대의 소비자들에게만 한정된 것이 아니다. 웹 분석 회사인 컴스코어에 따르면 세계 최고의 25개 소셜 커뮤니티들은 모든 인구와 연령대를 망라해서 총 10억 명의 회원을 두고 있다. 그리고 2008년 초에 사회 커뮤니티 사이트는 가장 빨리 성장하고 있는 온라인 사이트가 되었다.

무엇보다도 사람들은 그들이 활동하는 온라인 커뮤니티에 높은 충성심을 보여 준다. 2007년 USC 안넨버그 디지털 퓨처 프로젝트가 실시한 연구 결과, 온라인 커뮤니티에 소속되어 있는 미국인들 가운데 43퍼센트는 실제 세계만큼이나 가상 세계에 강한 애착을 느끼고 있었다.

그러나 주의할 게 하나 있다. 온라인 커뮤니티는 새로운 '대중' 마케팅 채널, 즉 사람들의 관심을 모으는 수단이 아니다. 당신은 온라인 커뮤니티를 상대로 선전을 해서는 안 된다. 그러한 커뮤니티는 존중과 화합과 참여와 애정을 바탕으로 하는 행동 코드에 따라서 움직일 뿐이다.

똑똑한 마케터들은 인내심을 갖고 있으며 이러한 코드를 의식한다. 그들은 너무 앞서나가거나 세련된 척하거나 굶주린 척하지 않는다. 더군다나 그런 사람들은 커뮤니티에서 재빨리 추방 내지는 탄핵당한다. 반대로 사이언, 코카콜라, 헬리오는 뭔가 가치가 있는 것, 다시 말해서 일반적으로 전파시킬 만한 가치가 있는 것을 팬들에게 제공하면서 그들과 개인적인 유대감을 구축한 브랜드의 좋은 사례다.

소셜 커뮤니티 사이트인 페이스북의 안팎에서 급성장하고 있는 경제만큼이나 온라인 커뮤니티가 시장에 미치는 힘을 더 잘 보여 주는 사례는 없다.

2004년에 최초로 문을 연 페이스북은 대학생들끼리 프로필과 사진을 올리고 최신 뉴스를 교환하는 사교 활동의 '장'을 제공하는 게 목적이었다. 그러나 2006년이 되자 페이스북은 모든 사람들에게 문호를 개방하면서 변신을 시도했고, 그 결과 회원수는 3,000만 명 이상으로 불어나면서 회원 수 면에서 마이스페이스에 이어 2위로 올라섰다.

페이스북의 창립자인 마크 주커버그는 외부 프로그래머들이 커뮤니티 내에서 쓸 수 있는 애플리케이션을 제작할 수 있게 허용하면서 2007년에 또 다시 변신을 시도했다. 이와 같은 조치는 대내외로 호평을 받으면서 페이스북을 오픈 플랫폼으로 바꿔놓았고, 결과적으로 사회 네트워크인 페이스북 경제란 용어를 탄생시키는 계기를 마련했다. 페이스북 경제는 전 세계 상거래의 미래에 대해서 오늘날 우리가 갖고 있는 최고의 시각일지도 모른다.

오늘날 수십 명의 디자이너들이 페이스북 커뮤니티 내에서 사용하기 위해서 수백 개의 위젯과 소형 애플리케이션들을 만들어서 알리고 있다. 결과적으로 페이스북은 이제 가상의 방식이 아니라 그토록 많은 사람들이 도시의 삶을 선택하는 이유를 가장 그럴듯하게 보여 주는(다양성, 선택, 시너지 효과 등의 이유 때문) 최초로 완벽하게 구현된 온라인 메트로폴리스로서 자리매김을 하게 되었다.

점프 포인트 이후 우리가 살 세상의 경제는 새롭게 자기 조직화되는 시장 공간들로 나뉠 것이다. 이러한 공간들은 친목과 가입을 중심으로 세워질 것이며, 전문적이면서 열정적인 사람들이 모인 장소가 될 것이다. 그러나 그러한 공간들의 크기는 작지 않을 것이다.

웹 철학자인 클레이 서키는 새로운 시장 공간을 '대형 틈새시장'이라고 부르면서 "대형 틈새시장은 인터넷의 아주 얇은 조각에 불과하겠지만 그럼에도 불구하고 약 100만 명의 사람들이 활동할 것이다"라고 말했다.[5] 그는 또한 이렇게 덧붙였다. "대형 틈새시장은 새로운 무엇이며, 온라인 비즈니스와 문화에 지속적인 영향을 줄 것이다. 이것의 기본적인 공식은 간단하다. 아주 큰 파이에서 잘라난 조그만 조각도 실제로는 상당히 크다는 것이다." 다시 말해서 새로 생겨날 시장들은 잘 정의되어 있고, 단일한 생각을 갖고 있으며, 동시에 규모가 클 것이다.

3. F로 시작하는 단어를 사용하라

"자유는 항상 소비자들에게 유익하다" MTV의 최고디지털담당관인 제이슨 허친은 2006년에 스페인의 바르셀로나에서 열린 3GSM 세계 총회에 모인 청중들을 향해서 이렇게 말했다.[6] 모바일 콘텐츠를 위한 새로운 사업 모델을 연구했던 한 패널의 참가자들은 모두 광고의 지원을 받는 무료 콘텐츠(비용과 제약이 없는 콘텐츠)를 머릿속에 그리고 있었다.

그렇다면 역설적이면서도 이단적으로 보이는 질문을 하나 해보자. "당신은 과연 어떻게 '무료 콘텐츠'로부터 돈을 벌 수 있을까?"

벤처 자본가이자 블로그 전문가인 프레드 윌슨은 이런 사업 모델을 일컬어서 '프리미엄' 사업 모델이라고 불렀다.[7] 그는 이 사업 모델을 이렇게 설명했다. "무료로 서비스를 시작하라. 이 서비스에 광고가 붙을 수도 있고 아닐 수도 있다. 일단 입소문과 소개와 유기적 검색 마케팅 등을 통해서 효과적으로 아주 많은 고객들을 확보하라. 그런 다음에 웃돈을 붙인 부가가치가 높은 서비스나 기존 서비스를 확장한 서비스를 고객들에게 제공하라"

당신은 이 말에 쉽게 공감을 하지 못할지도 모른다. 그렇다면 상품을 고객들에게 무료로 제공하면서 정말로 돈을 벌 수 있을까? 그렇다. 이미 실제로 그런 일이 벌어지고 있다. 어도비가 제공하는 PDF 리더와 어도비가 인수한 매크로미디어의 쇼크웨이브 플레이어 같은 사례들을 살펴보자. 이처럼 무료로 제품을 제공하는 회사들은 최종 사용자들에게 무료로 소프트웨어를 쓰게 한 다음 콘텐츠 생산업체들로부터 그 소프트웨어에 대한 사용료를 받으면서 두텁고 충성심이 강한 고객층을 확보했다.

라이브저널이란 이름의 블로깅 플랫폼을 무료로 제공하고 있는 식스 어파트는 기존 고객 중 200만 명이 넘는 고객들이 매년 20달러만 내면 쓸 수 있는 프리미엄 버전을 구매하게 만드는 데 성공했다. 플리커와 결제 서비스를 제공하는 프레시북스 역시 무료와 유로 버전들을 동시에 제공한다.

적절한 제품과 서비스를 제공한다면, 그것을 무료로 제공하면서 얻는 혜택은 상당하다. 무료 제품은 빠르게 움직이면서 대중들의 수용을 가로 막는 장애물들도 재빨리 없애 준다. 무료 제품은 가장 먼저 등장하기 때문에 대부분의 다른 제품들이 그것을 따를 수밖에 없게 된다. 무료 제품은 또한 우호적인 반응과 브랜드 충성심을 얻으며, 사람들은 무료 제품이나 메시지를 돌리는 데 아주 관대하다.

다시 말해서 무료는 통한다.

4. 관심에 보상하라

앞에서도 지적했던 것처럼 관심은 인간이 가진 모든 자원 중에서 가장 소중한 자원이다. 정보가 넘치는 점프 포인트 이후 경제에 관심은 더욱 진귀해지면서 더 높은 가치를 띨 것이다.

관심을 줄 수 있는 사람들은 그들의 권리를 요구할 것이다. 청중들이 원하지 않고 그들과 관련성이 적은 메시지로 그들을 공격하는 행위(사실상 청중의 관심을 빼앗기)는 중대한 범죄로 간주될 것이다. 소비자들은 그들이 쏟는 관심에 대해서 보상을 기대하게 될 것이다. 그들의 관심은 공짜로 그냥 주기에는 가치가 너무 크기 때문이다. 지금 하고 있는 말이 시사하는 교훈은 분명하다. 당신이 고객의 관심을 확보하는 대신에 미래와 현재 고객들에게 그만큼의 가치를 선사해야 한다는 것이다.

아직까지 초기 단계 수준에 불과하지만 내가 말하는 '관심' 보상 사업의 열기가 점차 뜨거워지고 있다. 버진 모바일의 슈가 마마 프로그램을 보자. "여러분이 남는 시간에 항공 시간을 벌어드립니다"라는 구호 아래에서 슈가 마마는 방문객이 스폰서 광고를 보면서 시간을 보내는 데 대한 대가를 지불한다. 따라서 슈가 마마의 고객들은 펩시, 엑스박스, 뉴밸런스, 서브웨이 등과 같은 브랜드들이 내보내는 상업용 광고를 보는 대신에 그 대가로 선금을 받는다.

모바일 광고 책임을 맡고 있는 스콧 켈리허는 "일반적으로 소비자들이 1분 동안 광고를 보는 데 대해서 1분 정도 비행기를 타고 갈 수 있는 거리만큼의 대가를 받는다"라고 말한다.[8]

버진 모바일의 고객들 중에서 거의 50만 명 가까이가 현재 이 프로그램에 가입해 있다. 또한 매일 1,000명의 신규 고객들이 가입하고 있다. 사람들은 그들이 보이는 관심에 대해서 보상을 받는 걸 좋아하는 것 같다.

이외에도 다른 많은 기업들이 관심을 가치로 교환하기 위한 방법을 물색하고 있다. 큐트랙스는 유니버셜, 소니/ATV, 워너뮤직그룹, EMI, BMI 등과 같은 대형 음반회사들의 도움을 받아서 고객들이 광고를 보는 대가로 무한대로 음악을 다운로드할 수 있는 P2P 음악 공유 서비스를 제공하고 있다. 게임탭 역시 같은 방식으로 게임 다운로드를 허용하고 있고, 버진 모바일처럼 제로 모바일은 고객들이 관심을 보여주는 데 대한 대가로 돈을 벌게 해 주고 있다.

대기업들은 특히 직원들의 관심에 대한 비용 가치를 이해하기 시작하고 있다. 시리어시티는 대기업과 협력 조직들의 직원들이 어떤 정보에 관심을 가질 필요가 있고, 또 어떤 정보에는 관심을 가질 필요가 없는지를 이해하도록 돕고 있다. 시리어시티는 메시지를 받는 사람들에게 메시지에 우선순위를 부여해서 골라 볼 수 있는 능력을 부여한다. 또한 메시지를 보내는 사람들에게는 자신의 메시지가 중요하다는 걸 수신자에게 알리는 데 사용할 수 있게 돈을 준다. 이런 식으로 시리어시티는 정보 과부하 문제를 해결하고 있다.

흥미롭게도 시리어시티는 '시리오스Serios'라는 화폐를 사용해서 사람들의 관심을 끄는 방식으로 이러한 서비스를 제공하고 있다. 이 회사는 "시리오스가 제한적으로만 공급이 되기 때문에 직원들은 그것을 메시지에 붙여서 자신이 보내는 메시지가 중요한 메시지임을 알리는 의미 있는 신호로써 활용할 수 있다"라고 말했다.

한마디로 말해서 시리어시티는 직원들끼리 서로 다른 사람의 관심을 마음대로 빼앗지 못하게 막고 있다.

5. 시간의 장벽을 깨라

아래 내용은 조사 회사인 아이포스가 2006년 말 미국의 '지식 근로자들'을 상대로 실시한 설문 조사의 결과다.[9]

- 85퍼센트는 PDA, 휴대폰, 이메일로 언제라도 연락이 가능하다.
- 92퍼센트는 퇴근 외 시간에도 업무 관련 자료들을 보내거나 만들거나 준비한다.
- 73퍼센트는 주말에도 커뮤니케이션 장비들을 갖고 다닌다.
- 45퍼센트는 휴가 중에도 사무실에 연락을 취한다.

이처럼 늘 언제나 접속되어 있으려고 하는 인간의 욕구는 정보 집중화된 산업에서만 나타나는 특별한 현상일까? 아니면 사회학적 차원에서 뭔가 심각한 일이 벌어지고 있는 것일까?

조사의 응답자들은 항상 연락을 가능하게 해주는 커뮤니케이션 장비들을 그들의 삶을 묶어 놓는 올가미로 생각하지 않았다. 오히려 그들은 그것들을 직업적이고 개인적인 자유의 근원으로 바라봤다. 어디서나 연락이 가능한 모바일 커뮤니케이션 기술이 그들의 직업적·개인적 삶 사이의 경계를 허물고 있지만 조사에 참가한 사람들은 분명 언제나 연락이 가능한 삶 때문에 겪게 되는 부작용보다는 혜택이 더 많다고 생각하고 있었다.

그들이 그렇게 생각하고 있는 이유는 왜일까? 조사에 참여한 사람들 중에 80퍼센트 이상은 항시 연락이 가능하게 해주는 기술로 인해서 그들이 좀 더 시간을 유연하게 조절하면서 일할 수 있게 됐고, 그로 인해서 더욱 생산적으로 변했다고 대답했다. 또 응답자의 70퍼센트는 그들이 전형적이지 않은 생활양식을 영위하면서 좀 더 성공한 것 같은 인상을 받고 있다고 대답했다.

시간에 얽매이지 않고 사는 사람들이 늘어나고 있다는 걸 보여 주는 이와 같은 조사 결과는 새로운 소비자들은 자신에게 적절한 '시간'을 스스로 정할 수 있기를 원한다는 걸 보여 준다. 우리는 티보, DVR, 주문형 비디오 서비스 등과 같이 시청 시간을 마음대로 바꿀 수 있는 기술이 대중적으로 많은 인기를 끌고 있다는 점을 바로 이러한 욕구의 증거라고 생각한다. 우리는 또한 이러한 욕구가 슬링박스, 애비뉴, 오브, 월드온디맨드닷넷 같이 장소에 구애받지 않고 어디서나 원하는 영화 등을 다운받아서 볼 수 있게 해 주는 서비스가 출현하게 된 계기도 마련했다고 생각한다.

또한 이러한 추세는 온라인 세계에서만 국한되어 벌어지고 있지 않다. 우리의 생활 속에서 연락 두절 상태를 없애려는 노력은 다른 많은 관계들로까지 확산되고 있다. 항공 여행 업계에서 일어난 사건을 한 가지 살펴보자.

2007년에 버진 아메리카 항공의 출범은 몇 가지 면에서 크게 성공적이었다고 할 수 있다. 그렇다. 저렴한 항공권, 흰색 가죽 시트, 분홍

262

색과 보라색이 곁들여진 재미있는 실내조명(마치 아이팟의 내부에 와 있는 것 같은 느낌을 주는), 비행기 안에서 제공되는 영화와 게임과 구글 맵 등은 모두 고객들을 즐겁게 만들어줬다. 그러나 처음 이 비행기를 타 본 사람들이 평가한 최고의 서비스는 바로 일반석 좌석 세 개마다 두 개씩 설치한 110볼트 전력 소켓과 좌석마다 설치된 이더넷과 USB포트와 인터넷 접속을 위한 무선 접속망(이것은 연방항공청의 허가를 받아야 한다), 그리고 좌석들끼리 서로 문자로 채팅을 나눌 수 있는 기능들이었다. 이 기능들은 승객들이 접속 상태를 유지하면서 비행시간을 생산적으로 쓸 수 있게 했다.

버진 아메리카가 출범하기 전까지만 해도 항공기 안은 지구상에서 가장 연결하기가 어려운 장소였다. 마치 성층권에 있는 달의 어두운 면이나 마찬가지였다. 버진은 이러한 과거의 전제들을 거부했다. 승객들이 비행시간 동안에 가정과 사무실과 연락 두절 상태에 있는 걸 원하지 않는 걸 알고 있었기 때문이다.

버진 아메리카가 승객들에게 과거에 그들이 잃어버렸던 시간을 되돌려 준 것처럼 오늘날의 모든 마케터들은 시간, 특히 그중에서도 세계 시간을 예전과 다른 각도에서 바라볼 필요가 있다.

이것은 또한 유튜브, 티보, 그리고 기타 주문형 플랫폼들의 인기로부터 얻을 수 있는 진정한 교훈이기도 하다. 저작권, 광대역폭, 그리고 셋톱박스를 텔레비전이나 PC 어디에 설치할 지 여부 등과 같은 부가적인 문제들은 중요하지 않다. 주문형 플랫폼의 혁명이 가능했던 건 기술이나 법 혹은 형식보다는 사람들의 바람과 기대 때문이었다. 주문형 서비스를 경험한 사람들은 그것을 즉시 이용하려고 한다. 이제 그들은 더 이상 방송사가 정해준 시간에 텔레비전 앞에 앉아서 코

미디 시트콤을 볼 필요가 없다.

텔레비전, 상업용 라디오 외에도 시간에 묶여 있는 어떤 사업이건 사람들이 시간을 통제하고 싶어 한다는 데 주의를 기울여야 한다.

이처럼 점프 포인트 이후 경제의 빠른 생체리듬을 만족시켜주기 위해서 마케터들은 가능하면 언제라도 시간을 사회적으로 무시해야 할 것이다. 우리가 소비자들에게 시간을 사용하거나 아끼거나 변경하는 새롭고도 획기적인 방법을 제시할 수 있을 때 큰 대박을 터뜨릴 수 있을 것이다. 모든 디지털 콘텐츠는 '지금' 다운로드가 가능해야 한다. 모든 물리적 제품은 웃돈을 받고서라도 더 빠르게 배달이 되어야 한다. 모든 생산 주기에 소요되는 시간은 최대한으로 단축해야 한다. 또한 세계 경제는 결코 잠을 자는 법이 없기 때문에 세계 시장에서 경쟁하려는 기업들은 공장 문을 닫아놓아서는 안 된다. 결과적으로 우리가 사는 세상은 언제나 비즈니스가 벌어지고 있는 중이다.

6. 모든 것을 매싱이 가능하게 하라

'DRM Digital Rights Management' 다시 말해서 '디지털 저작권 관리'는 오늘날 콘텐츠 소유자들이 음악, 영화, 문학, 소프트웨어와 같은 디지털 데이터를 타인이 사용하는 것을 통제하고 규제하는 방법이다.

DRM은 왜 A라는 플랫폼 상에 있는 음악이 다른 플랫폼에서는 연주가 안 되는지(예를 들어 왜 아이튠즈에 있는 음악은 아이팟으로만 들을 수 있는지) 그 이유를 설명해 준다. 또한 영화를 구매하는 사람들이 자기 마음대로 영화를 복사할 수 없는 이유도 DRM 때문이다. 간단히 말해서 DRM은 아날로그 시대의 유물이며, 이것은 곧 과거의 산물이 될 것이다. 그 대신 우리는 '개방의 시대 Era of Open'로 접어들고 있다.

이 시대는 공개 소스, 공개 시스템, 무한한 성장을 특징으로 한다.

이 책의 처음부터 계속해서 강조하고 있지만 개방 소스와 프리웨어의 이동은 단순히 비즈니스 차원의 문제가 아니다. 이것은 사회적이고 정치적인 의미도 갖고 있다. 매시업 문화는 전 세계적으로 점점 더 강력해지고 있는 트렌드이다. 오늘날 기업들은 저작권과 지적 재산권 문제 앞에서 중요한 갈림길에 서 있다. 『컨버전스 컬처』의 저자인 헨리 젠킨스 교수는 문화적 갈림길을 다음과 같이 설명한다.[10]

이러한 사람들의 움직임에 대해서 미디어 업계는 두 가지 대조적인 반응을 보인다. 첫째, 냅스터를 둘러싸고 벌어지고 있는 법적 다툼에서부터 시작해서 고객들을 상대로 일명 '초토화 정책'을 점점 더 많이 동원하는 미디어 기업들이 있다. 그들은 한때 그들의 관심 범위에서 벗어나 있었던 여러 가지 형태의 팬들의 참여를 규제하고 법규화하기 위해서 애쓰고 있다. 둘째로 이와 동시에 변방에서는 새로운 미디어 기업들(인터넷, 게임, 그리고 이들 정도는 아니지만 휴대폰 기업들)이 팬들을 콘텐츠 생산의 중요한 협력자로, 그리고 대중들을 그들 상품을 홍보하는 데 도움을 주는 중개자로 바라보는 새로운 접근법을 시험하고 있다.

디펙티브바이디자인에서 추진되고 있는 DRM 반대 운동은 기업들이 상품의 사용을 제한하는 데 대해서 좀 더 신랄하게 비판하고 있다. "사용자의 시각에서 봤을 때는 제조사들이 이러한 상품들을 일부러 그렇게 엉터리로 만들 것이기 때문에 그들은 '디자인상의 결함'을 갖고 있다고 할 수 있다. 우리의 캠페인은 이러한 '결함이 있는' 상품들을 찾아서 없애는 데 목적을 두고 있다. 우리는 DRM을 반사회적 기술로 만들 계획이다. 우리는 또한 하나의 사회 관행으로서 DRM의 폐지를 주장한다."

최근 들어서 단단하던 DRM에 서서히 균열이 가기 시작했다. 2007년에 음악 산업을 필두로 변화의 목소리가 커지기 시작했다. 음반 업계의 양대 거물인 EMI 뮤직과 유니버설 뮤직 그룹이 DRM이 없는 음악을 제공하기로 결정했다.[11] 이 결정은 월마트, 베스트 바이, 아마존과 같은 많은 대형 소매업체들의 주목을 끌면서, DRM 시대의 종말이 다가오고 있음을 신호했다.

결론적으로 지금처럼 매싱이 가능한 시대에 똑똑한 기업들은 소비자들의 제품 사용권을 제약하는 게 궁극적으로 손해라는 사실을 깨닫고 있다. 그러한 제약을 실행하고 강요하는 데 드는 비용도 비용이지만(이 비용은 일반적으로 소비자에게 전가되기 마련이다) 기업들의 규제적 태도는 시장에서 소비자들의 반발과 적대감만을 초래할 것이다. 기업들은 젠킨스 교수가 소위 '금지 모델prohibition model'이라고 불렀던 것에서부터 통제를 포기하고, 소비자들이 원하는 플랫폼 위에서 원하는 콘텐츠를 만들 수 있게 허용하면서 그들의 참여를 적극적으로 모색하는 협력적인 모델로 패러다임을 전환하고 있다.

그렇다면 이러한 변화가 주는 교훈은 무엇일까? 업종에 관계없이 소비자들에게 당신의 제품이나 서비스를 '자기 것'으로 만들 수 있는 힘을 부여해야 한다는 것이다.

이러한 윤리가 실제로 지켜지는 좋은 사례로 구글의 지도를 살펴보기로 하자. 구글은 구글 지도의 애플리케이션 프로그래밍 인터페이스를 일반에게 공개하면서 화제가 되었다. 이로 인해서 구글에 다니지 않는 사람들도 소스 코드에 접근하게 돼서 개인의 목적에 맞게 코드

266

를 조작하고 수정할 수 있게 됐다.

옛날 같았으면 소프트웨어 업계에서 신성모독에 버금갈 정도로 비난을 받았을지도 모를 구글의 소스 코드 내부 메커니즘의 공개는 고객들에 대한 구글의 신뢰를 보여 주는 결정이었다. 또한 이 결정은 고객들로부터 두루 호평을 받았고, 고객들의 충성심을 이끌어내는 효과를 거두었다.

오늘날 누구라도 자신의 홈페이지 용도에 맞게 구글 지도를 조정할수가 있다. 예를 들어 부동산 사이트들은 구글 지도에 팝업 기능들을 붙여서 유망 거주 지역 인근의 학교와 식당과 서비스 업체들의 위치를 강조해서 보여 줄 수 있다.

구글은 현재 달력에서부터 '가젯'이라고 불리는 미니 애플리케이션에 이르기까지 30개가 넘는 공개 API 기능을 지원하고 있다.

리눅스가 세상에 첫 선을 보였을 때 이 기술은 체제 전복적이라고 할 수 있을 만큼 큰 파장을 불러일으켰다. 오늘날 일반 소비자들뿐만 아니라 기업들까지도 리눅스를 사용하고 있다. 핵티비즘은 이미 주류로 편입된 지 오래다. 또한 매시업 문화는 더 이상 코드를 갖고 놀고 싶어 하다가 못해서 좌절한 프로그래머들과 관련이 없다. 그것은 이제 완전히 윤리적인 것으로 여겨지고 있으며, 혁신은 민주적이고 개방적일 때 최고라고 주장하는 사회적 관점을 반영하고 있다.

모든 회사들은 "고객들에게 직·간접적인 방법으로 소스 코드를 어떻게 개방할 수 있을까?"란 질문에 대해서 고민해야 한다. 이 질문을 해결하는 열쇠는 고객들이 소유권과 당신에 대한 충성심에 대해서 더 많이 의식하게 만드는 것이다. 당신이 만일 그렇게 하지 못한다면 다른 누군가가 그렇게 할 것이다.

7. 풍부하게 생각하라

가장 강력한 경제적·사회적 모델들(블로그, 게시판, 포럼, 사회 네트워크, 비디오와 사진 공유, 팟캐스트, 비드캐스트, 위키, 가상의 세계 등)에 대해서 생각할 때 이 모델들의 공통점은 무엇일까?

이 모델들은 사람들을 연결시키고, 사람들이 참여하고 편집할 수 있게 해 주며, 사람들이 콘텐츠를 추가하게 만든다. 이것은 새로운 고객 패러다임이며, 모든 마케터들은 어떤 식으로건 그러한 패러다임에 적응해야 한다. 소프트웨어 분야의 선구자인 댄 브리클린은 이 패러다임을 일컬어서 '사용하면 할수록 더욱 풍요로워지는 공유물'이라고 불렀다.[12]

시장에서 풍요로움을 개발하는 데 동원할 수 있는 기본 모델이 두 가지가 있다. 하나는 '공유물 모델commons model'로써, 이것은 다수의 지원자들이 공공의 이익을 위해서 공통된 제품 건설에 기여하는 것을 허용하는 것이다. 이런 모델들의 사례로는 파이어폭스, 사이트시어, 리눅스의 일부가 해당한다. 이곳에서 만들어진 커뮤니티는 자율적으로 결정하고 자정할 수 있다. 다만 모질리아나 아파치 소프트웨어 재단과 같은 비영리 그룹은 일반적으로 커뮤니티를 도와준다. 어떤 때는 소비자들이 그들이 살고 있는 지역에서 최저가 정유소를 찾는 걸 도와주는 가스버디닷컴처럼 커뮤니티가 순전히 사람들의 노력에 의해서 만들어진다. 이 중 가장 인기가 좋은 공유물 모델들 중에 하나가 위키피디아다. 2001년에 처음 만들어진 위키피디아는 전 세계적으로 수천 명의 지원자들의 도움으로 인류의 지식을 집대성한 백과사전으로 탄생했다. 2007년 현재 위키피디아에는 253개 언어로 된 800만개의 자료가 올라와 있다.[13]

공유물 모델과 달리 크라우드소싱 모델은 기업들이 고객들의 집단적인 지식을 이용할 수 있게 한다. 이용 방법에는 몇 가지가 있다. 이노센티브는 전 세계 일류 과학자들과 P&G와 제약회사인 일라이 릴리와 같은 선도적 기업들이 직면하고 있는 연구 · 개발 프로젝트들을 연결시켜주고, 그 대가로 최대 10만 달러를 받는다.

이와 관련된 또 다른 사례로 캠브리언 하우스가 있다. 이곳은 소프트웨어를 디자인하는 일종의 사용자 중심의 집단이다. 그러나 크라우드스피리트닷컴이 이와 다른 경로를 밟고 있다. 이곳은 소비자들을 그들이 집단적으로 선택한 제품의 디자인, 투자, 생산, 마케팅, 유통, 그리고 지원 업무에 참여하게 만들어서 소비자 가전 산업에 일대 혁신을 이루는 걸 목표로 하고 있다.

이외에도 몇몇 기업들이 가상의 커뮤니티들을 사용해서 많은 집단의 고객들을 끌어들이고 있다. 스타우드 그룹은 2008년에 새로운 호텔 문을 열기 전에 세컨드라이프 내에서 신규 호텔의 시뮬레이션을 하여 크라우드소스화된 피드백을 적극적으로 활용한 대표적인 사례이다. 이러한 사례들이 주는 교훈은 무엇일까? 인간의 창조성은 고갈되지 않는 자원이라는 것이다. 또한 불가능은 없다고 믿고 있는 고객에게 안 된다는 말을 해서는 안 되며 대신 그런 고객들을 흡수하라는 것이다.

8. 신뢰 위에 경쟁하라

네트워크 경제의 미학은 30억 명의 사람들이 서로 직접적으로 연결되어 있다는 사실이다.

네트워크 경제의 위험은 30억 명의 사람들이 서로 직접적으로 연결되어 있다는 사실이다.

2007년 10월에 인터넷 협회ISOC는 캐나다 토론토에서 단 한 가지 의제만을 갖고 특별 회의를 열었다. 그 의제는 바로 '신뢰'였다.[14]

이 회의에서 토론된 부제들로는 바뀌고 있는 신뢰의 속성 변화, 안보, 프라이버시, 개인 데이터의 통제와 보호, 신뢰성을 확보하고 안전성을 제공하기 위한 방법, 위협 관리, 그리고 불필요한 트래픽 관리 등이었다.

180개국에 2만 명이 넘는 회원을 보유하고 있는 전문적 협회인 ISOC는 인터넷을 통제하는 기구에 가장 가깝다고 볼 수 있다. 그러나 이것은 결정적으로 정부가 아니다. 인터넷에는 하나로 이루어진 커뮤니케이션과 상거래 네트워크 속에서 연결되어 있는 30억 명의 사람들 사이의 자유로운 교류를 주관하고 강제할 미국과 같은 국가가 없다. 그리고 각국의 정부들이 서로 긴밀하게 협조하고 있다고 해도 네트워크 통제에 큰 도움이 되지 못한다. 네트워크는 본래 설계상 통치가 불가능하다. 적어도 기존의 방법으로는 더욱 그렇다.

전 세계적으로 네트워크화된 경제가 영화 「매드 맥스」처럼 상업화된 작품으로 전락하지 않게 만들기 위해서 우리 사용자들은 신뢰를 고귀한 종교까지는 아니더라도 새로운 교환 매체로 만들어야 한다.

『세계는 평평하다』라는 책에서 저자인 토머스 프리드먼은 오늘날 세계에서 미국이 갖고 있는 중요한 도덕적 이점에 대해서 다음과 같이 정리하고 있다. "여러분이 이 모든 제도와 문화 기준과 사업 관행과 법적 시스템이 미치는 순수한 효과를 요약하고 싶다면, 그것은 신뢰라는 한 단어로 귀결될 것이다."[15] 다시 말해서 미국은 신뢰에 투자를 했고, 신뢰는 효과를 발휘하고 있다.

이와 마찬가지로 30억 명의 독립적인 행위자들로 구성된 세계 속에서도 신뢰는 역시 효과를 발휘할 것이다. 새로운 소비자들 중 다수는 당신의 브랜드를 모른다. 그들은 당신의 회사에 대해서 아무런 배경지식이 없다. 당신이 다음에 만나게 될 10억 명의 고객들은 시장에서 가장 신뢰하는 참가자들을 자동적으로 신뢰할 것이다. 따라서 점프 포인트 경제에서 승리하는 기업들은 전 세계적으로 가장 신뢰를 받는 기업들일 것이다.

또한 신뢰는 행동을 통해서도 드러날 것이다. 기업이 개방성을 육성하고, 투명성을 창조하는가? 기업이 솔직한가, 아니면 말만 그럴듯하게 하지만 솔직하지 못한가? 기업이 약속을 지키고, 성의를 발휘하는가? 무엇보다 중요한 점은, 기업이 고객들과 종업원들까지도 신뢰하는가?

당신에게 가장 중요한 교훈은 여러분 분야에서 가장 신뢰를 받는 브랜드가 되라는 것이다.

『신뢰의 속도』의 저자 스티븐 코비는 높은 신뢰감을 주는 기업이 되었을 때 얻게 되는 혜택을 다음과 같이 명확하게 설명했다.[16]

신뢰감이 높은 기업이라면 '신뢰 배당금'을 받게 된다. 투자자들은 사람들이 신뢰하는 브랜드에 투자한다. 소비자들은 그들이 신뢰하는 기업들로부터 더 많이 사고, 그들이 신뢰하는 기업들과 함께 더 많이 쓰며, 그들이 신뢰하는 기업들을 추천하며, 일이 잘못됐을 때도 그들이 신뢰하는 기업들의 편에 선다. 신뢰로 인해서 얻게 되는 혜택은 이 외에도 수없이 많다.

인터넷에서 신뢰를 받는 브랜드와 신뢰를 받지 못하는 브랜드(이 두 브랜드의 차이는 분명하지 않을 수도 있다)가 있다면 여러분은 자신이 신뢰하는 기업들에게만 신용카드 번호를 알려줄 것이다. 그리고 브랜드의 가치가 희석되거나 오염되거나 위태롭게 될 때 어떤 일이 벌어지는지를 살펴보자. 우리는 소비자들과 투자자들이 얼마나 빨리 문제의 브랜드에 등을 돌리게 되는지를 보게 될 뿐이다. 그들은 더 이상 그 브랜드를 사지 않을 것이다.

네트워크 경제에서는 신뢰도가 낮은 문화를 갖고 기업을 경영하기 불가능하게 만들 것이다. 이런 경제 속에서는 병목현상이 일어날 정도로 실시간으로 너무나 많은 정보가 들어오고 나가기 때문에 명령과 통제 방식의 의사결정 체제를 유지하기 어렵다. 우리가 앞서 배웠듯이 극단적인 신뢰는 모든 상호작용 속에서 신뢰를 주고, 신뢰를 얻는 걸 의미한다.

9. 전염이 돼라

2007년에 폭스 인터랙티브 미디어는 "친구되기는 다음번 광고 수단이다"라고 주장했다.[17] 폭스의 조사 결과 사회 네트워크 사용자들 가운데 40퍼센트는 그들이 소속된 커뮤니티를 통해서 "그들이 정말로 좋아하는 브랜드와 상품을 발견했다"고 생각하고 있었다.

마케터들은 이런 결과를 '모멘텀 효과'라고 부르고 있다. 브랜드와 그 브랜드의 상품이 전염되듯이 퍼지는 때에 모멘텀 효과가 생긴다는 말을 쓴다.

우리는 네트워크는 노드들로 복잡하게 얽혀 있으며(2장을 참조하

272

라), 어떤 노드들은 다른 노드들에 비해서 내·외부로 다른 노드들과 더 많이 연결되어 있으면서 다른 노드에 비해 더 많은 영향력을 행사한다는 사실을 이미 배웠다. 이처럼 영향력이 있는 노드들은 '소셜 네트워킹의 힘SNP·Social Networking Potential'이 강한 노드라고 불리고 있다. 집단 사회 속에서 이러한 노드들은 다른 사람들의 의견에 영향을 주는 개인들이라고 부를 수 있다. 마케팅에서는 이러한 개인들을 '알파 고객'이라고 부른다.

당신은 모멘텀 효과를 얻기 위해서 당신이 활동하는 분야에서 이러한 알파 고객들의 마음을 어떻게 움직여서 그들이 돈을 쓰게 만들 것인가? 바로 바이러스의 기본적인 성질을 이용해야 한다. 즉, 바이러스를 전염시키듯이 당신의 제품을 전염시키는 것이다. 이 일은 브랜드를 옹호하는 소규모 집단에서부터 시작할 수 있다.

던칸 와츠 컬럼비아 대학교 사회학과 교수는 이런 전염 과정을 다음과 같이 설명했다.[18] "전염은 다른 친구들을 전염시켜서 메시지를 확산시키는 개인들로부터 시작한다. 기존의 각 개인들이 새로 전염을 시킬 걸로 예상되는 사람들의 숫자를 '재생산율Reproduction Rate'이라거나, 간단하게 줄여서 R이라고 부르자. 이 R이 1보다 더 클 때 메시지를 받는 사람은 각기 평균적으로 메시지를 두 명 이상의 다른 사람들에게 퍼뜨릴 것이고, 메시지를 받은 그 두 명 이상의 사람들은 받은 메시지를 또 다시 퍼뜨릴 것이며, 이런 과정이 이어지다가 결과적으로 메시지를 받는 사람들의 숫자가 폭발적으로 늘어나면서 메시지는 전염될 것이다"

2007년에 아디다스와 일렉트로닉 아츠EA 등과 같은 유명 브랜드들은 마케팅 투자 수익의 70퍼센트 이상을 '모멘텀 효과'를 통해서 얻었다.[19] 폭스 인터랙티브 미디어의 조사 결과를 보면 아디다스는 120만 명의 사람들이 제품을 구매하는 데 직접적으로 영향을 주었고, 이 사람들이 그들의 친구들에게 아디다스 상품에 대해 이야기를 해주면서 420만 명의 사람들이 추가로 아디다스 상품을 구매하는 데 영향을 주었다. 이와 마찬가지로 EA는 180만 명의 소비자들에게 직접적으로 영향을 주었으며, 그들은 다시 450만 명의 소비자들이 EA의 상품을 구매할 의사가 있다는 말을 하도록 간접적으로 영향을 주었다.

싸이월드에서 일촌 파도타기를 하듯이 당신의 이야기를 다른 고객들과 공유하려면 그것을 고객들이 이해하기 쉽게 만들어야 한다. 일단 브랜드를 옹호하는 '친구들'로 핵심 그룹을 만든 다음에 그들의 도움을 구하라. 그들에게 다른 사람들과 공유할 수 있는 뭔가를 준 다음에, 필요할 경우 이런 과정을 되풀이하라.

당신은 당신의 브랜드를 옹호해 주는 사람들에게 명시적으로건 비유적으로건 어떤 종류의 위젯을 줄 수 있을까?

10. 판데노믹스 – 네트워크는 블록버스터를 좋아한다

인터넷이 틈새 상품이 주력 제품의 수익을 넘어설 수 있다는 '롱테일 경제학'의 좋은 사례 역할을 하고 있다는 걸 보여 주는 자료들이 많이 있다. 인터넷에 풍부한 '전시 공간'은 틈새 상품들도 아주 긴 수명을 누릴 수 있다는 걸 의미한다.

그러나 인터넷은 단순히 팔다 남은 것들만 모아 놓은 테이블과는 차원이 다르다. 인터넷에는 틈새 상품 같은 롱테일 상품들이 많이 있지만 실제로 인터넷은 블록버스터, 즉 초 베스트셀러 상품들에 더 맞게 설계되어 있다. 아울러 이런 블록버스터들은 롱테일 상품들에 비해서 여러 면에서 더 팔기가 쉽다.

우선 블록버스터들은 시장에서 판매되는 데까지 걸리는 시간이 아주 짧다. 이것은 당신에게 아주 큰 혜택을 준다. 또한 블록버스터들은 당신에게 더 빨리 돈을 벌어 준다. 다시 말해서 당신이 투자한 돈이 더 빨리 회수되기 때문에 투자의 위험도 적고, 다시 혁신적인 제품에 재투자할 돈을 많이 확보할 수 있다. 아울러 블록버스터는 새로운 시장을 창조하고, 혁신과 경쟁을 조장한다.

블록버스터의 이런 장점들을 고려해봤을 때 모든 기업들은 블록버스터를 만들기 위해서 네트워크의 특성들을 최대한 이용할 수 있어야 한다.

이를 위해서 우리는 네트워크 경제는 전염병 바이러스를 확산시키듯이 네트워크 시스템 내에서 모든 노드들 사이에서 빠르고 완벽하게 정보를 이동시킬 수 있게 설계되어 있다는 2장의 내용을 되새겨 볼 필요가 있다. 이처럼 정보를 전염병 바이러스가 확산되듯이 확산시키는 건 네트워크의 고유한 성질이다.

이런 네트워크가 가진 고유한 전염성 경제학(나는 이것을 전염병을 뜻하는 pandemic과 경제학을 뜻하는 economics라는 말을 조합해서 '판데노믹스pandenomics라고 부르겠다)에 대한 증거는 네트워크가 걸어온 최근의 역사를 통해 확인이 가능하다. 웹 분석 그룹인 컴피트에 따르면 2006년에 세계 10대 도메인들이 인터넷 전체 페이지뷰의 40퍼센트를 차지했다.[20] 이것은 불과 5년 전과 비교했을 때 29퍼센트 포인트가 늘어난 수치다.

마이스페이스나 페이스북이 전염병처럼 빠르게 퍼지고 있는 걸 선호적 연결 뒤에 숨은 블록버스터의 성격 때문이라는 이유 외에 어떤 다른 이유로 설명할 수 있을까?

여기서 나는 다시 "규모가 크면 클수록 더 좋다"는 네트워크의 기본 법칙을 지적하고 싶다. 네트워크는 조건만 맞으면 언제라도 다음번 초대박 블록버스터를 내놓을 수 있다. 마치 크게 튀어나갈 시기만 기다리면서 팽팽하게 당겨져 있는 코일과 같다. 유기적으로 잘 연결되어 있는 네트워크 속에서 전염성이 강한 바이러스 같은 상품을 갖고 있는 회사는 폭발적인 성장을 할 완벽한 여건을 구비했다고 말할 수 있다.

이제 롱테일 경제학이 당신을 구원해 줄 것이라는 믿음이나 신념을 갖고 상품이나 서비스를 설계한다는 건 정말로 바보 같은 짓이다. 블록버스터를 만들기 위한 모든 재료들은 온라인에 준비되어 있다. 저렴한 생산과 유통과 홍보비와 엄청난 규모를 가진 유동적 시장이 바로 그러한 재료들이다. 판데노믹스의 핵심은 블록버스터를 만들어서, 그것의 가치를 한껏 발산시키는 것이다.

■□

인터넷은 이제 '시험' 단계를 벗어났다. 인터넷이란 개념은 이미 그 효용성이 입증이 됐으며, 2011년이나 그 해 무렵에 인터넷 사용자 수가 30억 명 이상으로 속등할 때 중대한 변화가 일어날 것이다.

우리는 점프 포인트가 기업과 시장과 소비자들에게 미칠 영향에 대해서 살펴보았다. 그러나 점프 포인트는 지금까지 우리가 살펴봤던 것보다 훨씬 더 강력한 영향을 낼 것이다. 그렇다면 그러한 새로운 시대에 우리의 삶은 어떤 모습을 띨 거라고 예상할 수 있을까? 네트워크가 점차 강력해지면서 전 세계 문화에 두루 그 진정한 영향력을 발휘할 때 우리는 어떤 경험을 하게 될 것인가?

마지막 장에서 우리는 인류의 위대한 모험 속에서 일어날 점프 포인트 이후의 우리 삶에 대해서 조명해 보는 시간을 갖기로 하겠다.

핵심요약

- 네트워크는 원래 그것이 가진 성질대로 움직인다. 따라서 네트워크의 고유한 특성들을 거역해도 소용없다.
- 네트워크는 노드 집단으로 이루어진다. 인터넷에서 이러한 집단들은 '소셜 커뮤니티' 라고 불린다.
- 소셜 커뮤니티는 새로운 시장 공간이다.
- 시장 공간은 동료 간 커뮤니케이션을 환영하며, 시끄러운 선전 광고를 거부한다.
- 공짜는 좋은 것이다.
- 관심은 가치를 갖는다. 남의 관심을 얻을 경우 그에게 보상을 해줘야 한다.
- 시간은 하나의 장치이다. 나중에 고객들을 만족시키려고 하지 말고 지금 '당장' 고객들에게 만족감을 주기 위해서 시간을 활용하라.
- 매싱은 양도할 수 없는 권리이다.
- 풍요로움은 '거절' 할 필요가 없는 걸 말한다.
- 친구는 새로운 마케팅 미디어다.
- 당신을 사랑하는 사람들에게 위젯을 제공하라.
- 블록버스터가 돼라.

11
미래완료시제

현재의 시간과 과거의 시간 모두
미래의 시간에 포함되어 있을지 모른다.
또한 미래의 시간은 과거의 시간에 포함되어 있다.

T.S. 엘리엇, 「네 개의 사중주」 중에서

카페리가 스페인의 알헤시라스와 모로코의 탕헤르 사이에 있는 지브롤타 해협을 횡단하는 데 1시간도 채 걸리지 않았지만 나와 함께 탄 몇몇 다른 승객들에게는 그 1시간이 영원처럼 느껴졌을지도 모른다. 카페리는 매일 대서양의 상류가 지중해의 하류와 정확하게 만나는 지점에서 해협을 횡단하기 때문에 늘상 강한 파도를 만나곤 한다. 나와 같이 배를 탔던 승객들 중 일부는 이런 거친 파도 때문에 배멀미를 했던 것이다.

사람들로 붐비는 탕헤르 항구에 도착하자마자 친구 데이비드와 나는 메디나라고 불리는 미로처럼 얽힌 고대 구시가지를 따라 걸었다. 이곳은 좁은 돌길들이 놓여 있는데, 돌길을 따라서 상인들이 가죽 제품과 펠트 터키모자에서부터 해적판 소프트웨어와 CD에 이르기까지 상상 가능한 모든 제품들을 판매하고 있었다. 이 상점 거리는 색깔과

278

소음과 냄새로 가득 찬 곳이었다.

우리는 그랜드 속코 시장 광장으로부터 멀리 떨어져 있지 않은 곳에 있는 야외 카페에 앉아서 다채로운 샐러드와 레몬으로 향을 낸 양고기를 곁들인 전형적인 모로코식 점심을 먹었다. 우리 반대편 테이블에는 전통적인 모로코 의상인 자라바를 입은 한 남자가 박하차와 함께 누가 과자를 먹고 있었다. 그런데 그의 전화기는 몇 분에 한 번씩 울렸고, 그는 전화를 건 사람과 잠시 동안 대화를 나누곤 했다. 이러한 행동이 몇 분 동안 이어졌다. 나중에 알게 된 사실이지만 그 남자는 모로코에서 수십 세기를 걸쳐서 이어져 내려온 '하왈라' 라는 금융 시스템에서 일하는 일종의 은행원인 하왈라다였다.

적어도 8세기 때만 해도 하왈라는 앞에 나왔던 마그리비 트레이더들이 운용한 시스템처럼 명예를 바탕으로 돈 거래를 하는 시스템이었다. 오늘날은 보통 휴대폰을 사용하지만 당시만 해도 악수 같은 방법을 써서 돈 거래를 한 하왈라는 현재 중동, 아프리카는 물론이거니와 아시아 일부 지역들 등 영향을 미칠 수 있는 곳 어디에서나 하루에 수백 만 달러의 돈을 움직이고 있는 것으로 추정된다. 하왈라는 서류나 디지털 지문 등 그 어떤 기록도 남기지 않고 있다.

점심 기도 시간이 되기 전에 우리 앞에 앉아 있던 그 하왈라는 계산을 하고 카페를 떠났다. 곧 이어 나 역시 아메리칸 익스프레스 카드로 점심 식사 대금을 지불했다.

점프 포인트 이후의 세상에서는 새로운 것과 낡은 것, 디지털과 아날로그, 옛날 것과 정말로 현대적인 것이 서로 갈등하면서 공존하기 위해서 애쓸 것이다. 그곳에선 역설과 모순이 넘쳐날 것이며, 이종의 문화들이 일반화되면서 과거 세계를 그린 그림들에 미래를 말하는 설명들이 혼란스럽게 붙어 이리저리 뒤섞여 있는 잡동사니 같은 세상이 열릴지 모른다. 우리가 살게 될 세상이 완벽한 정보들로 가득 찬 완벽한 세상(예의와 조화가 넘치는 평화를 유지할 수 있는 왕국)이 될지는 몰라도 점프 포인트 이후 혼란스러운 상황이 진정되는 데까지는 시간이 걸릴 것이다. 그리고 결정적으로 말해서 우리가 사는 세상은 완벽한 세상은 아닐 것이다.

당장 앞으로 일어날 문화적·경제적 변화가 무엇일지 떠올려보라고 한다면 대개 우리는 종말론적인 태도를 보이거나 아니면 유토피아적인 태도를 보이기 쉽다. 더러는 두 가지가 같이 나타나는 경우도 있다. 모든 것이 다 좋은 시점에도 무슨 일이 생길 지 알 수 없는 미래를 생각하면 불안감을 느끼기 마련이다. 모든 것이 뒤죽박죽이고 모든 사건들이 어떤 역사적인 큰 전환점으로 향해 가는 듯한 시대에 우리는 미래에 대한 불안한 상상에서 벗어나기 어렵다.

점프 포인트에 대한 상상 역시 마찬가지일 것이다. 특히 과거 마야 문명이나 노스트라다무스가 예언한 세상에 종말이 닥쳐올 시기*와 최근 미래학자인 레이 커즈와일이 예언한 인간의 두뇌와 컴퓨터의 지능이 합쳐지는 '특이점 Singularity' **이 모두 2010년부터 2025년 사이로 점프 포인트가 일어날 시기와 우연하게도 일치하기 때문이다.[1]

점프 포인트는 그런 모든 '천년 왕국설'과 결부 짓기 쉽다. 틀림없이 앞으로 수년간 많은 사람들이 그런 실수를 저지를 것이다. 실제로 점프 포인트가 초자연적인 사건들을 보여 주는 증거로 간주될 가능성도 농후하지만 이 책에서는 다루지 않도록 하겠다. 우리는 그 대신 우리가 살고 있는 지금 이곳에서 벌어지고 있는 상거래와 우리가 활동하는 시장의 실제 현실들을 중점적으로 살펴볼 것이다. 종말론과 같은 신비주의적인 이야기들은 다른 사람들에게 맡겨놓도록 하자.

우리는 지금까지 이 책을 통해서 다음번 점프 포인트를 향해 인류를 인도하는 기술적·사회적·인구학적 트렌드에 대해서 살펴봤다. 우리는 특히 빠르고 강력한 전 세계 상거래 정보망과 그것을 편안하게 사용하고 있는 사람들이 급속히 늘어나고 있다는 데 주목했다. 우리는 또한 점프 포인트가 일어날 때에 미래가 어떤 모습을 할지 그 중대한 역사적 순간을 그려보았다. 점프 포인트는 2011년경에 언젠가 30억 번째 사용자가 정보화 시대에 합류하고, 그러면서 이 지구상에서 맨 마지막으로 월드 와이드 웹의 일부가 돼서 작업하는 사람이 될 때 일어날 것이다. 전 세계 경제에서 활동 중인 모든 사람들이 동일한 매체를 통해 작업을 하게 되고, 서로가 거의 즉시 접촉할 수 있게 되는 전례가 없었던 순간이 될 것이다.

끝으로 이 책의 3부에서 나는 새로운 회사들에서부터 새로운 문화 기관들과 심지어는 공간과 시간과 인간이 맺는 관계의 변화에 이르기까지 모든 면에서 나타나는 조기 신호들을 찾아 점프 포인트 이후의

---

* 마야 달력을 보면 2012년 12월23일 지구는 종말을 맞이한다는 글귀가 담겨있다고 함. 노스트라다무스는 지구의 종말 시기를 1999년으로 예언한 것으로 알려졌으나 최근 나온 그의 또 다른 예언서에는 그가 1999년이 아닌 2012년을 지구 종말 시기로 예언했다고 함.
** 레이 커즈와일이 2009년 개봉을 목표로 만들고 있는 영화 「특이점이 온다: 미래에 대한 진실된 이야기」에서 나온 용어.

세상이 어떤 모습을 띨지 생각했다.

그러나 우리가 해결하지 못한 질문은 우리 모두에게 개인적으로 아주 큰 관심이 있을지 모를 "점프 포인트는 어떤 느낌일까?"라는 질문이다. 새로운 세상에서 사는 게 어떤 느낌일까? 그리고 우리가 다른 사람과, 우리 일과, 우주와, 그리고 변화와 어떤 관계를 맺게 될까?

우리는 적어도 처음에는 우리 주변에서 일어나는 변화를 거의 전혀 눈치 채지 못할 것이다. 지금으로부터 8,000년 전에 카탈후유크 사람들은 그들이 완전히 새로운 인류 역사의 선구자라는 사실을 알고 있었을까? 그들은 그들이 살았던 도시가 완전히 새로운 사회 질서 확립에 선구자적 역할을 했다는 걸 알고 있었을까? 그들이 시장 상거래의 질서와 대표성을 띤 정부와 노동계급과 유통망을 세우면서 그들이 시간적 · 지리적 질서를 재구성하는 거대한 실험을 시작하고 있었다는 사실을 알고 있었을까?

아마도 모르고 있었을 것이다. 그렇지만 분명 카탈후유크 사람들은 누구도 지금까지 본 적이 없었던 거대한 집단을 이루어 살고 있었으며, 다음과 같은 예상치 못한 변화들을 주도하고 있다는 걸 알고 있었다.

- 시장 규모가 커졌다
- 우물에 사람들이 더 많이 몰렸다
- 경찰의 규모가 커졌다
- 노동의 전문화가 심화되면서 전문 식당, 이발소, 정육점이 등장했다
- 도시를 통치하는 사람들(관료들)이 처음으로 등장하기 시작했다
- 전통적인 경비원들과 마을 순찰원들이 풀타임 군인들로 바뀌었다

지금 시점에서 되돌아 봤을 때 이러한 변화들은 모두 심오하면서도 역사적·세계적으로 중요한 의미를 가진다. 그러나 당시에 이러한 변화들은 사람들이 당면한 욕구들을 실용적으로 해결하는 수단으로서만 간주되었을 뿐이다. 인간은 적응에 뛰어난 동물이다. 또한 카탈후유크 사람들이 이러한 변화에 재빨리 동화되어서 움직였다는 데 의심의 여지가 없다. 여러 세대를 거치면서 과거에 급진적이며 새로웠던 것이 일상적인 것으로 변했다. 다시 말해서 그것은 일상생활이란 직물 속에 들어가 보이지 않는 실처럼 되어 버렸다.

우리가 점프 포인트 이후의 새로운 세상을 예상할 때 겉보기에 아무것도 아닌 것에서 갑자기 생기기 시작한 거대하고 새로운 세계 시장들을 보고 주체를 못하게 되기 쉽다. 며칠, 아니 심지어 몇 시간 만에 전 세계에서 수많은 유행들이 생겼다가 사라지고, 이례적인 장소에서 정말로 예상치 못한 사람들에 의해서 거대한 새로운 제국들과 재산들이 만들어지고, 심지어 우리가 쓰는 언어조차 변할지도 모른다. 우리의 비즈니스는 공격을 받고, 우리의 문화는 엄청난 속도로 변하고, 거의 모든 것에 대한 우리의 생각이 뒤집히는 정말로 끔찍한 세상이 다가올지 모른다.

사실상 점프 포인트를 넘어서 그 뒤에 놓인 다른 세상으로 간다는 게 이처럼 우리가 상상하는 것만큼 정신적인 충격이 크지는 않을지 모른다. 무엇보다 우리 인간에게는 가장 급진적인 변화에도 적응할 수 있는 무한한 능력을 갖고 있다.

우리들 중 다수는 아마도 인류 역사상 그 어떤 세대보다도 많은 변화를 경험한 1880년과 1905년 사이에 태어난 특별한 세대에 대해서 알고 있을 것이다. 나의 그리스 조부모가 태어났을 때 시절에는 길에서 말이 다니고, 가스램프를 쓰고, 교실이 하나뿐인 학교에 다녔지만 두 분은 텔레비전이 출현하고, 인간이 달 위에서 걷고, 보잉 747 비행기를 타고, 심지어 컴퓨터가 사용되기 시작했을 때까지 장수했다. 그리고 두 분은 태연하게 이런 변화를 목격했다.

점프 포인트 이후의 변화도 엄청나겠지만, 점프 포인트 이전에 일어난 변화만큼 엄청나지는 않을 것이다. 아울러 이 책의 뒤에 몇 장에서 살펴봤던 것처럼 우리는 많은 면에서 이미 점프 포인트의 미래를 예행연습하고 있다. 다시 말해서 매시업에서부터 웹 2.0 커뮤니티 사이트들을 거쳐서 전 세계의 가상 실무팀에 이르기까지 모든 것들은 점프 포인트 이후 세계의 '훈련 장비', 즉 우리가 앞으로 다가올 세상을 준비하기 위해서 조기 시험 가동한 새로운 기술과 사회 구조들로 간주될 수 있다. 그리고 정확하게 말해서 이러한 시험 가동으로 인해서(수천 만 명의 사람들이 이미 사용하고 있는 마이스페이스와 페이스북) 점프 포인트는 역사상 중요한 단절이라기보다는 우리들 대부분이 이미 알고 있는 다양한 경험과 활동들이 정점에 도달하는 순간으로 간주될지 모른다.

우리가 1990년대 후반 어느 날 잠에서 일어났더니 개인용 컴퓨터와 인터넷이 우리의 일상생활에서 결코 없어서는 안 될 일부가 되어 있었던 것처럼 우리는 2020년에 주위를 살펴보면서 우리가 20년 전에 알고 있었던 세상과는 완전히 다른 세상에 살게 됐다는 걸 깨달아도 그러한 커다란 변화가 언제 일어났는지를 손가락으로 콕 집어서 가리킬 수는 없을지 모른다.

우리가 이미 주위에서 보고 있는 새로 생겨난 트렌드들을 통해서 점 포 포인트 이후 세계가 어떤 느낌을 줄지 상상하는 것은 불가능하다.

예를 들어서 대부분의 반도체 분야 연구원들과 반도체 기업 임원들은 늘 그렇듯이 반도체 디자이너들의 놀랄만한 창의성 덕택으로 무어의 법칙이 적어도 2015년까지(아니면 아마도 훨씬 더 이후까지) 유효할 것으로 믿고 있다. 이러한 믿음이 의미하는 것은, 지난 30년 동안 선진국에서 두드러지게 일어났던 엄청난 속도의 변화가 적어도 20년 이상 더 지속될 가능성이 높다고 사람들이 생각하고 있다는 걸 의미한다. 다만 두 가지 점에서 예외가 있을 수는 있다.

❶ 이러한 폭발적인 변화는 이제 전 세계에 영향을 줄 것이다.
❷ 우리가 J 모양의 급격한 커브에서 거의 수직적인 경로를 따라서 움직이고 있기 때문에 이러한 변화의 속도는 과거보다 더 빨라질 가능성이 높다.

점프 포인트가 일어날 때까지 일반적인 개인용 컴퓨터는 오늘날에 사용되고 있는 슈퍼컴퓨터에 버금가는 성능을 갖게 될 것이며, 따라서 3D 모델링, 인공 지능, 로봇공학처럼 오늘날에는 실험실에서만 가능한 활동들을 일상적으로 가능하게 만들어줄 것이다. 또한 고급 비즈니스 분야에서 대형 컴퓨터는 인간의 뇌보다 더 강력한 계산 능력을 갖게 될 것이다. 대중적 비즈니스 분야에서는 반도체형 컴퓨터 지능(인터넷 접속도 되는)의 가격이 아주 저렴해져서 이것은 거의 어디에서나 장착되어 쓰일 것이다. 모든 전기제품, 벽에 붙은 스위치, 거리 조명, 손목시계, 그리고 장난감 등 어떤 걸 갖고서도 전 세계 정보 네트워크에 쉽게 접근할 수 있게 될 것이다. 의심할 여지도 없이 인터넷 접속 기기들의 가격이 너무나 저렴해져 지구상에서 가장 가난한 사람들조차 그러한 기기들을 쉽게 구할 수 있게 될 것이다.

무어의 법칙만 유일하게 현재의 궤도를 따라서 계속해서 달려가지는 않을 것이다. 근대 기술 분야에서 일어난 진정한 기적이라 할 수 있는 정보 저장 능력은 프로세서의 발전 속도와 계속해서 보조를 같이 할 것이다. 다시 말해서 값싸고 손으로 갖고 다닐 수 있는 테라바이트의 메모리가 오늘날 아이팟에 장착된 기가바이트 메모리만큼 일상화될 것이다. 컴퓨터 처리 능력이 좋아진다는 건 우리들 대부분이 항상 우리의 인생 역사를 지니고 다니게 된다는 걸 의미할 것이다. 또한 2015년도가 되면 그 이전까지 만들어진 모든 음악과 텔레비전 프로그램과 영화들이 미리 저장되어 있는 상태로 아이팟이 출시될 것이다. 이 두 가지 변화는 우리의 사생활과 저작권과 창조성에 엄청난 영향을 미칠 것이다.

또한 다양한 네트워크의 법칙들이 지금처럼 엄청난 속도로 계속해서 생겨날 것이다. 비디오와 최초 개봉 영화와 다양한 3D 경험들이 컴퓨터에서부터 휴대폰과 내장 칩에 이르기까지 수십 억 개의 노드들로 순간적으로 이동하는 일이 일상화될 것이다. 또한 처리 능력과 메모리와 네트워크가 합쳐지면서 전 세계의 온라인 게임들과 생활양식 상의 경험들(세컨드라이프와 에버퀘스트 등에서 체험하는)을 좀 더 실감이 나면서 복잡하게 만들 것이다. 그리고 궁극적으로는 가상의 세계와 현실 세계 사이의 경계를 모호하게 만들 것이다.

이러한 과정 속에서 텔레비전 네트워크, 영화관, 음반 회사, 그리고 기타 21세기의 다른 튼튼한 기관들은 오늘날 비디오 대여점과 오락실이 사라지고 있는 것과 마찬가지로 사라질 가능성이 농후하다. 또한 발전하는 세계 속에서 많은 장소들이 사라진 후 또 다시 등장하지 못할 것이다.

또한 점점 더 많은 웹 2.0 커뮤니티들은, 참여적 게임과 대안의 인생과 개인 네트워크 활동 속에서 훨씬 더 많은 경험을 쌓은 수십 억 명의 사람들의 삶에 그 어느 때보다 많은 영향을 미칠 웹 3.0 기업들로 진화하게 될 게 분명하다. 그 기업들은 사람들의 경험에 뉴스, 판매, 여행, 교육 등 광범위한 분야와 관련된 서비스들을 추가로 제공함으로써 수익을 내기 시작할 것이다. 궁극적으로 많은 기업들은 세계 최대의 기업으로 성장해서 종종 그들의 회원들이 살고 있는 국가들만큼이나 큰 영향을 회원들의 일상생활에 미칠 것이다.

■□

적어도 그런 일이 일어날 가능성은 아주 농후해 보인다. 디지털 시대에 사는 최고의 장점 중에 하나는 미래의 상당 부분이 아주 예측 가능한 방법으로 우리 앞에 펼쳐진다는 점이다. 우리가 기술의 기본 법칙들이 유효할 것(실제로 지금까지 25년 동안 그래왔다)이라는 가정을 할 수 있다면 우리는 어떤 미래의 시점에서건 디지털 세계의 능력을 정확하게 추측할 수가 있다.

물론 우리는 그러한 능력들이 기존의 상품과 서비스가 가진 최고의 능력을 뛰어넘어서 어떻게 이용될지는 알 수가 없다. 우리는 어떤 새로운 비디오 게임이나 개인용 컴퓨터나 휴대폰나 아이팟이 등장해서 가전 업계뿐만 아니라 사회 자체를 변화시키는 예상치 못한 획기적인 발명품 노릇을 할지 예측할 수 없다. 다만 우리가 한 가지 확신할 수 있는 것은 시장의 기회와 인간의 천재성 때문에 그러한 발명품은 계속해서 정기적으로 등장할 것이라는 사실이다.

이보다 더 흥미로운 사실은, 전 세계 상거래 세계에서 20억 명의 새로운 참가자가 등장함에 따라서 그러한 획기적인 발명품들을 물색하고 이용할 수 있는 지적 자본 역시 지금보다 세 배는 더 커질 가능성이 생긴다는 점이다. 그럴 경우 아이팟이나 구글 수준의 새로운 발명품들은 10년마다 한두 번 정도가 아니라 몇 년마다 한 번씩 등장해서 시장에 지속적으로 큰 영향을 줄 것이다.

또한 이러한 발명품들은 서울이나 팔로알토나 뮌헨처럼 주류 언론, 블로거와 조기수용자, 특허 변호사, 홍보 담당자들이 모두 그러한 발명품들을 대중에게 알릴 준비를 하고 그럴 시기만을 기다리고 있는 곳에서는 생겨나기 어려울 것임을 반드시 지적해야 한다. 점프 포인트 이후 '앞으로 생겨날 큰 일 Next Big Thing' 은 세상 어느 곳에서나 생길 수 있으며, 아마도 갑자기 터져 나오기 시작해서 전체 시장과 그 안에서 활동하는 기업들에게 영향을 줄지 모른다. 또한 그때까지 거의 누구도 그런 큰 일이 생기는지 눈치를 채지 못할 정도로 저 멀리 떨어진 개발도상국의 오지에서부터 일어날지 모른다.

이러한 사실이 의미하는 것은, 똑똑한 기업들(다시 말해서 생존을 원하는 기업들)은 전 세계의 거의 모든 구석에서 일어나는 일까지 경계심을 갖고 지켜봐야 하며, 아직 관측이 안 되고 숨겨져 있는 뭔가 큰 일이 곧 터질 것임을 알려 주는 첫 번째 단서를 찾기 위해서 블로그나

특허 신청이나 커뮤니티 웹사이트에 올라온 게시물 등을 끊임없이 뒤져 봐야 할 것이다. 그런 다음에 그들은 그 '큰 무엇'을 사거나 그것과 싸우거나 그것을 빠르게 선취해야 할 것이다. 그 이유는 우리가 모두 알고 있듯이 점프 포인트 이후에 네트워크화된 세계에서는 새로운 '밈'이 등장하는 순간 그것은 놀랄만한 속도로 전 세계로 확산될 것이기 때문이다. 최고의 기업들은 그처럼 예측 못할 사태를 미연에 방지하고자 전 세계에 조기 경보 시스템을 확대 설치해놓고 준비하고 있어야 한다. 또한 그들은 실시간 대응을 할 수 있는 준비를 갖추기 위해서 현금과 법률 전문가와 지역 전문가를 확보해야 한다.

■□

그러나 점프 포인트는 실제로 기술에만 관련된 것은 아니다. 과거의 역사를 참고로 해서 봤을 때 중요한 역사적 불일치를 만든 대부분의 기술적 혁명은 점프 포인트에 도달하기 이전에 이미 일어났다.

만일 무어와 메트컬프의 법칙이 지금쯤 벽에 부닥쳤다고 해도, 만일 디지털 분야에서 새로운 중요한 상업용 발명품 내지는 소비자들의 발명품이 없다고 해도, 그리고 만일 우리가 우리의 기존 반도체와 장치와 전자 시스템이 가진 모든 의미들을 단순히 조금씩만 이해할 수밖에 없다고 해도 우리는 앞으로 10년 동안 여전히 중요한 문화적 변혁기를 통과하게 될 것이다. 주사위는 던져졌다. 30억 번째 사람이 계속해서 생겨날 것이다. 그리고 세상은 곧 완전하게 연결될 것이다.

불행하게도(혹은 아마도 다행스럽게도) 인간은 트랜지스터와 실리콘 게이트만큼 예측할 수가 없다. 또한 기술적 변화와 자연 세계의 변화가 지속되고 있는 상황 속에서 인간의 행동을 예측한다는 건 특히나 위험하다. 점프 포인트 이후에는 중요한 결정 지점들이 존재한다. 그 때 내려진 결정들은 인류를 한두 가지 경로로 따라서 움직이게 만들 것이다. 그렇지만 인류가 어떤 경로를 취할지 현재로서는 추측하기가 불가능하기 때문에 우리가 지금 할 수 있는 최선의 방법은 그러한 결정 지점들을 찾아내고 결정의 대안들을 그려보는 것뿐이다.

실은 이러한 결정들 중 다수는 궁극적으로 우리가 의식하지도 못한 상태에서 내려질 것이다. 18세기 후반에 영국의 농장 노동자들이 중부 버밍엄 공장들로 대규모로 이주한 일이나 20세기 초에 미국 남부에 살던 아프리카계 미국인들이 미국의 중서부 북부 도시들로 이동한 일, 그리고 1990년대에 전 세계적으로 10억 명의 사람들이 인터넷에 접속한 일 등은 사회 공학이 계획해서 이뤄낸 업적이 아니라 이런 일들이 일어나기 과거 몇 년 전부터 시작된 기술적 혁명에 의해서 창조된 기회들을 이용하고자 노력한 방대한 숫자의 사람들이 내린 개인적 결정의 결과였다.

점프 포인트는 믿을 수 없을 정도의 소음과 변화가 생겨나고, 도처에서 일시적 및 장기적인 유행들이 빠르게 생겨났다가 그만큼 빨리 사라지는 사회 속에서 우리 30억 명의 소비자들에게 광범위한 범위의 기회들을 제공할 것이다. 모든 것들이 우리에게 너무나 빠르고 격렬하게 닥쳐올 것이기 때문에 우리는 멈춰 서서 우리 주위에서 일어나는 많은 심오한 변화들(사실상 지금도 이러한 많은 변화들이 일어나고 있다)을 자세히 뜯어볼 시간을 갖지 못할 가능성이 매우 높다.

결과적으로 우리는 나중에 회상할 때에야 알았지 과연 누가 블랙베리와 트위터와 위성 라디오 세계로 전환되는 걸 눈치 챘단 말인가?

우리들 중에는 과거의 어느 날 이런 기술들이 존재하지 않았다가 갑자기 다음 날에 눈을 떠 보니 우리의 인생 안을 포함해서 도처에 이런 기술들이 등장한 것 같은 느낌을 받는 사람들이 대다수다. 점프 포인트의 주요한 특징들도 이와 같은 방식으로 우리에게 다가올 가능성이 크다. 즉, 갑자기 나타날 것이다. 우리는 갑자기 인도네시아의 새로운 종류의 댄스 음악을 듣고, 라트비아에서 디자인된 신형 휴대폰을 사용해서 이베이에 들어가서 파라과이에 있는 사람으로부터 물건을 사고, 세컨드라이프에 있는 우리의 아바타를 참석시켜서 사무실 회의를 열고 있는 우리 자신을 발견할 것이다. 갑자기 우리의 일상 대화 속으로 영어와 남아프리카의 공용 네덜란드어나 영어와 필리핀 원주민의 말을 이상하게 섞어서 만든 새로운 종류의 속어들이 조용히 침투할 것이다. 또한 우리는 말라위에 있는 전도유망한 새로운 작가의 블로그를 좋아하게 될 것이다. 한편 우리가 불가리아에 공식 본사를 두고 있는 다국적 가상 회사에서 풀타임으로 일하면서 자택이나 스타벅스에서 근무하는 날들이 더 늘어날 것이다.

그리고 시간이 5년 정도 지난 어느 날 우리는 문득 뒤돌아 생각하다가 우리가 알고 있는 세상이 되돌릴 수 없을 정도로 많이 바뀌었으며, 우리가 불과 몇 년 전에 살았던 세상이 이제 우리에게 낯설고 멀게만 느껴진다는 걸 깨달을 것이다.

■■□

점프 포인트는 본질적으로 위험한 시간이다. 모든 것이 공중에서 다시 정리되도록 하늘로 던져지고, 권력과 부는 점점 더 분개한 사람들로부터 경험이 없는 사람들로 이전될 것이며, 이 가운데 문화적으로 획기적인 변화나 아니면 재난이 닥쳐올 가능성이 평소보다 훨씬 더 커질 것이다.

이와 마찬가지로 당면한 점프 포인트는 문화를 번창하게 만들면서 우리가 과거에 알지 못했던 것과 같은 평화와 번영의 시기를 창조할 것이다. 그렇지 않다면 점프 포인트는 우리 모두를 어두운 미로와 교정소로 가득 찬 암울한 세상과 무정부주의를 내세우는 방만한 급진주의자들로 구성된 길거리 밴드와 다크넷으로 던져버릴 수 있다. 마치 영화 「블레이드 러너」에 나오는 것처럼 무법천지의 혼란과 사리사욕만이 팽배한 세상이 열리는 것이다.

그러나 이 두 가지 극단적 시나리오 중 어느 한쪽이 실현될 가능성은 없다. 사회의 붕괴는 일반적으로 노화되고 수축되는 사회나 역병과 같은 외생적인 병원체가 낳은 결과이다. 후자는 항상 생겨날 가능성이 있지만 30억 명이 발휘하는 높은 창의성은 그러한 병원체의 성공적인 치료 확률을 높여놓을 것이다. 전자의 경우에 대해서 말하자면, 점프 포인트 이후의 세상은 결코 노화되고 축소되는 일이 없을 것이다. 지상에 천국이 도래하는 문제와 관련해서 그러한 시나리오가 조만간 현실이 될 거라고 믿기에는 우리가 역사에 대해서 너무나 많은 걸 알고 있다.

우리가 얻을 수 있는 가능성이 가장 높은 건 지상과 천국 사이에 있는 무엇이다. 우리는 거대한 분열과 가난과 폭력으로 이루어진 세상에서부터 시작해서 보편적으로 생활수준이 향상되고 번영하고 상당한 평화가 넘치는 세상에 이르기까지 많은 걸 경험하게 될 것이다. 또한 정확하고 구체적으로 점프 포인트 이후의 세상을 묘사하기에는 너무나 많은 변수들과 알려지지 않은 것들이 있지만 그럼에도 불구하고 우리는 개략적으로나마 다가 올 몇 년 뒤 인류가 어떤 경로를 걷고 있을지를 알아보기 위해서 노력해야 한다.

좋은 소식은, 우리가 어렴풋이나마 그러한 세상의 특징과 형태를 그려보는 게 가능하다는 점이다. 그리고 우리가 정확한 대답을 얻어낼 수 없더라도 미리 올바른 질문들을 만들어놓는 건 가능하다.

다음은 그러한 질문들 중에서 가장 중요한 질문만을 뽑아놓은 것이다.

1. 전 세계의 인터넷이 동질적인 세상을 만들 것인가, 아니면 그것이 사람들에게 다양해질 수 있는 힘을 부여할 것인가?

우리는 이미 이 질문의 대답에 접근하고 있다. 지금으로부터 25년 전만 해도 미국 문화의 헤게모니가 너무나 완벽하게 강력해서 맥도날드에서부터 디즈니와 같은 기업들이 미치는 영향력이 컸고, 따라서 세상은 미국화가 될 위험이 크다는 걱정이 많았다. 특히 그러한 걱정은 유럽 사람들 사이에서 더욱 심했다. 세계의 많은 다양한 언어들이 영어로 대체될지 모른다는 식의 우려도 언어학자들을 중심으로 등장했다.

인터넷 덕택에 첫 번째 우려는 사라지기 시작했다. 반면 두 번째 우려는 대체로 현실로 되어가고 있다. 다만 궁극적으로 등장하게 될 영어의 형태가 오늘날 우리가 알고 있는 영어와는 매우 다를 가능성은 있다.

그렇다면 다음과 같은 질문이 생겨난다. 웹으로 연결된 세상에서는 공통된 표준과 상품과 문화 각각의 지배적 형태가 사이버 공간에서 궁극적으로 다른 모든 것들을 압도할 것이기 때문에 이와 같은 표준과 상품과 문화에 대해 점점 더 지원을 늘릴 것인가? 아니면 같은 생각을 가진 사람들과 연락해서 그들과 연결되고, 자신이 활동하는 문화적 공간을 떠나지 않은 채 세계 경제에 참여하기 위해서 웹을 사용할 수 있는 능력이 결과적으로 현지 문화의 힘과 지속성을 강화할 것인가? 점프 포인트 이후 세계는 하나의 거대한 월마트나 100만 개의 사이버 장터와 같은 모양을 하고 있을까?

2. 두 번째로 생긴 10억 명의 사람들과 세 번째로 생긴 10억 명의 사람들은 첫 번째 10억 명의 사람들을 규정하고 있는 사회적 계약, 다시 말해서 법규에 반기를 들 것인가? 아니면 그들이 첫 번째 10억 명의 사람들을 현재 그들과 같은 무법 수준으로 끌어내릴 것인가?

어떤 면에서 이것이 바로 모든 사람들이 가장 많이 하는 걱정일지 모른다. 또한 이런 걱정은 선진국 세계에서만 하는 게 아니다. 사실 민주 공화국, 구속력이 있는 비즈니스 계약, 법정들과 같은 서양 제도들이 튼튼하다고 믿고 있는 우리 서양인들은 기회만 주어진다면 전 세계 나머지 사람들도 우리의 기준을 받아들여주기를 바라고 있다.

그런데 불행하게도 역사, 특히 독립 후 유럽 식민지들에서 일어난 이야기들을 보면, 우리가 이처럼 낙관적인 바람만을 할 수 없게 만든다. 앞으로 등장할 20억 명의 사람들은 지금의 10억 명의 사람들에 비해서 명수가 두 배이며, 따라서 그 20억 명의 사람들이 힘을 합치면 모든 선거에서 10억 명의 사람들을 누르고 승리할 수 있다는 사실을 잊어서는 안 된다. 더군다나 그 20억 명 중에 다수가 부패와 무법과 사기가 만연된 문화 출신일 것이다.

그러한 20억 명의 사람들이 웹에 연결되게 만들 경우 그들이 원하기만 한다면 과연 더 높은 수준의 비즈니스 문화를 받아들일 수 있을까? 그리고 우리는 그들에게 적절한 때에 법규를 가르쳐줄 수 있을까? 아니면 우리가 자체 규칙에 따라서 움직이고 싶어 하는 그들의 세상에 맞서서 후위 공격이라도 감행해야 하는가?

점프 포인트 이후 세상의 모습은 지금의 서양이나 미국 서부 시대 같을까, 법을 지키는 기업인들이 활동하는 장소 같을까, 아니면 이메일 사기꾼들이 끊임없이 활동하는 장소 같을까?

3. 점프 포인트 이후의 전 세계 웹은 신뢰할 수 있는 세계가 될까, 아니면 불신으로 가득 찬 세계가 될까?

2007년 가을에 열린 독·중 정상 회담에서 세계 제3위 경제국가인 독일의 앙겔라 메르켈 수상은 세계 제4위 경제국가인 중국의 원자바오 총리와 후진타오 국가주석에게 양국의 향후 관계는 '상호 존중' 여부에 달려 있다고 경고했다. 회담 전에 이미 독일의 주간지인 『슈피겔』지는 일단의 중국 해커들이 베를린에 있는 독일 정부의 컴퓨터에 침입해 들어왔다고 보도했다. 『슈피겔』지가 '중국 위협 이론China Threat Theory' 이란 용어를 써 가면서 보도한 당시 사건과 관련, 메르켈 총리는 기자들에게 "현재 중국처럼 빠르게 성장하고 있으나 게임의 규칙을 존중해야 하는 초대형 국가들이 상당히 많이 있다"라고 단호하게 말했다.

이러한 신뢰 문제는 점프 포인트 이후 더 중요해질 것이다. 마치 미국의 저널리스트인 말콤 글래드웰이 말한 '티핑 포인트'처럼 신뢰의 중요성이 어느 순간 갑자기 크게 중요해질 수 있다. 신뢰 문제는 또한 앞서 2번째 질문의 연장선상에서 생각해야 한다. 세계 근로 인구 30억 명 전부를 인터넷에 데리고 들어오더라도 궁극적으로 지리적으로 멀리 떨어져 있는 두 집단 사이의 거래를 거의 언제나 신뢰할 수 있는 세계 경제가 탄생할 것인가? 아니면 그러한 거래들 대부분이 신뢰할 수 없는 세계 경제가 만들어질 것인가?

우리 모두가 알고 있는 것처럼 이러한 신뢰에 대한 인식은 매우 복잡하다. 또한 그것은 과거의 경험에서부터 시작해서 상대방이 준 신뢰 증명서에 이르기까지 전통적으로 온갖 종류의 단서들을 바탕으로 갖게 되는 아주 복잡한 인식이다. 네트워크화된 세계 속에서 완전히 이방의 사회 속에서 활동하는 누군가와 상거래를 하게 될 경우 이러한 많은 단서들을 확보할 수가 없다.

그렇다면 우리는 새로운 신뢰의 단서들을 개발할 것인가? 그리고 우리는 적절한 때에 그러한 단서들을 찾아낼 것인가? 인터넷 자체는 특히 커뮤니티들 안에서 정직함과 신뢰를 얼마나 많이 강요하고 있는가?

점프 포인트 이후 세계는 쇼핑몰이나 카니발 개최 장소와 많이 닮았을까?

4. 지속적인 세분화와 통합화 중에서 어떤 것이 더 많은 가치를 갖게 될까?

아마도 지난 100년 동안에 가장 성공한 비즈니스 전략은 당신이 주도적인 입지 내지는 독점을 구축할 수 있는 하부 시장을 창조할 때까지 목표한 시장을 공략하는 것일지 모른다. 바로 이런 종류의 시장 '세분화' 전략을 써서 한두 개의 시장만을 장악하고 있다가 다수의 시장들을 장악하면서 성공을 이룬 기업들의 수가 수백 개로 늘어났다.

이와 마찬가지로 직업들 역시 노인 학자에서부터 시작해서 치열 교정 의사와 이민 전문 변호사 및 사베인 옥슬리법 회계원들처럼 '전문 직업들'로 세분화되었다.

이러한 세분화 기술은 전통적인 정보 부족의 단점을 잘 이용하고 있기 때문에 놀라운 효과를 거두었다. 당신은 심장 질환 치료를 받으러 내과 의사가 아니라 심장 전문의를 찾아간다. 내과 의사가 의사로서 자질이 부족해서 그런 게 아니라 심장 전문의가 당신의 심장 문제에 대해서 최신의 의학 지식과 그 문제를 해결할 수 있는 장비들을 더 많이 갖고 있기 때문이다. 어떤 변호사라도 이혼에 필요한 서류 작업을 해줄 수는 있지만 이혼 전문 변호사는 이혼과 관련된 법에 대해서 구체적으로 잘 알고 있기 때문에 다른 변호사들에 비해서 당신의 더 나은 판단을 도와줄 수 있다.

점프 포인트 이후에도 분명 시장은 계속해서 세분화될 것이다. 그 이유는 고객의 수가 믿을 수 없을 만큼 크게 늘어나면서 새로 부상할 많은 틈새시장들의 요구에 맞게 제품과 서비스를 만들어서 제공할 수 있는 업체들에게 더 큰 보상이 뒤따를 것이기 때문이다.

한편, 웹 자체는 자유롭게 돌아다니는 생각과 이미지와 문구와 이야기들로 가득 차 있는 거대한 바다이다. 이곳은 이처럼 세분 시장들을 이용해서 신규 브랜드를 창조하는 데 관심이 있는 누구에게나 기회로 가득 찬 거대한 미지의 바다이다. 이것이 바로 세계에서 많은 영향력을 발휘하고 있는 매시업 하부 문화이다. 그리고 우리는 그러한 문화가 지금처럼 계속해서 혁신적인 성격을 띠어주기를 바랄 것이다. 결과적으로 진정으로 새로운 생각들의 숫자는 아주 드물며, 기존의 좋은 생각들을 합치는 건 심지어 어린이조차 할 수 있을 만큼 쉽고, 그렇게 합치는 일들은 이미 많이 행해지고 있다.

'시대정신'은 어떤 시대의 지배적인 정신을 설명하는 데 쓰이는 용어이다. 그렇다면 점프 포인트 이후의 시대정신은 그 어느 때보다 뛰어난 시장 세분화의 시대정신 역할을 계속할 것인가? 그렇지 않다면 우리가 보편적인 매시업의 시대로 들어가고 있는 중일까?

5. 점프 포인트 이후 세계는 지금보다 더 구시대적일까, 더 신세대적일까?

우리가 아직까지 답변을 찾지 못한 점프 포인트 이후의 세계에 대해 묻고 싶은 마지막 질문은 바로 이것이다. 이러한 새로운 현실은 인류 전체의 교훈의 역사와 긍정적인 사례와 최고의 관행들에 보편적으로 접근할 수 있기 때문에 지금처럼 질서정연하면서도 현명하게 움직일 것인가? 그러한 새로운 현실이 실제로 과거로부터 배울 수 있을 것인가?

아니면 다음에 등장할 20억 명의 사람들이 현재의 10억 명의 사람들보다 더 젊고 덜 교육을 받았으며, 더 높은 출생률을 나타낼 것이라면 점프 포인트 이후 세계는 창조적이지만 성숙하지 못하고 참을성이 없으며 변동성이 심한 젊은이의 문화가 지배했던 1960년대 상황과 같지 않을까? 만일 서양 국가들이 지금으로부터 40년 뒤에도 1960년대 같은 상황을 여전히 극복 중이라서, 예를 들어 1968년이 재연된다면 과연 어떤 일이 벌어질까? 만일 사람들이 휴대폰과 컴퓨터 스크린을 통해서 번영의 시대를 이미 경험할 수 있다면 그들이 점프 포인트 이후 세계에서 번영의 시대가 올 때까지 침착하게 기다려 줄까?

역사적으로 볼 때 점프 포인트가 생길 때는 본질적으로 사회적 모순도 같이 일어났다. 예를 들어 산업혁명 이후 민족국가가 생겨나면서 위대한 민주주의가 확대됐지만 또한 전면전도 벌어졌다. 자동차는 미국 곳곳에 떨어져 있는 많은 도시들과 마을들을 함께 묶어 놓았지만 또한 미국인들이 다른 곳으로 이동할 때 도로를 이용하게 하여 많은 시민들(그리고 함께 산 가족들)이 서로 떨어져서 살게 만들었다.

우리가 현재 접근하고 있는 점프 포인트는 이미 이처럼 매우 낯설면서도 역설적인 특징들을 몇 가지 보이고 있다. 이러한 특징들이 앞으로 어떤 역할을 할지는 미리 예측하기가 불가능하다. 분명히 말해서 그것은 나중에 뒤돌아봤을 때만 설명이 가능할 것이다. 우리는 그처럼 낯설고도 역설적인 특징들을 보면서 살아야 할 것이고, 우리가 그러한 특징들이 갖고 올 결과를 이해할 수 있기 전에 수십 억 명의 사람들이 각자 알아서 선택할 수 있게 만들어야 할 것이다.

1. 변화의 속도가 빨라질수록 시간의 속도는 둔화되는 것처럼 보일 것이다.

이 말이 아인슈타인의 상대성 이론처럼 들린다고 해도 놀라서는 안 된다. 결과적으로 우리가 나노기술과 양자이론, 1초 내에 반도체에서 일어나는 수십 억 회의 계산 주기, 그리고 인터넷을 통해서 전 세계를 돌아다니는 테라바이트의 데이터에 대해서 말할 때 우리는 우리가 알고 있는 자연스러운 세상에 등을 돌리고 상대주의적 공간으로 이루어진 낯선 현실 속으로 들어가는 것이다.

우리는 아직까지 그 공간 속으로 완전히 들어가지는 않았지만 현대의 반도체가 1초 만에 사람이 한평생 살아가면서 뛰는 맥박 수만큼 많은 일들을 수행하고 있으며, 바로 지금 전 세계 수십 억 개의 컴퓨터 반도체에는 올해 지구 위에 떨어질 빗방울만큼이나 많은 수의 트랜지스터가 올려져 있다는 사실을 깨닫고서 겸허함과 경외감을 함께 느낄 것이다.

이러한 사실의 의미하는 것은, 우리에게 짧은 순간에 불과한 것처럼 보이는 시간이 우리의 현대 디지털 기계들에게는 10억년에 버금가는 시간임을 의미한다. 실제로 우리의 컴퓨터들은 우리가 다음 키를 누를 때까지 기다리고 있는 동안에 '동시에' 수백 개의 다른 작업들을 하면서 각 작업마다 수백 만 개의 기능들을 수행할 수가 있다.

요즈음 컴퓨터를 사용하고 있는 10대를 보라. 그는 MP3 음악 파일을 다운로드 받고, 인스턴트 메시지에 응답하고, 온라인 게임을 하고, 마이스페이스를 돌아다니고, 유튜브에서 비디오를 보고, 위키피디아에서 학교에 제출할 과제를 조사하는 일을 '동시에' 하고 있을 것이다. 그러면서 '동시에' 그는 휴대폰으로 문자를 치고, 수다를 떨 것이다.

이러한 동시 작업은 우리 앞에 풍성한 정보의 만찬이 펼쳐지면서 우리가 그러한 정보를 포착해서 활용할 수 있는 강력한 도구를 갖게 됐기 때문에 생긴 필연적인 결과이다. 따라서 새로운 세대가 등장할 때마다 사정은 더욱 좋아지고, 그들은 더 많은 경험을 더 짧은 시간대 사이로 집어넣을 것이다.

당신이 평생 동안 쌓은 경험을 일순간에 몰아넣을 경우 당신 옆에 있는 시계가 계속해서 돌아가더라도 시간이 늦어지기 시작하고 있다는 느낌을 받게 될 것이다. 그리고 이러한 느낌은, 정보와 기록과 예측과 추측에 거의 무한대로 접근이 가능한 상황에서 미래와 과거가 현재의 일부처럼 보일지도 모르기 때문에 더욱 강해질 것이다.

그 결과로 일종의 영원한 현재가 생겨날 것이다. 이때는 전체 세계를 거의 무한대로 확장할 수 있을 것 같은 느낌이 언제나 들 것이다. 이러한 느낌은 불멸성과 전지전능함에 대해 이상한 기분을 느끼게 할 것이다. 마치 우리가 시간과 공간의 중심에 서 있으면서, 항상 우리 주변에서 돌아가고 있는 모든 일을 알 수 있을 것 같은 그런 느낌말이다.

이런 현상이 결국 정확하게 어떤 결과로 이어질지는 현재로서는 상상하기가 어렵다. 그러나 우리는 며칠 동안 기숙사 방으로 사라져서 밥을 먹으러 가끔 방 밖으로 나올 때를 제외하고는 온종일 방에 틀어박혀서 온라인 게임에만 몰두하는 대학생들에 대한 이야기를 통해서 어떤 결과가 생길지를 엿볼 수가 있다. 우리는 또한 일본처럼 다른 온라인 게임이 인기를 끌고 있는 지역에서 젊은이들이 게임을 하다가 컴퓨터 앞에서 너무 오랫동안 앉아 있었던 나머지 뇌출혈로 사망했다는 안타까운 사건들도 접하고 있다.

분명히 말해서 이런 현상이 일반적이지는 않지만(비록 이런 현상이 앞으로는 지금보다 더욱 더 빈번하게 일어날 가능성이 있기는 하지만), 분명히 말해서 우리들 모두 인터넷상에서 정기적으로 시간이 멈추는 듯한 현상들을 경험할 것이다. 그리고 그 뒤로는 실제 세계로 되돌아가는 게 분명 쉽지만은 않을 것이다.

2. 웹은 우리에게 여러 가지 사건들 앞에서 우리의 무능력을 상기시켜 주지만 지식과 확장 면에서는 우리에게 우리가 마치 전지전능한 것 같은 느낌을 부여해 줄 것이다.

당신은 1번 현상을 통해서 2번 현상을 추론할 수 있다. 요즈음 인터넷 뉴스 사이트들을 돌아다니거나 다른 사람들의 블로그를 방문하면서 많은 시간을 보내는 사람이라면 누구나 이러한 역설을 인정하고 있다. 강력한 검색 기능과 위키피디아와 전 세계 곳곳에서 활동 중인 시민 기자들이 보내는 실시간 뉴스로 인해서 웹은 일상적으로 웹을 사용하고 있는 모든 사람들에게 실시간으로 일어나는 뉴스 사건들을 보거나 아니면 가장 부지런하면서 성실한 학자들만이 얻을 수 있었던 지식의 보고로 걸어 들어가서 전 세계를 재빠르게 돌아다닐 수 있게 해 주는 수단이 되었다.

말레이시아 콸라룸푸르에서 오늘 오전에 일어난 홍수에 대해서 좀 더 많은 정보가 필요한가? 여러분이 키보드를 몇 번만 두드리면 관련 비디오와 1인칭 일기, 날씨 데이터, 그리고 전문가의 보도 등 온갖 자료들을 얻을 수 있다. 여러분이 철학자인 지오다노 브루노가 16세기에 했던 일들을 그래픽으로 재연한 것을 보고 싶거나 최근에 발견된 모차르트의 소나타를 듣고 싶을 때도 역시 마찬가지이다.

인터넷 시대가 만든 가장 위대한 기적 가운데 하나는 이것이 모든 사람들이 1세대 전만 해도 지구상에서 가장 부유한 사람들마저 구할 수 없었고, 심지어 불과 몇 년 전까지만 해도 로이터와 AP와 같은 대형 뉴스 통신사들마저 구할 수 없었던 뉴스와 정보에 접근할 수 있게 만들었다는 점이다.

302

그러나 정보에 접근이 가능하다고 해서 반드시 사건에 영향을 줄수 있는 능력을 갖게 됐다는 의미는 아니다. 다시 말해서 우리가 돈을 기부하는 걸 제외하고는 콸라룸푸르에서 일어난 홍수에 대해서 우리가 어떻게 달리 할 수 있는 방법이 거의 없다. 그러나 내일, 그리고 그다음 날 지구상 어딘가에서 또 다른 재난이 일어날 것이다. 그리고 사회학자들이 광범위하게 퍼진 '동정심의 피로감'에 대해서 이미 많은 글을 쓰고 있지만, 우리가 하루에도 여러 차례 동정심을 느낄 때 과연 그에 따른 피로감은 얼마나 커질까(그리고 우리는 얼마나 더 많이 무감각해질까)?

다시 말해서 우리는 이러한 현상이 앞으로 어떤 결과를 낳게 될지 모른다. 점프 포인트 이후의 세상에 인류는 무관심하고 냉담하게 변할까? 아니면 온라인 커뮤니티와 7일 24시간 뉴스들이 만나는 지점에서 사람들이 재빨리 '동정하고 공감하는' 그룹을 조직해서 신속하게 도움을 주기 위해서 나설까? 사람들이 독재와 싸우기 위해서도 이와 똑같은 일을 할까? 예를 들어 독재에 대항한 시위를 벌일까?

3. 세상의 크기는 점점 더 줄어드는 반면 우리가 개인적 삶을 영위할 공간은 훨씬 더 커질 것이다.

우리가 우리의 컴퓨터와 휴대폰으로 들어오는 전 세계 곳곳에서 들어오는 도움 요청을 거부한다고 해도 우리가 매일 더 큰 세상과 더 많이 연결되어 있다는 사실을 부정하는 것은 불가능하다. 많은 사람들이 이베이에서 원하는 물건을 낙찰 받은 다음에 대금 지급을 준비하던 중에 판매자가 아프리카나 구소련의 어딘가에 있거나 아니면 그들이 과거에 전혀 접하지 못했던 다른 장소에 있다는 사실을 발견했을 때 성취감을 경험할 것이다.

네트워크의 법칙에 따라서 어쩔 수 없이 이러한 현상은 더욱 빠르게 진행될 것이다. 명심할 점은 연결된 노드의 숫자가 많은 네트워크일수록 더 많은 가치를 가진다.

지금까지 일반적으로 사람들은 운송 방법이 개선(더 나은 도로, 더 빠른 비행기 등)되고 커뮤니케이션 인프라(더 저렴한 국제전화, WiFi/WiMAX)가 좋아지고, 케이블 뉴스가 전 세계로 확대되면 이 세상은 '더 작은' 공간이 될 것으로 생각하고 있었다. 그런 세상에서 우리는 멀리 떨어져 있는 장소에 빠르게 연락할 수 있거나 심지어 그런 장소에 실제를 실제로 더 빨리 도달할 수 있게 됨으로써 지구의 크기가 줄어든 것 같은 느낌을 받게 될지도 모른다.

실제 여행을 해봐도 그러한 느낌을 얻을 수 있다. 그러나 커뮤니케이션과 정보 전달 분야에서 전달의 속도가 너무나 빨라졌고, 어디든지 전달이 가능해졌으며, 전달에 드는 비용도 저렴해졌기 때문에 이러한 지구가 줄어든 것 같다는 느낌조차 더 이상 의미가 없다.

그렇지만 특이하게도 개인들에게는 이처럼 '축소되고 있는' 세상이 훨씬 더 확대되고 있는 것처럼 보인다. 지금으로부터 50년 전에 선진국에 살았던 사람들조차 국가 반대편에 살고 있는 사람들과 커뮤니케이션하는 일은 드물었으며, 지구 반대편에 살고 있는 사람들과 커뮤니케이션하는 일은 극도로 드물었다. 그러나 오늘날 최초의 10억 명에 속하는 우리들은 다른 국가들과 다른 대륙들에 사는 사람들과 자주 대화를 나누거나 이메일을 교환하고 있다. 20억 번째와 30억 번째 사람들에게는 이 세계적 차원에서 벌어지는 대화에 합류하기가 훨씬 더 쉬워질 것이다. 오늘날 이미 우리들은 이메일의 수신자가 사는 장소가 어디인지 생각해보는 일이 거의 없다. 점프 포인트 이후의 세상에서 출생 장소는 결과적으로 아무런 의미가 없을 것이며, 출생 장소에 대한 관심은 신뢰성이라는 더 중요한 질문에 의해서 대체될 것이다.

4. 네트워크 세계 속에서 고립은 가장 드물면서도 가장 가치가 있는 상품이 될지 모른다.

강력한 수요가 있는 한 부족은 가치를 갖는다. 그리고 모든 근로자들이 세계를 둘러싼 거대한 격자 속에서 서로 연결되어 있고, GPS 위성과 곳곳에 설치된 CCD Charge-Coupled Device 카메라가 우리의 일거수일투족을 추적하고 있는 세계 속에서 우리는 점점 혼자 있고, 격자에서 벗어나고, 숨고 싶다는 바람을 강하게 느끼게 될 것임은 의심할 여지가 거의 없어 보인다.

물론 이러한 충동의 뒤에 숨은 아이러니는 기술혁신이 진행되어 온 지난 250년 동안의 역사는 우리의 외롭고도 고통스러운 고립을 없애는 데 전념했다는 사실이다. 공장들은 사람들을 고립된 농장에서 바쁜 도시들로 빠져나와서 일을 하게 만들었고, 기차들은 멀리 떨어져 있는 시골에서 도시로 사람들을 수송했으며, 전신과 전화는 멀리 떨어져 있는 대륙 간에 대화가 가능하게 만들었다.

무어의 법칙과 마찬가지로 이러한 과정의 속도가 최근 몇 년 동안에 더 빨라졌음은 두말할 필요가 없다. 실리콘밸리 엔지니어들이 하루 중 일정 시간을 지구 반대편에 있는 업무 동료들과 가상 회의를 하면서 보내고 있을 때, 런던 시민들이 하루에 적어도 평균 20회는 감시 카메라에 찍힐 때, 그리고 AOL과 구글과 같은 대형 웹사이트들이 인 터넷상에서 당신의 일거수일투족을 추적할 때 우리가 고립되어 지내 던 나날은 이제 완전히 끝났다고 말할 수 있겠다.

그 누구도 앞으로 오랫동안 이러한 연결의 범위가 확대되지 않을 것으로 믿지 않는다. 그리고 우리들 대부분은 불평을 하면서도 이러 한 새로운 질서를 받아들이겠지만 이 질서는 우리의 모든 신경을 거 스를 것이다.

그렇다면 점프 포인트 이후의 세계는 이처럼 혼자 있고 싶은 바람 을 어떻게 해소할 것인가? 분명히 말해서 격자를 벗어나려는 의사가 있는 사람들에게 합법적·불법적 서비스를 모두 제공함으로써 해소 할 것이다. 그렇다면 그 결과로 네트워크에 '분노하는 사람들(범죄자 들, 테러리스트들, 스파이들, 또한 약간의 평화와 조용한 생활을 원하는 일 반인들)'이 활동하는 지하세계가 만들어질 것인가? 이것이 대수롭지 않은 일시적인 현상에 불과할 것인가, 아니면 금주법 시대에 유행했 던 밀매의 새로운 변종이 될 것인가? 아니면 합법적인 비즈니스 세계 가 이와 같은 서비스를 안전하고 합법적인 형태로 제공할 것인가?

5. 지금은 그렇지 않더라도 세상은 덜 기업적으로 변하고 있다.

어떤 면에서 이러한 현상은 점프 포인트의 가장 특이한 역설이다.
일차적으로 20억 명의 사람들이 새롭게 웹에 합류하고, 새로운 사 업 기획들이 전 세계로부터 호응을 얻고, 벤처 자본이 장소에 구애받 지 않고 투자가 가능하고, 마케팅과 판매 비용 증가분이 0원에 가까워지는 네트워크화된 세계는 기업들이 폭발적으로 성장하기에 완벽한 장소처럼 보인다. 결과적으로 새로 등장한 20억 명의 사람들은 그들의 꿈을 성취하기 위해서 자본에 더 쉽게 접근하기만 하면 되는 개인 소매업체들이다.

그러나 반면에 기존 기업들은 이미 투자할 능력을 갖고 있다. 그리고 똑똑한 기업들은 이러한 새로운 경제 환경 속에서 경쟁하기 위해서는 수천 개의 새로운 지역 시장에서 구체적인 입지를 확보해야 한다. 특히 물리적인 인프라가 대고객 서비스와 지원을 뒷받침하기 부족한 장소에서는 더욱 그렇다. 아울러 주요 영업 지점에서 벗어난 소규모 마을들에 거주할 가능성이 높은 30억 번째 고객들에게 접근하면서 이러한 기업들은 현지 문화를 알고, 지역의 방언을 구사하는 건 물론이거니와 무엇보다도 그들의 잠재 고객들이 가진 독특한 관습과 관행을 이해하는 사람들을 고용해야 할 것이다. 끝으로 기업들은 그들 자신을 뜻밖의 난처한 사건들로부터 보호하기 전에 세계적으로 조기 경보 시스템을 가동해서 모니터해야 한다.

다시 말해서 우리가 점프 포인트 이후에 기업들이 대부분 가상의 세계 속에서 웹과 무선 장치들을 통해서 영업망을 확대할 것으로 예상할 수 있지만 여전히 광범위한 혁신적인(그리고 종종 인터넷에 의존해서) 고용과 복지 혜택 프로그램을 통해서 빠르게 성장해야 하는 기업의 숫자도 상당히 많을 것이다.

따라서 몇몇 대기업들이 자동화와 다른 전자적인 생산성 확대 도구를 통해서 일자리 수를 줄이더라도 다른 기업들은 일자리 수를 폭발적으로 늘릴 가능성이 아주 크다. 실제로 점프 포인트 이후 세계에는 최초로 100만 명의 종업원을 가진 기업들이 등장하게 될 것이다. 그

들은 자신만의 가상의 통화와 문화와 미디어와 생활양식을 생산할 수 있는 방법들을 갖고 등장할 것이다.[2]

이 모든 현상들이 갖는 의미는, 점프 포인트 이후 세상에서는 수백만 명의 현지 종업원들을 고용하기 위해서 노력하는 세계적인 대기업들 사이에서 전례가 없고, 지금까지 보도가 되지 않았던 경쟁이 펼쳐질 가능성이 있다는 것이다. 한편 이와 동시에 수백 만 명의 신생 기업들은 그들의 꿈을 이루기 위한 자금 조달 방법을 물색할 것이다. 그렇다면 후자의 기업인들은 신생 기업들의 수를 폭발적으로 늘리고, 그에 따라서 전 세계시장의 변동성을 확대할 수 있을 만큼 충분히 빨리 성공할 것인가? 아니면 그들이 흔들리면서 대기업들의 먹잇감이 되고 결과적으로 더 안정적이지만 혁신적이지도 않고 충격을 거부하지도 않는 세계 경제를 낳을 것인가?

이러한 경쟁의 결과는 지금은 예상하기가 불가능하다. 그러나 확신에 가깝게 예상할 수 있는 점은 점프 포인트 이후의 세계는 100만 명의 종업원들을 고용한 기업들이 처음으로 등장할 것이며, 1조 달러의 가치를 지닌 기업들도 역시 처음으로 나타날 것이라는 사실이다. 또한 경쟁이 어떤 방향으로 향하건 주로 개발도상국에서 등장할 가능성이 높은 다음 세대의 점프 포인트 이후 기업인들로부터 역사상 최초의 '무한장자'가 탄생할 것이다.

■□

질문과 역설.

당신이 일생에서 가장 큰 사회적인 충격에 직면한 상태에서 전문적이고 개인적인 인생을 위해서 어떤 전략을 취해야 할지 고민하고 있을 때 정말로 듣기 싫은 말은 바로 이 말일 것이다.

앞으로 우리는 다음과 같은 점들을 명심해야 한다.

앞으로 다가올 시대, 특히 그 중에서도 점프 포인트 이후 시대에 갑작스러운 혁신과 발명들이 봇물처럼 터져 나오면서 불과 며칠 만에 온 세상을 뒤덮고, 특정 산업에서는 정기적으로 위기가 발생하고, 시장의 변동성이 급격히 확대될 것이다.

이와 동시에 우리는 이전 문화 속에서 전례가 없는 창의적인 활동들이 터져 나올 것이다. 음악과 예술과 영화 등의 분야에서 세계적인 영향력을 주지만 오래 지속되지는 못하는 여러 가지 운동들이 출현할 것이다.

또한 전 세계적으로 급격한 속도로 일시적 유행과 공포와 사실들(실제 사실이건 의도적으로 조작된 사실이건 상관없이)이 도처에서 등장할 것이다. 이들은 전 세계에서 똑같은 순간에 동시에 나타나는 것처럼 보일 것이다.

이 모든 경험들은 즐거움과 두려움을 동시에 선사할 것이다. 우리는 인간 세상에 충만한 에너지를 한껏 느낄 수 있겠지만 그와 동시에 우리는 우리의 무능력을 깨닫게 될 것이다. 이러한 깨달음 이후 우리는 변화에 영향을 주기 위해서 그 어느 때보다도 열심히 '커뮤니티'에 전력하게 될 것이며, 그 결과 전통적인 정치 구조, 특히 그 중에서도 국가의 지위는 위태로워질 것이다.

경제적 힘과 사회적 힘은 새로운 제도와 조직과 개인으로 전환될 것이다. 또한 그러한 전환 과정 속에서 엄청난 규모의 부가 그들 주위에서 응집할 것이다. 이러한 부의 새로운 수혜자들 중에는 범죄 조직

내지는 테러리스트 조직도 있을 것이며, 그들은 제 시간 안에 발각돼서 저지되지 않을 경우 이러한 새로운 질서를 이용해서 세상을 파괴할 것이다.

한편 기업들에게 가장 큰 도전은 '동시성'이 될 것이다. 동시에 도처에서 수요가 생긴다면 여러분은 그 모든 수요를 동시에 어떻게 충족시켜줄 것인가? 특히 수요를 충족시키려면 문화와 언어와 관습의 지역별 차이점을 고려해야 한다면 말이다. 이 질문에 대해서 대답할 수 없는 기업들(이런 기업들은 세계적 유통과 지역적 미세 생산 등과 같은 문제에 대해서 급진적으로 새로운 사고를 해야 한다)은 이 질문에 대답할 수 있는 기업들에 의해서 재빨리 소멸될 것이다. 그 결과, 현재의 소위 선진 세계에서 활동 중인 기존 기업들로부터 오늘날의 제3세계에서 활동 중인 혁신적이고 적응성이 강한 새로운 회사들로 부와 권력의 이동이 일어날 가능성이 크다.

이러한 변화는 지금까지 엄청난 번영을 누려왔던 많은 개인들과 기업들에게 파괴적인 잠재적 위협 역할을 하게 된다. 그러나 점프 포인트 이후의 세계는 또한 그들에게 역사적으로 '거의' 전례가 없는 엄청난 성공과 명예와 번영의 기회를 제공해줄 것이다.

나는 지금 '거의'라고 말했는데, 그 이유는 역사적으로 이처럼 기존 질서가 전복되고, 적극적인 참여자들의 숫자가 급속히 늘어나고, 창조적 활동이 폭발적으로 증가하고, 세계 인구들이 전례가 없는 수준으로 서로 연결되었던 시대가 과거에도 한 차례 있었기 때문이다.

우리는 그 시대를 르네상스 시대라고 부른다. 그리고 그 시대는 역사상 인류의 상상력과 잠재력이 가장 크게 꽃피웠던 시기였다. 그 시대는 또한 지배적 질서와 폭력과 조직범죄와 광범위하게 퍼져있던 부패가 모두 파괴됐던 시기였다.

점프 포인트는 새로운 르네상스로 향하는 문을 열어 줄 것인가? 그
것은 지금까지 제기한 질문들에 과연 우리가 어떤 대답을 찾고, 지금
까지 일어난 역설들을 어떤 식으로 해결하느냐에 달려 있다. 그러나
이 책에서 설명한 트렌드들이 암시하고 있듯이 점프 포인트는 우리가
르네상스 이후 500년 만에 맞이하게 될 최고의 기회가 될지 모른다.

우리와 우리에게 합류할 수십 억 명의 사람들이 이처럼 특별한 기
회를 받아들일 용기와 힘을 갖기를 기대해 보자.

네트워크 효과Network Effect 특정 상품에 대한 어떤 사람의 수요가 다른 사람들의 수요에 의해 영향을 받는 효과

집적 경제Agglomeration Economy 공간적 밀집으로 인해서 생기는 이점

유기적 연대Organic Solidarity 개성적이고 이질적인 여러 개인이 특정한 관계로 맺어진 사회결합

유튜브YouTube 무료 동영상 공유 사이트로, 사용자가 영상 클립을 업로드하거나, 보거나, 공유할 수 있다. 사이트 콘텐츠의 대부분은 영화와 텔레비전 클립, 뮤직 비디오이고 아마추어가 직접 제작한 영상물도 있다.

마이스페이스MySpace 미국 캘리포니아 주 베벌리 힐스에 본사를 두고 있는 소셜 네트워킹 웹사이트이다.

크라우드소싱Crowdsourcing 기업이 경영상 애로사항이나 개선방안을 얻기 위해서 웹사이트에 질문을 올리면 수많은 일반 대중들이 다양한 해결책을 제시하고, 기업은 이런 해결책 중에서 가장 마음에 드는 것을 골라서 채택하는 방식

얼리어답터Early Adopter 제품이 출시될 때 가장 먼저 구입해 평가를 내린 뒤 주위에 제품의 정보를 알려주는 성향을 가진 소비자군

팟캐스트Podcast 아이팟과 방송을 뜻하는 브로드캐스트broadcast의 합성어로 오디오 · 비디오 파일 형태로 된 영화, 뉴스, 음악 등 다양한 방송 컨텐츠를 MP3 플레이어나 PMP에 다운로드 받아 듣거나 볼 수 있다.

바보들의 독재Dictatorship Of Idiots 인터넷에서 일반인들이 정확한 근거나 출처를 바탕으로 하지 않고 올린 정보가 신뢰성이 없을 때가 많은데도 그

것이 마치 신뢰성이 있는 정보처럼 받아들여지는 사태를 비꼰 말

행동 경제학 Behavioral Economics 사람들이 감정이나 직감을 통해서 어떻게 행동하고, 왜 그렇게 행동하며, 그로 인해서 어떤 결과와 현상이 나타나는지에 대해서 연구하는 학문

머드플레이션Mudflation 소유하고 있는 것의 급격한 가치 저하

속퍼핏Sock Puppet 닷컴기업인 페츠닷컴의 인기 캐릭터 상품

노드Node 네트워크의 분기점이나 단말기의 접속점

화합의 시대 Era Of Good Feeling 미국 정치 역사상 정당 간 계파 싸움이 없었던 1815년부터 1824년까지의 시기를 일컫는 말

평삭 平削 공작물의 표면을 평평하게 깎는 일

야금 冶金 금속을 골라내거나 골라낸 금속을 정제·합금·특수 처리하여 여러 가지 목적에 맞는 금속 재료를 만드는 일

소스 코드 공개 운동 Open Source Movement 리눅스처럼 프로그램 소스를 무료로 공개하자는 운동

디지털 격차 Digital Divide 새로운 정보기술에 접근할 수 있는 능력을 보유한 사람과 그렇지 못한 사람 사이에 경제적·사회적 격차가 심화되는 현상

스마트폰Smart Phone 인터넷 정보검색, 그림 정보 송·수신 등의 기능을 갖춘 차세대 휴대전화로 휴대용 컴퓨터와 같은 개념

나노봇Nanobot 나노기술과 로봇기술이 접목된 극소단위의 로봇

수확 체감의 법칙 Diminishing Returns 일정한 농지에서 작업하는 노동자 수가 증가할수록 1인당 수확량은 점차 적어진다는 경제 법칙

팍스 아메리카나PAX Americana 미국이 주도하는 세계 평화를 일컫는 말

인민 공화국들 Peoples' Republic 인민이 주권을 갖고 직접 또는 대표 기관을 통해서 주권을 행사하는 국가로, 사회주의 국가에서 흔히 쓰는 말

복잡계 이론 Complex Network Theory 자연현상이나 사회현상을 통해 시간
이 지남에 따라 변화의 흐름을 관찰하고 이를 바탕으로 규칙성을 찾기 위
한 방법론적 이론

핫스팟Hot Spot 무선으로 초고속 인터넷을 사용할 수 있게 전파를 중계하
는 무선 랜 기지국

연쇄 창업 기업가 Serial Entrepreneur 앞서 여러 사업을 성공시킨 다음에 다
시 여러 가지 신규 사업을 시작하는기업가

스카이프Skype 인터넷 전화회사

위셔Wisher 스페인에서 개발된 와이파이 네트워크 내비게이션 프로그램

WiFi 와이파이 감지 과정을 단순화시킨 소프트웨어

와이맥스WiMAX 휴대 인터넷의 기술 표준을 목표로 인텔이 주축이 되어 개
발한 기술 방식

라우터Router 랜을 연결해주는 장치

포네로Fonero 폰 서비스 이용 회원

ARPA · Advanced Research Projects Agency 미국의 고등연구계획국

TCP/IP · Transmission Control Protocol/Internet Protocol 기종이 서로 다
른 컴퓨터 시스템을 서로 연결해 데이터를 전송하기 위한 프로토콜

부울린Boolean 이중 네트워크

인터넷을 통한 심상 Mental Object 개념 형성의 근원이 되는 자발적 관념 내
지는 직관

리드 타임 Lead Time 제품의 기획에서 완성 단계까지 걸리는 시간

툴바Toolbar 자주 사용하는 기능을 시각적인 버튼으로 이용할 수 있게 한
곳에 모아놓은 것

다파넷DARPANET · Defense Advanced Research Project Agency

Network 근대 인터넷의 전신

아파넷ARPANET · Advanced Research Projects Agency Network 근대 인터넷의 전신

로터리 클럽 Rotary Club 사회봉사와 세계 평화를 표방하는 기업인과 전문직 업인들의 단체

위키피디아Wikipedia 온라인 백과사전

약한 유대관계 Weak Ties 자기를 잘 아는 사람보다 자기를 잘 모르는, 즉 유대관계가 약한 사람이 오히려 자신에게 새로운 이익을 제공할 수 있는 가능성을 지닌 사람들일 수 있다는 의미

기계적 연대 Mechanical Solidarity 유사한 여러 개인이 압도적인 집합의식 하에서 몰개성적인 사회결합으로 맺어진 것

상보성Complementarities 서로 모자란 부분을 보충하는 관계

베이비붐 세대 Baby Boomer 미국에서 제2차 세계대전 후인 1946년부터 1953년 후반까지 태어난 사람들을 일컫는 말

트래픽Traffic 방문자 수

길드Guild 게임을 더욱 재미있고 다양하게 즐기기 위해서 다수의 사람들이 결속하여 만든 커뮤니티

위키Wikis 누구나 편집이 가능한 웹페이지

클러스터Cluster 하드디스크드라이브 위에 파일을 저장하는 논리적 단위

낭만적인 수정주의 Revisionism 마르크스주의적 노동운동 내부에서 부르주아 사상의 영향을 받아 마르크스주의에적대하는 기회주의적 조류

인지적 과부하 Cognitive Overload 인지적 차원의 부담이 크게 늘어나는 상태

제로섬 게임 Zero-Sum Game 한 쪽이 이익을 얻으면 다른 쪽은 그 만큼 손해를 보게 되어 이익과 손실의 합이 0, 즉 제로가 되는 상태

관심 경제Attention Economy 소비자의 관심을 파악한 후 그에 맞는 관심 서비스 등을 제공해서 소비자를 유인하는 시장을 만들자는 이론

인터넷 광고 클릭률Click-Through Rate 온라인 광고의 노출 횟수 대비 클릭 수

자기 잠식Cannibalization 두 가지가 충돌할 때 하나가 다른 하나보다 우위를 점하는 일

소네트Sonnet 14행시

애그리게이터Aggregator 개인이 구독하는 웹사이트의 정보를 모아 한곳에서 볼 수 있게 만들어 주는 소프트웨어

스파이웨어Spyware 다른 사람의 컴퓨터에 잠입하여 중요한 개인정보를 빼가는 소프트웨어

신디케이션 리더Syndication Reader 자신에게 꼭 필요한 정보를 걸러주는 소프트웨어로 대표적인 게 RSS이다.

피드Feeds 웹 사이트에서 게시하는 자주 업데이트 되는 콘텐츠

지능형 에이전트Intelligent Agent 사용자의 개입 없이 주기적으로 정보를 모으는 프로그램

메가트론Megatron 등대 모양의 관

행동 타깃팅Behavioral Targeting 마케터들이 소비자들의 웹 서핑을 추적해 해당 제품에 가장 관심을 보일 것 같은 소비자들을 가려내고 이들이 주로 찾는 사이트에 광고를 싣는 것

헤즈볼라Hezbollah 이슬람 과격단체

하라캇 울-무자히딘Harakat Ul-Mujahidin 이슬람 과격단체

아부 사아프Abu Sayyaf 필리핀 반군세력

나갈랜드 반군Nagaland Rebels 인도 반군단체

칼리스탄 해방군Khalistan Liberation Force 인도 테러단체

원자시계 원자나 분자의 고유 진동수가 영구히 변하지 아니한다는 것을 이용하여 만든 특수 시계. 중력이나 지구의 자전, 온도의 영향을 받지 않으며 그 정확도가 매우 높다.

이테르븀Ytterbium 희토류 원소의 하나. 은백색의 금속으로 여러 가지 합금에 쓰인다. 스웨덴 스톡홀름 근교의 이테르비에서 발견된 광석에서 나왔다.

세슘Cesium 알칼리 금속 원소의 하나. 은백색의 연한 금속으로, 공기 속에서 산화하기 쉽고, 물과 반응하면 수산화물이 되면서 수소가 발생한다. 보통 미량의 산화물이나 질화물을 함유하여 누런빛을 띤다. 외부 광전 효과에 대한 양자 효율이 크므로 광전관에 쓰인다.

호피 인디언들 Hopi Indians 미국 토착 인디언

계몽운동Enlightenment 18세기 유럽, 특히 프랑스에서 전성기를 이룬 사조로, 신이 아닌 인간의 이성에 의해서 의식이 형성되어야 한다는 사상

본초자오선Prime Meridian 그리니치시가 세계시로서 국제적 시간계산에 쓰이게 된 기준

줄루Zulu 군대나 항해 중에 UTC를 지칭하는 용어로 사용

윤초Leap Second 세계시와 실제 시각과의 오차를 조정하기 위해서 더하거나 빼는 시간

채텀제도Chatham Islands 뉴질랜드 북섬의 웰링턴 남동쪽 770km 지점에 있는 10개의 섬

메트릭 시간 Metric Time 하루를 25시간으로 보는 시간

콘퍼런스콜Conference Call 여럿이 전화를 통하여 의논하는 일이나 모임

암페타민Amphetamine 중추신경을 자극하는 각성제

다행증Euphoria 감정의 흥분성 장애

가치사슬Value Chain 기업 활동에 부가가치가 생산되는 과정

크랙베리Crackberry 중독성이 강한 코카인을 가리키는 크랙과 무선인터넷 단말기 상표인 블랙베리를 합성한 말

데스밸리Death Valley 미국 캘리포니아 주 남동부 아마르고사 산맥과 페너민트 산맥 사이에 끼여 있는 구조곡

옵트인Opt-In 수신자의 동의를 받은 후 광고를 보내는 방식

사이버펑크Cyberpunk 컴퓨터가 지배하는 미래 도시를 묘사한 공상 과학 소설

네오 러다이트 Neo-Luddite 시공간을 초월한 반문명주의

머드 게임MUD · Multi-User Dungeon 온라인 게임의 일종으로 가장 두드러지는 특징은 텍스트 기반으로 운영된다는 것이다.

페르소나Persona 인격

PW · Persistent World 서버에 다양한 구성 요소를 갖추고 있으면서 이 구성 요소들의 현재 상태가 게임에 참여 중인 모든 플레이어들에게 동일하게 작용하는 것을 의미

매시업Mash Up 웹으로 제공하고 있는 정보와 서비스를 융합하여 새로운 소프트웨어나 서비스, 데이터베이스 등을 만드는 것을 말한다.

공정 사용 Fair Use 저작권을 갖고 있는 사람들의 허가를 요구하지 않고 저작권이 있는 자료를 제한적으로만 사용할 수 있게 허용하는 미국 저작권법의 한 원칙

커버 밴드 Cover Band 리메이크곡들만을 연주하는 그룹

수피교Sufi 이슬람교의 신비주의자

크랙 코드 Cracked Code 다른 시스템에 몰래 침입해서 확보한 코드

크라우드 클라우트 Crowd Clout 소비자들이 인터넷에서 집단행동을 통해 사회나 시장의 특별한 변화에 주는 영향력

디스토피아Dystopia 가장 부정적인 암흑세계

백비트 Back Beat 강한 비트의 음악

컨버전스 Convergence 여러 기술이나 성능이 하나로 융합되거나 합쳐지는 일

세계의 시장 Mall Of The World 모든 것을 모아 놓은 시장을 빗댄 말

제리코 Jericho 팔레스타인에 있는 세계에서 가장 오래된 도시 중에 하나

메노파 신도 Mennonites 기독교의 개신교의 일파

암만파 신도 Amish 메노나이트교회에 속하는 보수적인 프로테스탄트 교회의
교파로 문명을 완강히 거부하는 걸로 유명하다.

밀레니엄 세대 Millenials 1970년대 말이나 1980년대에서 2000년대 초반 사이
에 출생했고, 보호 속에서 자라 위험을 싫어하는 젊은이들을 가리키는 말

부메랑 세대 Boomerangs 80년대 미국에서 취업을 했다가 사회 적응에 실패
하고 다시 부모의 보호 아래로 돌아오던 20대 젊은이를 가리키는 말

에코 세대 Echoes 베이비붐 세대의 다음 세대로 10대 후반이나 20대 초·중
반의 젊은이들을 가리키는 말. 베이비붐 세대가 낳았기 때문에 그들과 닮
았다는 점에서 에코 세대라고 불린다.

여피족 Yuppies 고등교육을 받고, 도시 근교에 살며, 전문직에 종사하며 고
소득을 올리는 일군의 젊은이들로서 1980년대에 젊은 부자들을 상징한다.

비트토렌트 BitTorrent 파일전송 프로그램

연속단혼 Serial Monogamy 일정 기간마다 배우자를 바꾸는 결혼 형태

폭소노미 Folksonomies IT의 전통적 분류법인 디렉토리 대신에 태그(주제
어)로 나누는 것을 뜻하는 신조어로, 이용자들이 생산한 콘텐츠에 붙이는
각종 태그에 따라서 분류해 공통 관심사의 콘텐츠를 모으는 게 가능하다.

증오 집단 Hate Group 인종, 윤리, 종교, 성 내지는 특정한 사회 분야에 대한
증오나 적대감 내지는 폭력을 옹호하는 집단 내지는 운동

숍캐스트 Shopcast 매장 음악

미 제너레이션Me Generation 자기 위주로 생각하고 행동하는 현대의 젊은
세대를 이르는 말

몬테소리식 교육법Montessori Method 아동의 자주성 신장을 중시한 교육법

워비곤 호수 효과Lake Woebegone Effect 자신이 평균보다 더 낫다고 믿는
일반적인 오류

프리웨어Freeware 무료로 사용이 가능한 프로그램

핵티비즘Hacktivism 정치·사회적인 목적을 위해서 자신과 노선을 달리하
는 정부나 기업·단체 등의 인터넷 웹사이트를 해킹하는 일체의 활동 내
지는 주의

인터넷 협회 ISOC·Internet Society 인터넷 관련 기술의 개발·표준화 등을
위한 국제기구

선호적 연결Preferential Attachment 네트워크의 대중성을 일컫는 말

테라바이트Terabyte 기가바이트의 1,000배

말라위Malawi 동아프리카에 있는 국가

티핑포인트Tipping Point 어떤 균형이 깨지면서 뭔가가 한 순간에 전파되는
순간

무한장자Trillionaire 재산이 조 달러 규모에 이르는 거부를 뜻하는 신조어

르네상스 시대Renaissance 14~16세기 중세와 근대 사이에 서유럽 문명사
에 나타난 역사시기와 그 시대에 일어난 문화운동

■ 주석

1장

1. Carlota Perez, *Technological Revolutions and Financial Capital: The Dynamics of Bubble and Golden Ages*, Northampton, MA: Edward Elgar Publishing, 2002. 이것은 기술 확산과 금융 및 사회 변화와의 관계를 다룬 내가 본 최고의 책 중에 하나다.

2. http://www.associatedcontent.com/article/235933/englands_first_postage_stamp.html.

3. http://www.longtail.com/the_long_tail/2006/11/the_rise_of_fre.html.

4. Simon Yates, "Worldwide PC Adoption Forecast, 2007 to 2015," Forrester Research report, June 11, 2007, http://www.forrester.com/Research/Document/Excerpt/0,7211,42496,00.html.

5. GSMA의 신흥시장핸드셋EMH · Emerging Market Handset 보급 프로그램은 2005년 2월에 3GSM 세계 총회에서 처음으로 시작됐다. GSMA는 2010년까지 세계 인구의 80퍼센트가 모바일 커뮤니케이션에 접속할 수 있게 전략적 노력을 경주하고 있다.

6. 테크노퓨전TechnoFusion 블로그에는 리먼 브라더스 연구 결과가 잘 설명되어 있다. http://blogs.ittefaq.com/tech/archives/2005/08/mobile_handset.html.

7. 5와 동일

8. Leonard Waverman, Meloria Meschi, and Melvyn Fuss, "The Impact of Telecoms in Economic Growth in Developing Countries," http://web.si.umich.edu/trpc/papers/2005/450/L%20Waverman%20Telecoms%20Growth%20in%20Dev.%20Countries.pdf

9. George R. G. Clarke and Scott J. Wallsten, "Has the Internet Increased Trade? Evidence from Industrial and Developing Countries," Policy Research Working Paper Series 3215, February 1, 2004, http://ideas.repec.org/p/wbk/wbrwps/3215.html.

10. W3C 웹 액세스 이니셔티브http://www.w3.org/WAI/ 회원들은 장애인들이 인터넷에 쉽게 접속할 수 있게 열심히 노력하고 있다.

11. 위니 맹갈리소의 일화는 쉐어드폰 웹사이트에 나온다. http://www.sharedphone.co.za/winnies_story.asp.

12. 세계자원연구소World Resources Institute의 이번 연구 결과는 세계은행 자료를 심도 깊게 분석해놓고 있다.

http://www.wri.org/business/pubs_content_text.cfm?ContentID=4320.

13. Nicholas P. Sullivan, *You Can Hear Me Now: How Microloans and Cell Phones Are Connecting the World's Poor to the Global Economy*, San Francisco: Jossey-Bass, 2007. 설리번은 무하마드 유누스 총재와 그의 그라민 은행 및 전화통신 사업이 이뤄놓은 진정한 실질적인 영향에 대해서 연구하고 있다.

14. C. K. Prahalad, *The Fortune at the Bottom of the Pyramid: Eradicating Poverty Through Profits*, Upper Saddle River, NJ: Wharton School Publishing, 2006. 이 책은 개발 도상 국가들이 갖고 있는 경제적인 잠재력에 대해서 잘 설명해놓고 있다.

15. Matti Pohjola, *The Adoption and Diffusion of ICT Across Countries: Patterns and Determinants*, Helsinki School of Economics *The New Economy Handbook*, Helsinki: Academic Press, 2003

16. 중국 경제 상황에 대한 좋은 통계 자료는 아바쿠스 웹Abacus Web 사이트에서 찾을 수 있다. http://chinese-school.netfirms.com/China-economic-statistics.html.

17. Luís M. A. Bettancourt, José Lobo, Dirk Helbing, Christian Kuhnert, and Geoffrey B. West, "Growth, Innovation, Scaling, and the Pace of Life in Cities," Santa Fe, NM: Santa Fe Institute, April 2007. 이것은 인구 증가와 혁신과의 관계를 잘 정리해놓은 멋진 백서이다.

18. 데이비드 리드는 다음 논문에서 '법'에 대한 그의 의견을 잘 정리해놓고 있다. "That Sneaky Exponential? Beyond Metcalfe's Law to the Power of Community Building" 다음 사이트에서 구할 수 있다. http://www.reed.com/Papers/GFN/reedslaw.html.

19. Andrew Odlyzko and Benjamin Tilly, "A Refutation of Metcalfe's Law and a Better Estimate for the Value of Networks and Network Interconnections," Minneapolis: Digital Technology Center, University of Minnesota, 2005, http://www.dtc.umn.edu/~odlyzko/doc/metcalfe.pdf. 이 논문은 발표되자마자 실리콘 밸리에서 상당히 큰 반향을 일으켰다. 2007년 5월23일 내게 보내온 이메일에서 인용했다.

20. Eric L. Jones, *Cultures Merging: A Historical and Economic Critique of Culture*, Princeton, NJ: Princeton University Press, 2006. 이 책은 급속한 문화 변화에 대해서 통찰력 있는 시각을 제시하고 있다.

21. 다음 책을 참조. Thomas Friedman, *The World Is Flat: A Brief History of the Twenty-first Century*, New York: Farrar, Straus and Giroux, 2005. 이 책은 많은 반향을 일으켰다. 많은 사람들이 이 책을 구입한 것으로 보인다.

2장

1. 네트밸리닷컴Netvalley.com은 인터넷 시대가 1836년에 처음 열렸다는 시각을 갖고 있다. www.netvalley.com/archives/mirrors/davemarsh-timeline-1.htm 참조.

2. "'ILOVEYOU' Computer Bug Bites Hard, Spreads Fast," *CNN.com*, May 4, 2000, http://www.cnn.com.

3. 하나님을 믿기 전에 리처드 도킨스는 『이기적 유전자』에서 문화가 어떻게 번성하는지에 대해서 통찰력 있는 시각을 갖고 세상을 놀라게 했다.

4. 1998년 3월자「패스트 컴패니Fast Company」잡지와의 인터뷰는 소비자들의 과부화에 대한 고전적적인 주제를 다루고 있다. http://www.fastcompany.com/magazine/14/permission.html.

5. 「해피 데이즈」시즌4(1976~1977)는 시청률 31.5퍼센트로 미국에서 가장 높은 시청률을 올린 프로그램이었다.

6. "A Beme Is a Meme Spread by Blogs," Tim Finin blog, February 18, 2007, http://ebiquity.umbc.edu/blogger/author/tim-finin/?jal_add_user_answer=true&paged=17.

7. SIR · Susceptibles-Infectives-Removed 모델은 전염병의 비선형적 확산을 연구하는 표준 모델이다. 이 모델은 외부와 단절된 개체(사람)에서 계속해서 전염병이 전염되어 가는 사람의 수를 이론적으로 계산하는 것이다. 이 모델의 이름 SIR은 '전염 가능성이 있는Susceptible' 사람과 '감염된Infective' 사람 및 '치료된Removed' 사람의 약자이다.

8. 다음 책을 참조. Gordon Allport and Leo Postman, *The Psychology of Rumor*, New York: Russell & Russell, 1965. 이 책은 소문의 확산을 주제로 다룬 고전이다.

9. 고든 고울드의 웹로그 참조(2006년 9월25일, 월요일). 사람들의 쇼핑 방법에 대해서 고든보다 더 혜안을 갖고 관찰한 사람은 없다.

3장

1. "E-Society: My World Is Cyworld," *Business Week*, September 26, 2005, http://www.businessweek.com/magazine/content/05_39/b3952405.htm.

2. 싸이월드의 수익은 다음 자료에 잘 분석되어 있다. "SK Communications Unveiled," *Games Study*. Org, June 26, 2007, http://gamestudy.org/eblog/2007/06/26/sk-communications-unveiled/.

3. "SK Comm Merges with Empas: Cyworld Sells $80M in Virtual Goods," *Virtual Worlds News*, July 2, 2007, http://www.virtualworldsnews.com/2007/07/sk-communicatio.html.

4. Howard Rheingold, *The Virtual Community: Homesteading on the Electronic Frontier*, Cambridge, MA: MIT Press, 2000.

5. 나는 내 마이스페이스 네트워크 방문자 수가 2,000만 명이 넘은 걸 보고 깜짝 놀랐다. 내 친구인 탐 앤더슨이 그 사실을 내게 말해주었다.

6. 세계 인구 비교는 다음 사이트를 참조. http://www.internetworldstats.com/stats8.htm.

7. "Facebook Users UP 89% Over Last Year; Demographic Shift," *Techcrunch Weblog*, July 6, 2007, http://www.techcrunch.com/2007/07/06/facebook-users-up-89-over-last-year-demographic-shift/.

8. "YouTube Serves 100m Videos Each Day," *TechCrunch Weblog*, July 17, 2006, http://www.techcrunch.com/2006/07/17/youtube-serves-100m-videos-each-day/.

9. Waxy.org, "Tracking Twitter's Message Growth," March 15, 2007, http://waxy.org/archive/2007/03/15/tracking.shtml.

10. Gotfrag.com, discussion of Counter-Strike, http://www.gotfrag.com/cs/forums/thread/293648/?cpage=1.

11. Kevin Dugan, "Why Second Life Numbers DO Matter," *CNN.com*, January 2, 2007, http://money.cnn.com/blogs/browser/2007/01/why-second-life-numbers-do-matter.html.

12. "Anshe Chung Becomes First Virtual World Millionaire," press release, November 26, 2006, http://www.anshechung.com/include/press/press_release251106.html.

13. Mark Walsh "Ad Spending on Social Networks Will Continue to Grow in '08," Online Media Daily, December 17, 2007 http://publications.mediapost.com/index.cfm?fuseaction=Articles.san&s=72830&Nid=37462&p=219745.

14. Howard Rheinglod, *The Virtual Community: Homesteading on the Electronic Frontier*, Cambridge, MA: MIT Press, 2000.

15. Lars Backstrom, Dan Huttenlocher, Jon Kleinberg, and Xianvang Lan, "Group Formation in Large Social Networks: Membership, Growth, and Evolution," In *Proceedings of the 12th ACM SIGKDD International Conference on Knowledge Discovery and Data Mining* (Philadelphia, PA: ACM Press, 2006).

16. Mark Granovetter, "The Strength of Weak Ties: A Network Theory Revisited," in Sociological Theory, Vol. 1(1983), 201–233.

17. Dannah Boyd, "Friends, Friendsters, and Top 8: Writing Community into Being on Social Network Sites," *First Monday*, December 2006, http://www.firstmonday.org/issues/issue11_12/boyd/.

18. http://durkheim.itgo.com/.

19. James Surowiecki, *The Wisdom of Crowds*, New York: Doubleday, 2004.

20. Henry Jenkins, *Convergence Culture: Where Old and New Media Collide*, New York: New York University Press, 2006.

21. "Higher Levels of Customers Engagement in Private Online Communities," press release, *Communispace*, March 20, 2007, http://www.communispace.com.

22. " Shopping, Search and MySpace," Hitwise, June 5, 2007, http://weblogs.hitwise.com/leeann-prescott/2007/06/shopping_search_and _myspace.html.

23. R. I. M. Dunbar, "Co-Evolution of Neocortex size, Group Size and Language in Humans," *Behavioral and Brain Sciences* 16(4): 681-735.

24. http://www.lifewithalacrity.com/2004/03/the_dunbar_numb.html.

25. 테드 넬슨은 1974년 다음 논문에서 '복잡한 얽힘성interwingularity' 이라는 말을 처음에서 사용했다. "Computer Lib: You Can and Must Understand Computers Now/Dream Machines: New Freedoms Through Computer Screens-A Minority Report."

4장

1. *Video Games Live!* http://www.videogameslive.com/index.php?s=info.

2. Neil Postman, "Informing Ourselves to Death." speech to *German Informatics Society* (*Gesellschaft f?r Informatik*), October 11, 1990, Stuttgart, Germany.

3. Warren Thorngate, "On Paying Attention," in: W. J. Baker, L. P. Mos, H. V. Rappard, and H. J. Stam (eds.). *Recent Trends in Theoretical Psychology: Proceedings of the Second Biannual Conference of the International Society for Theoretical Psychology*, April 20-25, 1987, Banff, Alberta, Canada. New York: Springer-Verlag, 1988, 247–263.

4. M. H. Goldhaber, "Principles of the New Economy,"
http://www.well.com/user/mgoldh/principles.html.

5. Thomas Friedman, "The Age of Interruption," *New York Times*, July 5, 2006.

6. Linda Stone, "Attention: The Real Aphrodisiac," ETech keynote speech, March 7, 2006.

7. http://www.immagic.com/eLibrary/ARCHIVES/GENERAL/BLOGS/F070319S.pdf.

8. Victor M. Gonz?lez and Gloria Mark, "Constant, Constant, Multi-tasking Craziness: Managing Multiple Working Spheres," 2004년 4월 24~29일 동안 호주 비엔나에서 열린 '컴퓨터 시스템에 담긴 인간적 요소에 대한 CHI2004 컨퍼런스' 에서 행해진 연설. 연설 자료는 다음 사이트에서 찾을 수 있다.
http://interruptions.net/literature/Gonzalez-CH104-p113-gonzalez.pdf.

9. *Ethics and Information Technology 8*, no. 4 (2006).

10. 토머스 하일랜드 에릭슨 교수가 한 말은 다음 책에 인용되어 있다. John Pratt, Daivd Brown, Mark Brown, Simon Hallsworth, and Wayne Morrison, eds., *The New Punitiveness: Trends, Theories, Perspectives*, Cullompton, UK: Willan Publishing, 2005.

11. Karna Crawford, "How Coke Was Rewarded for Its BT Program," *iMedia Connection*, August 22, 2007, http://www.imediaconnection.com/content/16346.asp.

12. "Ryanair Plans Seat-Back Advertising," *Cheapflights Ltd.*, September 26, 2006, http://news.cheapflights.co.uk/flights/2006/09/ryanair_plans_s.html.

13. Thomas Claburn, "The War on Spam Takes a Novel Turn," Information Week, May 17, 2005, http://www.informationweek.com/story/showArticle.jhtml?articleID=163104354.

14. David Levy, "More, Faster, Better: Governance in an Age of Overload, Busyness, and Speed," *First Monday*, November 9, 2007, http://www.firstmonday.org/issues/special11_9/levy/.

15. Barbara Ehrenreich, "Make the Ad Guys Pay: Advertising Is Too Pervasive," *The Progressive*, August 1999.

5장

1. Robert Hassan and Ronald E. Purser, eds., 24/7: *Time and Temporality in the*

Network Society, Stanford, CA: Stanford University Press, 2007.

2. Adrian Mackenzie, "Protocols and the Irreducible Traces of Embodiment: The Viterbi Algorithm and the Mosaic of Machine Time," Lancaster, LA, UK: Lancaster University, May 2005, http://www.lancs.ac.uk/staff/mackenza/papers/mackenzie-algorithmic-time.pdf.

3. "Global Media and Entertainment Industry, 2007-2011," report published by Price Waterhouse Coopers(PwC) on June 21, 2007.

4. David Plotz, "Can We Sleep Less?" Slate.com, March 7, 2003, http://www.slate.com/id/2079113/.

6장

1. James Ledbetter, "Debunking the 'Economics of Abundance,' " *CNN.com*, April 19, 2007, http://money.cnn.com/2007/04/19/commentary/ledbetter_scarcity/index.htm.

2. Loopt, "loopt Lets Sprint Customers Keep in Touch with Friends Using GPS on Select Sprint and Nextel Phones," press release, July 17, 2007.

3. *My Second Life*: The Video Diaries of Molotov Alva, molotovalva.com, http://www.molotovalva.com.

4. Paul Channing Adams, "A Reconsideration of Personal Boundaries in Space-Time," Annals of the Association of American Geographers, Vol. 85, No. 2(June 1995), 267-285.

7장

1. Bill Werde, "Defiant Downloads Rise from Underground," New York Times, February 25, 2004.

2. Roberta Cruger, "The Mash-Up Revolution," *Salon-com*, August 9, 2003, http://dir.salon.com/story/ent/music/feature/2003/08/09/mashups_cruger/.

3. Quinn Norton, "Secrets of the Pirate Bay," *Wired.com*, August 16, 2006, http://www.wired.com/science/discoveries/news/2006/08/71543.

4. 「뉴욕 타임즈」와 CBS의 설문조사는 2003년 9월 15~16일 양일간 675명의 미국 성인들을 대상으로 실시한 전화 인터뷰 결과이다. 다음 사이트 참조. http://www.nytimes.com

/packages/html/politics/20030915_poll/20030915poll-results.html.

5. Mary Madden and Amanda Lenhart, "Music Downloading, File-sharing and Copyright: A Pew Internet Project Data Memo," Pew Internet and American Life Project, http://www.pew internet.org/PPF/r/96/report_display.asp.

6. The Campaign to Eliminate DRM, *DefectiveByDesign.org*, http://defectivebydesign.org

7. FreeCulture.org, Students for Free Culture, http://free culture.org/.

8. Tim Gnatek, "Darknets: Virtual Parties with a Select Group of Invitees," *New York Times*, October 5, 2005.

9. 프리넷의 창시자인 이안 클라크와의 흥미로운 질의/응답 내용은 다음 사이트에서 찾을 수 있다. http://grep.law.harvard.edu/articles/03/09/02/0125236.shtml.

10. 해적 파티'에 대한 자료는 다음 사이트에 나와 있다. 단, 이 사이트는 영어와 스페인어가 혼용되어 있다. http://www.piratpartiet.se/international/english.

11. Andrew Keen, *The Cult of the Amateur: How Today's Internet Is Killing Our Culture*, New York: Currency, 2007.

12. http://www.turnergreen.com/publications/Tehranian_Infringement_Nation.pdf.

13. Eric L. Jones, *Cultures Merging: A Historical and Economic Critique of Culture*, Princeton, NJ: Princeton University Press, 2006.

8장

1. 문제가 됐던 스타벅스 쿠폰은 다음 사이트에서 볼 수 있다.
http://urbanlegends.about.com/library/bl_starbucks_coupon.htm.

2. Caroline McCarthy, "Ticked-Off Starbucks Customer Sues for $114 Million," *CNET News.com*, September 11, 2006, http://www.news.com/8301-10784_306114370-7.html.

3. Chris Thilik, "Caribou Accepting Starbucks Coupons," *Adjab*, September 5, 2006, http://www.adjab.com.

4. Avner Greif, *Institutions and the Path to the Modern Economy: Lessons from Medieval Trade*, New York: Cambridge University Press, 2006.

5. Roger Clarke, "Privacy as a Means of Engendering Trust in Cyberspace," *University of New South Wales Law Journal 24*, no. 1 (June 9, 2001), http://www.unswlawjournal.unsw.edu.au/lj2/issue.asp?id=24-1&fid=f7-1 이 자료는 다음의 주소

에서 찾을 수 있다. http://www.anu.edu.au/people/Roger.Clarke/DV/eTrust.html.

6. Batya Friedman, Peter H. Kahn, Jr., and Daniel C. Howe, "Trust Online," *Communications of the ACM* 43, no. 12 (December 2000), http://www.acm.org.

7. Paul Zak and Stephen Knack, "Trust and Growth," *The Economic Journal*, 111 (2001): 295–321.

8. Luigi Guiso, Paola Sapienza, and Luigi Zingales, "The Role of Social Capital in Financial Development," *American Economic Review* 94, no. 3 (June 2004): 526–556.

9. Todd Sundsted, "The Practice of Peer-to Peer Computing: Trust and Security in Peer-to-Peer Networks," *IBM.com*, June 19, 2002, http://www.ibm.com/developworks/java/library/j-p2ptrust/.

10. 자메이스 카스시오가 한 말은 2007년 7월31일 그가 내게 보내온 이메일에 담겨 있다.

11. Evan Schuman, "Connecticut Sues Best Buy for Deceiving Customers with Dual Web Sites," *StorefrontBacktalk.com*, May 24, 2007, http://storefrontbacktalk.com/story/052407bestbuy.php.

12. EdelmanTrust Barometer, 2006

13. William Gibson, "The Road to Oceania," *New York Times*, June 25, 2003

14. EdelmanTrust Barometer, 2007

15. Pauline Puvanasvari Ratnasingnam, "Interorganizational Trust in Business to Business E-Commerce," *Erasmus Research Institute of Management*, November 22, 2001, http://www.erim.eur.nl/ERIM.

16. Collin Douma, "Are You Ready to Radically Trust Your Consumers?" *RadicalTrust* Blog, February 18, 2007, http://www.=radicaltrust.ca/2007/02/18/are-you-ready-to-radically-trust-your-customers.

9장

1. 런던에서 활동 중인 비즈니스 컨설턴트인 우메어 하크 역시 '거품 세대' 라는 표현을 사용한다. 다만 '거품 세대' 에 대한 그와 나의 정의는 서로 차이가 있다.

2. Global Information, Inc. (GII), "Attitudes of 18~24s Towards Consumer Electronics - US," London/Chicago: Mintel Reports, November 2006. 18세부터 24세 사이의 연령에 속하는 7,200만 명의 소비자들의 1인당 평균 소득은 1만 2,000

달러이다.

3. Graeme Codrington, "Generation Y: It's Life, Jim, But Not as We Know It," *TomorrowToday.biz*, August 10, 2007, http://www.tmtd.biz/2007/08/10/generation-y-its-life-jim-but-not-as-we-know-it/.

4. Michael Kryzanek, "Anxieties Define Generation Y," *Boston Globe*, December 8, 2005, http://www.boston.com/news/local/articles/2005/12/08/anxieties_define_generation_y/.

5. "Kids' Social Networking Study," Bethesda, MD: Grunwald Associates, July 2007, www.grunwald.com

6. IBM, "IBM Consumer Survey Shows Decline of TV as Primary Media Device," press release, August 22, 2007, http://www-03.ibm.com/press/us/en/pressrelease/22206.wss.

7. 베이비 붐 세대와 거품 세대의 차이점을 보여주는 차트는 '중심에서 활동하는 사람들'과 '변방에서 활동하는 사람들'을 비교해놓은 스토우 보이드의 차트로부터 많은 영향을 받았다.

8. Anil Dash, "Consider Twitter," Dashes.com, February 14, 2007, http://www.dashes.com/anil/2007/02/consider-twitte.html.

9. Jan Matthews, "Anxiety Rising: Younger People Are More Anxious Than Ever. What's Up?" *Mindful-Things*, January 2001, http://www.mindful-things.com/Features/features_4.html.

10. Tomi T. Ahonen and Alan Moore, *Communities Dominate Brands*, London: Futuretext, 2005.

11. Jamie Pietras, "The New American Way of Death," *Salon.com*, July 31, 2007, http://www.salon.com

12. Om Malik, "Reach Out and Twitter Someone," *CNNMoney.com*, May 16, 2007, http://money.cnn.com/magazines/business2/business2_archive/2007/05/01/8405660/index.htm.

13. Bill Breen, "Who Do You Love? The Appeal-and Risks-of Authenticity," *Fast Company*, Issue 115(May 2007): 82.

14. 스토우 보이드가 2007년 8월 10일 보내온 이메일 내용이다.

15. "Technology and Media Use" (topic: Online Video), *Pew Internet & American Life Project*, July 25, 2007, http://www.pew internet.org/PPF/r/219/report

_display.asp.

16. Lev Grossman, "Time's Person of the Year: You," *Time*, December 13, 2006,
http://www.time.com/time/magazine/article/0,9171,1569514,00.html.

10장

1. John Perry Barlow, "The Economy of Ideas," *Wired*, Issue 2.03, March 1994,
http://www.wired.com/wired/archive/2.03/economy.ideas.html.

2. Spencer Reiss, "Here Comes Trouble," *Wired*, Issue 15.02, February 2007,
http://www.wired.com/wired/archive/15.02/trouble.html.

3. Mike Shields, "Brand Integration Key to MySpace Ad Clout," *MediaWeek*, April
23, 2007, http://www.mediaweek.com/mw/news/recent_display.jsp?vnu
_content_id=1003574609.

4. Stephanie Olsen, "Study: Americans Feel Strongly about Social Ties Online,
Too," *CNET News.com*, November 29, 2006, http://www.news.com/Study-
Americans-feel-strongly-about-social-ties-online%2C-too/2100-1026_3-
6139422.html?tag=item.

5. Clay Shirky, "Tiny Slice, Big Market," *Wired*, Issue 14.11, November 2006,
http://www.wired.com./wired/archive/14.11/meganiche.html.

6. Jo Best, "Is Free the Way Forward for Mobile TV?" *Silicon*.com, February 16,
2006, http://networks.silicon.com/mobile/0,390246 65,39156508,00.htm.

7. Fred Wilson, "The Freemium Business Model," AVC Blog, March 23, 2006,
http://avc.blogs.com/a_vc/2006/03/the_freemium_bu.html.

8. Steve Smith, "Will Watch Ads for Minutes," *MediaPost's Mobile Insider*, August
23, 2007, http://publications.media post.com/index.cfm?fuseaction=Articles
.showArticle&art_aid=66270.

9. Lexmark International and Ipsos Public Affairs, "Knowledge Workers Point to
Benefits of 24/7 Accessibility via Technology in Poll by Lexmark and Ipsos," press
release, February 13, 2007, http://www.lexmark.com/lexmark/pressrelease
/home/0,6930,204816596_653271419_996197944_en,00.html.

10. Henry Jenkins, *Convergence Culture: Where Old and New Media Collide*, New
York: New York University Press, 2006.

11. Jeff Leeds, "Universal Music Will Sell Songs Without Copy Protection," *New York Times*, August 10, 2007.

12. Dan Bricklin, "The Cornucopia of the Commons: How to Get Volunteer Labor," *Bricklin.com*, October 12, 2006, http://www.bricklin.com/cornucopia.htm.

13. Paul Icamina, "Wikipedia Reaches 2 Million English Entries; 8.29 Million Entries in 253 Languages," *AHN*, October 11, 2007, http://www.allheadlinenews.com/articles/7008799282.

14. "Call for Participation: Trust and the Future of the Internet," *Internet Society*, http://www.isoc.org/isoc/general/trustees/headlines/20070809.shtml.

15. Thomas Friedman, *The World Is Flat: A Brief History of the Twenty-first Century*, New York: Farrar, Straus and Giroux, 2005.

16. Stephen M. R. Covey, *The SPEED of Trust: The One Thing That Changes Everything*, New York: Free Press, 2006.

17. "Never Ending Friending," research report, Fox Interactive Media, April 2007.

18. Duncan J. Watts and Jonah Peretti, "Viral Marketing for the Real World," June 29, 2007.

19. Mike Sachoff, "Social Networks Provide 'Momentum Effect,'" *Webpronews.com*, April 23, 2007, http://www.webpronews.com/topnews/2007/04/23/social-networks-provide-momentum-effect.

20. Ceri Kirkland, "Top Social Networks: Who's Losing to MySpace," *Compete.com*, April 12, 2007, http://blog.compete.com/2007/04/12/top-social-networks-attention-myspace-bebo/.

11장

1. Ray Kurzweil, "The Law of Accelerating Returns," *Kurzweil AI.net*, March 7, 2001, http://www.kurzweilai.net/articles/art0134.html?printable=1.

2. Speigel, "Merkel's China Visit Marred by Hacking Allegations," *Spiegel Online International*, August 27, 2007, http://www.spiegel.de/international/world/0,1518,502169,00.html.